Der Berliner Goldhut

MUSEUM FÜR VOR- UND FRÜHGESCHICHTE

WILFRIED MENGHIN

DER BERLINER GOLDHUT

Macht, Magie und Mathematik in der Bronzezeit

DIE SAMMLUNGEN DES MUSEUMS
FÜR VOR- UND FRÜHGESCHICHTE

BAND II

Herausgegeben von Matthias Wemhoff

STAATLICHE MUSEEN ZU BERLIN –
STIFTUNG PREUSSISCHER KULTURBESITZ

SCHNELL + STEINER

Umschlag:
Der Berliner Goldhut, Foto Claudia Plamp, Berlin

Bibliografische Information der Deutschen Nationalbibliothek
Die Deutsche Nationalbibliothek verzeichnet diese Publikation in der Deutschen Nationalbibliografie; detaillierte bibliografische Daten sind im Internet über http://dnb.d-nb.de abrufbar.

Berliner Goldhut / Museum für Vor- und Frühgeschichte,
Staatliche Museen zu Berlin – Stiftung Preußischer Kulturbesitz.
Wilfried Menghin. Hrsg. von Matthias Wemhoff. –
Regensburg: Schnell und Steiner, 2010
Die Sammlungen des Museums für Vor- und Frühgeschichte: Bd. II

ISBN 978-3-7954-2389-6

www.smb.museum.de
www.museumsshop.smb.museum.de
Gestaltung: Wilfried Menghin und Florian Knörl
Umschlaggestaltung: Anna Braungart, Tübingen
Satz und Druck: Erhardi Druck GmbH, Regensburg
Fotos: Claudia Plamp, Berlin

Weitere Informationen zum Verlagsprogramm erhalten Sie unter:
www.schnell-und-steiner.de

Inhaltsverzeichnis

Vorworte

Vorwort des Herausgebers

Der Goldhut im Sternensaal des Neuen Museums ist zweifellos einer der Höhepunkte jeden Besuches im Neuen Museum. So wie Nofrete die Nordostecke im Nordkuppelsaal besetzt, so erwartet der Goldhut im Sternensaal in der Südwestecke des Gebäudes seine Bewunderer.

Kaum eine andere Objektgruppe der Vor- und Frühgeschichte übt eine solche Faszination aus und weckt im lang wirkenden kulturellen Gedächtnis auch noch heute Erinnerungen an geheimes Wissen und verborgene Kräfte. Dabei gibt es bis heute nur vier Goldhüte in dieser besonderen, langgestreckten Form. Der Berliner Goldhut, wie er heute schon wie selbstverständlich genannt wird, ist dabei erst vor wenigen Jahren bekannt geworden. Leider ist er bislang seiner Fundgeschichte beraubt, wir wissen nicht, wann und wo er gefunden wurde, und so müssen wir diese Zusammenhänge aus den Auffindungsumständen der anderen drei, glücklicherweise gut dokumentierten Goldhüte mehr oder weniger sicher erschließen. Die Goldhüte sind aufrecht stehend sorgfältig vergraben worden. Eine kultische Wertschätzung ist dadurch zu erkennen. Dieser Aspekt spiegelt sich in der Präsentation im Sternensaal wider. Der Goldhut steht frei im Zentrum des Raumes und wird von einem kreisförmigen Einbau umgeben, der letzlich an seit der Jungsteinzeit bekannte Kultanlagen auf Bergrücken erinnern soll. Ist der Berliner Goldhut bei diesen Fundzusammenhängen auf den hilfreichen Vergleich angewiesen, so ist er selbst wegweisend bei der weiteren Interpretation. Der Betrachter wird zunächst von den gleichmäßigen ornamentalen Verzierungen fasziniert und begreift sie wie selbstverständlich als Schmuckornament. Doch ist dies wirklich die gesamte Aussage? Können wir die Ornamente nicht noch ganz anders verstehen? Wilfried Menghin hat sich von dieser Frage fesseln lassen und gemeinsam mit Archäoastronomen seit der Erwerbung des Goldhutes für das Museum für Vor- und Frühgeschichte an der Entschlüsselung des Codes gearbeitet, der den Goldhut nicht nur zu einem einzigartigen Repräsentations- und Herrschaftsmonument der Vorgeschichte, sondern auch zu einem besonderen Wissensspeicher macht, der es ermöglicht, lang erworbenes kalendarisches Wissen über Generationen weiterzugeben. So kann der Goldhut zu einem Schlüsselfund werden, der uns Wege aufzeigt, wie scheinbar schriftlose Kulturen Wissen überliefern konnten. Dies lässt viele Ornamente auf bronzezeitlichen Funden in einem anderen Licht erscheinen. Es ist Wilfried Menghins großes Verdienst, dass er die ersten Jahre seines „Ruhestandes" voller Elan der weiteren Erforschung des Goldhutes gewidmet hat und bereit war, diese Erkenntnisse, die sich noch in der intensiven wissenschaftlichen Diskussion befinden, bereits jetzt dem Publikum in dieser allgemeinverständlichen Publikation vorzulegen. Auch diese Publikation fordert den Leser allerdings, denn er muss schon die Bereitschaft mitbringen, den Berechnungen konzentriert zu folgen. Dann wird ihm allerdings ein Horizont eröffnet, der die kulturelle Leistungsfähigkeit am Ende der Bronzezeit in einem ganz neuen Licht erscheinen lässt.

Mein Dank als Herausgeber gilt dem Verlag Schnell und Steiner, insbesondere dem Verleger Albrecht Weiland. Nur so war es möglich, Band 2 der „Sammlungen des Museums für Vor- und Frühgeschichte" nur wenige Monate nach Eröffnung des Neuen Museums vorzulegen.

Matthias Wemhoff

Vorwort des Autors

Der Berliner Goldhut ist allein aufgrund seiner Form, seiner Größe und seines Materials das herausragende Objekt in den Sammlungen des Museums für Vor- und Frühgeschichte der Staatlichen Museen zu Berlin. Der 74,5 cm hohe, mit Punzornamenten reich verzierte, papierdünn in einem Stück aus Gold getriebene Hohlkörper wiegt nur 490 Gramm. Die hoch aufragende Kopfbekrönung ist die vierte bislang bekannte und zugleich die am besten erhaltene ihrer Art aus der Bronzezeit Europas.

Das archäologische Spitzenstück wurde 1996 aus dem Kunsthandel erworben. Der Fundort und die Fundumstände sind unbekannt. Die Authentizität des Objekts als Produkt eines bronzezeitlichen Goldschmiedes ist durch die archäologische Autopsie und naturwissenschaftlich-technische Analysen gesichert. Im Katalog des Museums ist der „Berliner Goldhut" unter der Nummer II c 6068 „Zeremonialhut. Gold, Treibarbeit mit Punzornamenten, Fundort unbekannt, Süddeutschland. 10.–9. Jh. v. Chr." inventarisiert.

Trotz des fehlenden archäologischen Kontextes ist das Berliner Exemplar der Schlüsselfund für die Interpretation nicht nur der kleinen Gruppe der Goldhüte vom sogenannten „Typ Schifferstadt", sondern lässt darüber hinaus die Geisteskultur im prähistorischen Mitteleuropa der späten Bronzezeit erahnen. Gleich den Goldgefäßen und anderem Sakralgerät werden die ungewöhnlichen Objekte, die unter immer gleichartigen Umständen meist zufällig ausgegraben wurden, in Zusammenhang mit den magisch-kultischen Verhaltensweisen des bronzezeitlichen Menschen gesehen.

Die Funktion der Goldhüte – bedeckten sie die Spitzen von Kultpfählen, waren sie Kopfbekrönungen von Kultbildern oder von realen Menschen? – blieb in der Forschung bis zum Bekanntwerden des Berliner Exemplars strittig. Dasselbe gilt für die Deutung der Ornamente. Die Punzmuster aus Buckeln mit konzentrischen Kreisen als vorherrschendes Dekorelement der Goldhüte, wie sie ebenso auf den Goldschalen und Goldscheiben derselben Epoche zu finden sind, wurden rein ornamental aufgefasst, und nur archäologische Laien, meist Naturwissenschaftler oder Esoteriker, wollten in den Mustern eine Systematik mit kosmischer Bedeutung sehen.

Zum Fragenkomplex um die Goldhüte gehört auch ihre kulturmorphologische Ableitung. Sind sie eine originäre mitteleuropäische Schöpfung oder wurden sie aus fremden Kulturen – ex oriente lux! – samt einem Bündel anderer Sitten und Gebräuche übernommen?

Das intensive Studium des Berliner Goldhutes, parallel dazu die Untersuchungen und Interpretationen anderer archäologischer Objekte wie der bronzezeitlichen Prunkschilde und Großgefäße (Jens May), vor allem aber der bekannten „Himmelsscheibe von Nebra" (Harald Meller u. a.) sowie die Ausgrabungen und Deutungen der neolithischen und bronzezeitlichen sogenannten Erdwerke als Kalenderbauten (zuletzt François Bertemes) brachten eine Forschung wieder in Gang, die mit der „Ortungskunde" aus der Zeit vor dem Zweiten Weltkrieg in Misskredit geraten war.

Speziell beim Berliner Goldhut erbrachten die Analyse des Ornaments und die Dechiffrierung des darin enthaltenen Rechensystems kulturhistorisch bedeutsame Erkenntnisse: Folgt man der Argumentation des Autors, verbirgt sich im Ornament ein System zur Berechnung eines lunisolaren Kalenderwerkes, das in unterschiedlicher Intensität auch im Ornament der drei anderen Vergleichsfunde nachgewiesen werden kann. Darüber hinaus machen signifikante Zahlen wahrscheinlich, dass sich das System auch hinsichtlich eines Sothis-Kalenders zur Berechnung der Finsternisse (Rahlf Hansen) oder eines Venuskalenders (Theodor Schmidt-Kaler) interpretieren lässt.

Die Sachlage ist kompliziert und in der Darstellung nur bei eingehender Beschäftigung mit dem Objekt nachvollziehbar, wenn man nicht gerade Kalenderforscher ist. Das zeigt sich vor allem dann, wenn die Frage nach dem Wieso und Warum sowie dem Wert und dem praktischen Nutzen der Kalenderrechnung aufkommt. Wer waren die Träger der Goldhüte? Hohepriester nach alttestamentarischem Muster oder Inkarnationen kosmischer Mächte, und für welchen Kult waren sie zuständig? In welchen kulturhistorischen Zusammenhängen sind sie zu sehen?

Sind die Goldhüte tatsächlich – dahin hat den Autor langjährige Forschung geführt – bronzezeitliche Minicomputer zur Berechnung und Vorhersage kalendarischer Daten? Sind sie ins Magische transponierte Speicher astronomischen Geheimwissens der bronzezeitlichen Eliten? Hat man den geheimen Schlüssel zur Deutung der Ornamente in der ausgehenden Bronzezeit verloren? Warum wurden die Goldhüte intentional vergraben und so der weiteren kultischen oder gar profanen Nutzung entzogen? Haben sie nicht mehr „funktioniert" oder war ihre rituelle Bestattung die Folge eines radikalen Kulturbruchs?

Die Kalenderthese ist nur ein Teil dieses Fragenkomplexes, aber ein sehr wichtiger. Denn erst mit der Deutung der goldenen Hüte als sakrale Bekrönungen bronzezeitlicher Priesterkönige, deren Macht sich auf ein (wahrscheinlich) geheimes Wissen um die kosmische Ordnung gründete, werden die Goldhüte, über ihren durch das Material, die Form und ihre Seltenheit vorgegebenen Wert hinaus, zu den herausragenden kultur- und religionsgeschichtlichen Zeugnissen.

Wenn bewiesen werden kann, dass sich im Ornament der Goldhüte, insbesondere in denen von Berlin und Ezelsdorf-Buch aus der Zeit um 1000 v. Chr. das System zur Berechnung eines gebundenen Kalenders auf der Grundlage des 19-jährigen Mondzyklus verbirgt, stellen sich Fragen, die weit über das Religionsgeschichtliche hinausgehen. Und spätestens hier wird einem das ausgeprägte abstrakte mathematische Denkvermögen der Menschen der Bronzezeit bewusst. Wer das kalendarische Zahlensystem im Ornament der Goldhüte konzipiert und damit sein profundes astronomisches

Wissen und seine mathematischen Fähigkeiten in der schriftlosen europäischen Bronzezeit auf dem Kultgegenstand dokumentiert hat, ist weit entfernt von prälogischem Denken, sondern steht geistesgeschichtlich auf dem selben Niveau wie die Träger der Hochkulturen des Vorderen Orients.

Als der Autor vor über einem Jahrzehnt anfing, sich mit dem Goldhut und der Entschlüsselung des Ornamentsystems zu beschäftigen, ließen seine astronomischen Kenntnisse zu Wünschen übrig. Auch jetzt bekennt er sich in dieser Hinsicht freimütig immer noch als Laie, obwohl die Staatlichen Museen zu Berlin seine zunächst einsamen Forschungen in den Jahren 2006 und 2008 in erfreulicher Weise mit zwei wissenschaftlichen Kolloquien zum Thema Archäologie und Kunstwissenschaft – Mathematik und Astronomie im Museum für Vor- und Frühgeschichte flankierend unterstützten. Dieser interdisziplinäre Gedankenaustausch zwischen Natur- und Geisteswissenschaften machte deutlich, dass Fortschritte in der historischen Kalenderforschung nur aus der Symbiose der verschiedenen Disziplinen erwachsen können.

Was die Publikation betrifft, ist dem Museum für Vor- und Frühgeschichte und seinen Mitarbeiterinnen und Mitarbeitern zu danken, besonders im Graphik- und Fotoatelier: Daniela Hinz-Greinert, Sylvia Nettekoven und Mario Kacner sowie Claudia Plamp. Der Dank gilt ebenso den beiden Prähistorikerinnen Dr. Eva Rosenstock und insbesondere Dr. Angelika Hofmann, die den Autor mit ihrer Skepsis und jugendfrischer Kritik zur Präzisierung seiner Darstellung, im Speziellen seiner Kalenderthese, gedrängt haben.

Berlin, im Februar 2010
Wilfried Menghin

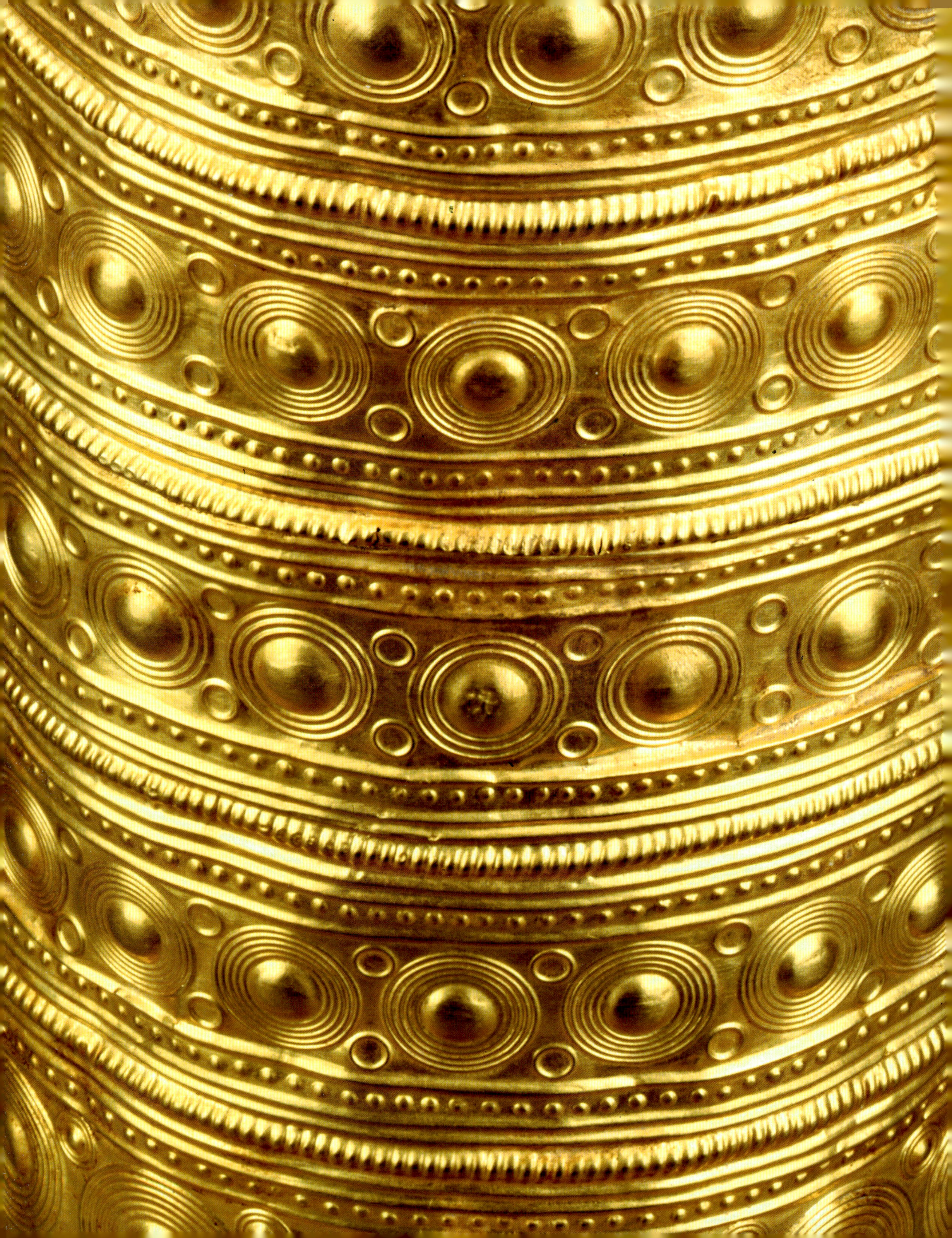

Einleitung

Als im Alten Ägypten die Pharaonen der 18. bis 21. Dynastie herrschten, in der 2. Hälfte des 1. vorchristlichen Jahrtausends in der ägäischen Welt die mykenische Kultur blühte und wieder unterging, die Assyrer die bestimmende Macht in Mesopotamien waren und das Großreich der Hethiter das Bindeglied zwischen den Kulturen Vorderasiens und der Ägäis bildete, bevor es am Ende des 13. Jahrhunderts v. Chr. den überall im östlichen Mittelmeerraum wirksamen politischen Umschichtungen zum Opfer fiel, bestanden in der späten Bronzezeit Europas mit dem Atlantischen und dem Nordischen Kreis sowie den Urnenfelderkulturen im Wesentlichen drei große Kulturkomplexe. Die in den Hochkulturen des Nahen Ostens sowohl aus Schriftquellen als auch archäologisch für die Zeit um 1200 v. Chr. rekonstruierbaren epochalen Vorgänge wirkten offensichtlich auch auf die Kulturverhältnisse der anonymen Völker im weit entfernten schriftlosen Mitteleuropa nachhaltig ein.

Abb. 1: Detail des Ornaments des Berliner Goldhutes.

Urnenfelderzeit

Im Raum von der mittleren Donau bis nach Ostfrankreich und von den Alpen bis zum Nordrand der Deutschen Mittelgebirge entwickelte sich aus dem spätbronzezeitlichen Kultur-

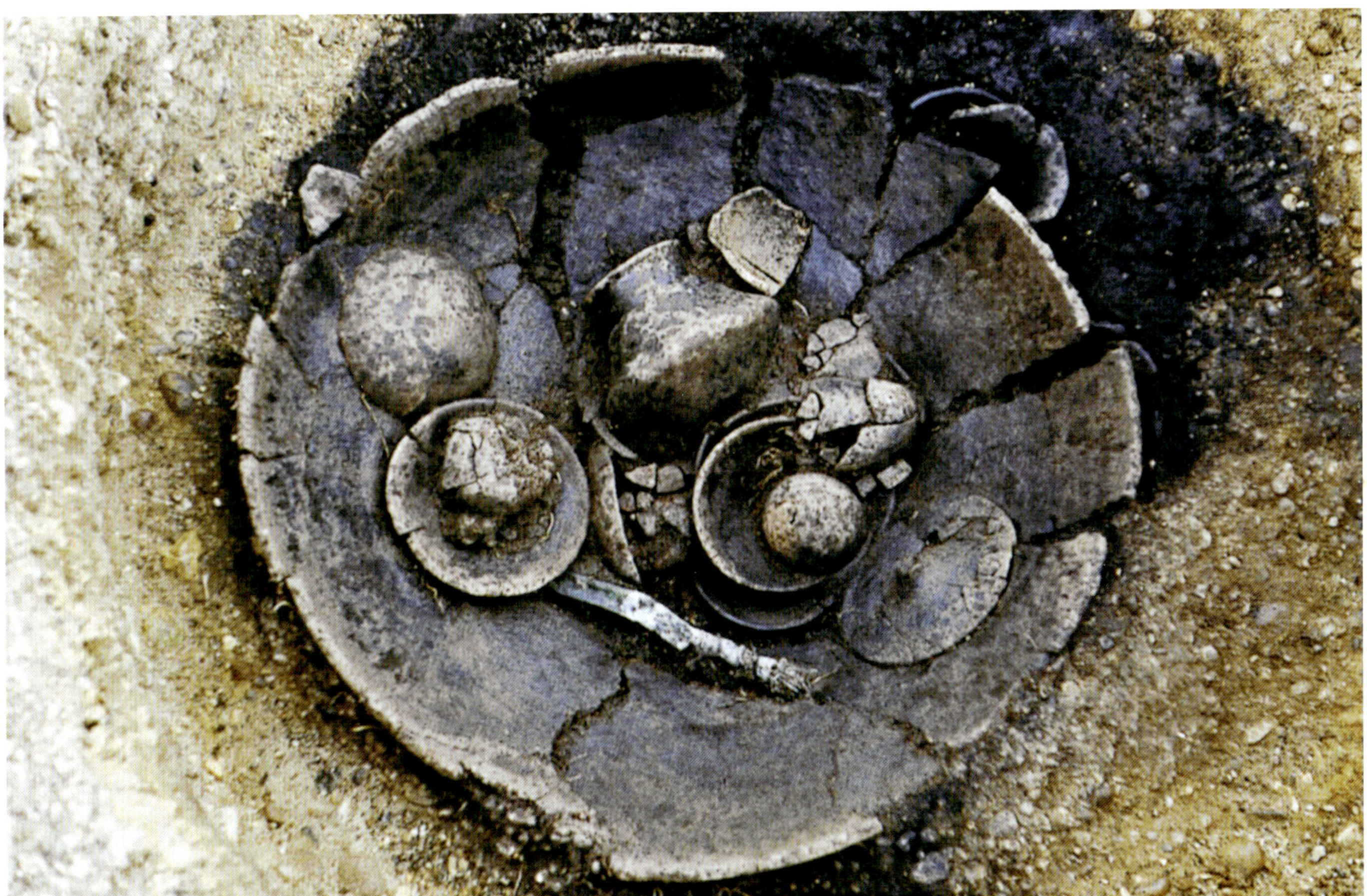

Abb. 2: Spätbronzezeitliche Urnenbestattung in einer Grube mit Resten des Scheiterhaufens. Oberteil der Urne abgepflügt. Erhalten sind im Unterteil der Urne Leichenbrand, und unverbrannt ein Satz Tongefäße für Speise- und Trankbeigaben sowie ein Bronzemesser. Grab 293 aus dem großen Urnenfeld von Zuchering-Ost, Stadt Ingolstadt in Bayern.

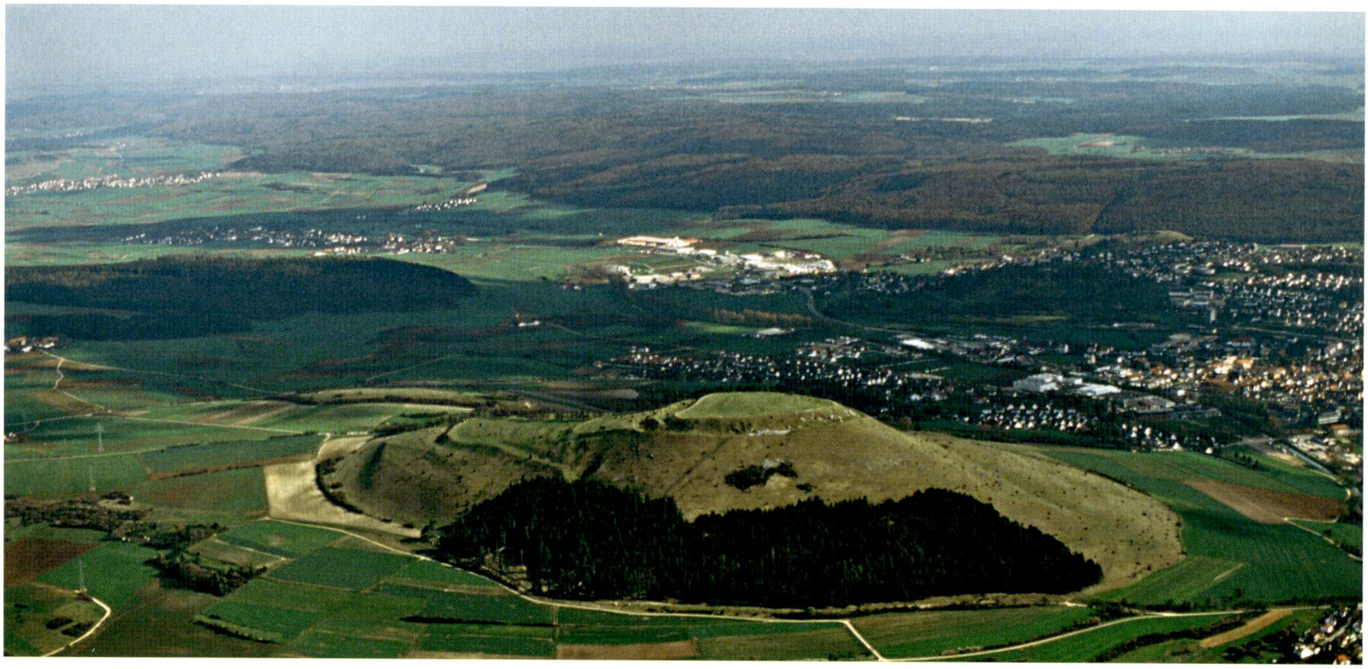

Abb. 3: Urnenfelderzeitliche Höhensiedlung. Zu Wällen verstürzte mehrteilige Befestigungsanlagen gliedern den 668 m hohen Ipf bei Bopfingen (Ostalbkreis, Baden-Württemberg) in eine Ober-, Unter- und Vorburg. Neueste archäologische Untersuchungen auf dem Zeugenberg am westlichen Rand des Nördlinger Ries haben mehrere Besiedlungsphasen von der späten Bronzezeit bis in die ältere Eisenzeit ergeben. Blick von Norden.

milieu die sogenannte Urnenfelderzivilisation. Der im 14. vorchristlichen Jahrhundert allmählich einsetzende Kulturwandel zeigt sich im archäologischen Befund am augenfälligsten in der Ablösung der Körperbestattung unter Hügeln durch die Leichenverbrennung und Beisetzung der Urnen in großen Gräberfeldern (Abb. 2).

Ein neues, überwiegend religiös motiviertes Kulturphänomen stellen auch die sogenannten „Deponierungen" dar. Die in Gewässern und Sümpfen versenkten, in der Erde vergrabenen oder in Höhlen und Felsspalten verborgenen materiell wertvollen Horte werden heute - je nach Zusammensetzung ihres Inventars - als profane Schätze, Opfergaben an die unirdischen Mächte (Bernhard Hänsel) oder – im Hinblick auf die qualitativ und quantitativ wenigen Metallbeigaben in den Gräbern dieser Zeit - als Selbstausstattung der Verstorbenen für das Jenseits interpretiert.

Die Definition der „Urnenfelderkultur" als eigenständige vorgeschichtliche Epoche ist darüber hinaus durch ein Bündel von technischen, ökonomischen, gesellschaftlichen und rituellen Neuerungen gegeben, die auf eine verstärkte interkulturelle Kommunikation und den Transfer von Gütern und Ideen über große Distanzen zurückzuführen sind.

Eine ausgeprägte soziale Differenzierung zeigt sich zu Beginn und wieder gegen Ende der Urnenfelderzeit vor allem im Bestattungsritus. Überdurchschnittlich qualitätvolle Beigabenausstattungen und die elitäre Absonderung kleiner Bestattungsgemeinschaften von den Urnenfeldern sowie ein besonderer Grabbau lassen eine strenge hierarchische Struktur der spätbronzezeitlichen Gesellschaften erkennen. Mit dem Begräbnis in einem Tumulus und der zeremoniellen Ausstattung mit Waffen und Schmuck, Trink- und Essgeschirr sowie, in besonders herausragenden Fällen, auch der Beigabe von Wagen, imitieren diese bronzezeitlichen Eliten offensichtlich Vorbilder aus den Donauländern und der Ägäis, wobei die aufwendige Selbstdarstellung den Reichtum und die Macht einer nach ökonomischen und politischen Gesichtspunkten nur vage beschreibbaren Oberschicht über den Tod hinaus dokumentiert (Stefan Winghart).

Die Formen von Schmuck, Waffen und Gerät unterlagen in der rund 400 Jahre dauernden „Urnenfelderzeit" einer kontinuierlichen Weiterentwicklung, die sich – abgesehen von den sogenannten Fürstengräbern – weniger aus den Beigaben in den Brandgräbern, sondern in den zahlreichen Waffen- und Schatzdepots, welche mehrheitlich als Zeugnisse spezifischer Opfersitten zu werten sind, nachvollziehen lässt. Die Bronzegusstechniken, wie überhaupt das Schmiedehandwerk, gelangten zu einer ersten Hochblüte, wobei die offenbare Prosperität von Handel und Handwerk auf einer gesicherten bäuerlichen Wirtschaft und einer weitgreifenden politischen Organisation beruhte.

Auf markanten Höhen oder in natürlich geschützten Niederungen entstanden, vom Karpatenbecken bis nach Ostfrankreich, befestigte stadtartige Siedlungen als Herrschafts-, Wirtschafts- und Kultzentren größerer Territorien, deren zu Wällen verstürzte Holz-Erde-Mauern vielfach noch heute im Gelände zu sehen sind. Die wenigen archäologisch untersuchten Beispiele solcher meist großflächigen Anlagen weisen eine dichte Innenbebauung auf. Das Fundspektrum bezeugt handwerkliche Tätigkeiten und darüber hinaus verweisen, wie auf dem Bullenheimer Berg, zahlreiche intentional verborgene Deponierungen von Schmuck und Gerät auf die Bedeutung dieser zentralen Orte für die Religion und den Kult (Abb. 3).

Die Gleichförmigkeit der Kulturelemente in den urnenfelderzeitlichen Gesellschaften Mitteleuropas erschwert eine geografische oder archäologische Untergliederung. Diese deuten bestenfalls die Verbreitung bestimmter Keramikgruppen an (Lothar Sperber). Darüber hinaus ist nur grob zwischen einer westlichen und östlichen Urnenfelderkultur mit fließenden Übergängen zu unterscheiden, wobei in den Randgebieten zum Nordischen Kreis der Bronzezeit, in Norddeutschland und Südskandinavien sowie zum westeuropäischen Atlantischen Kreis oder auch nach Italien und vor allem nach Südosteuropa wechselseitige Beeinflussungen gegeben sind.

Echte Gemeinsamkeiten, so die Brandbestattung in Urnenfeldern und die „Hortungssitte" sowie formale Übereinstimmungen in den bronzenen Schmuck- und Gebrauchsgegenständen, reihen die Lausitzer Kultur im nordöstlichen Mitteleuropa dagegen in den Komplex der spätbronzezeitlichen Urnenfelderkulturen ein, wobei gruppenspezifische Besonderheiten in der Keramik und im Bestattungsbrauch ihre Eigenständigkeit betonen (Abb. 4).

Neben den Begräbnisriten spiegelt sich die Spiritualität der urnenfelderzeitlichen Gesellschaften in den zahlreich überlieferten Hortfunden. An vielleicht ehemals naturheiligen Plätzen oder individuell bestimmten Stellen vergraben oder versenkt, lassen sich aus den regelhaft in Form und Zahl kanonisierten Kombinationen von spezifischen Sachtypen, so Waffen, Schmuck, Gerät und Pferdegeschirr sowie Keramiken – im Neuzustand oder intentional zerstört – in den Depots kultische Verhaltensmuster als Ausdrucksformen einer uns unbekannten bronzezeitlichen Religion erschließen. Die

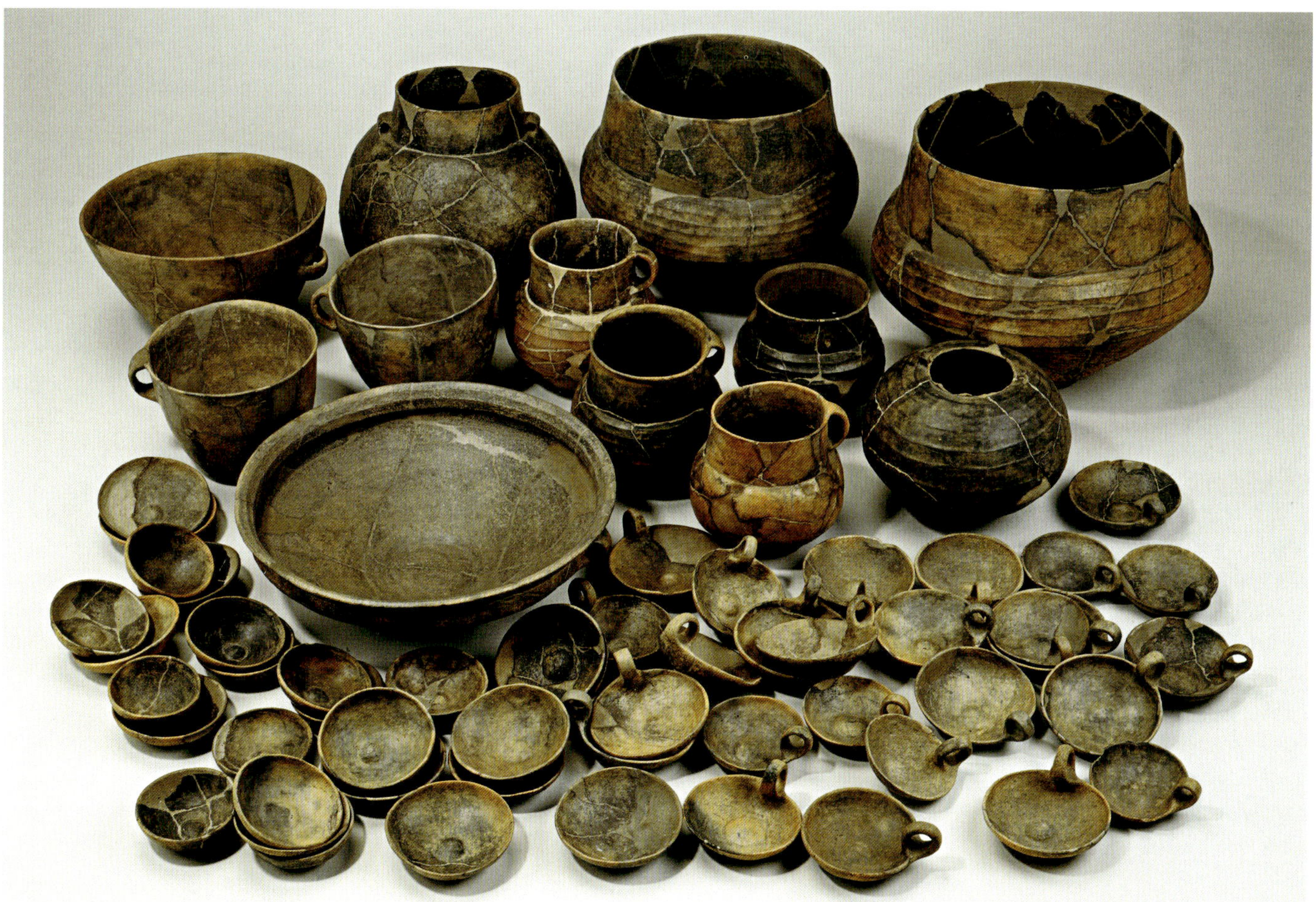

Abb. 4: Lausitzer Keramikensemble. Das Keramikensemble aus Terrinen, Schöpfgefäßen, Kannen sowie zahlreichen Trinkschalen zeittypischer Form wurde 1937 beim Bau der Reichsautobahn aus zwei nahe beieinander liegenden Gruben geborgen. Es handelt sich vermutlich um die Relikte eines (kultischen) Festes, bei dem das benutzte Geschirr nach der Feier intentional zerschlagen und vergraben wurde, um es einer weiteren profanen Verwendung zu entziehen. 10./9. Jahrhundert v. Chr. Höhe des größten Gefäßes: 32,4 cm. Raddusch, Kr. Oberspreewald-Lausitz, Brandenburg.

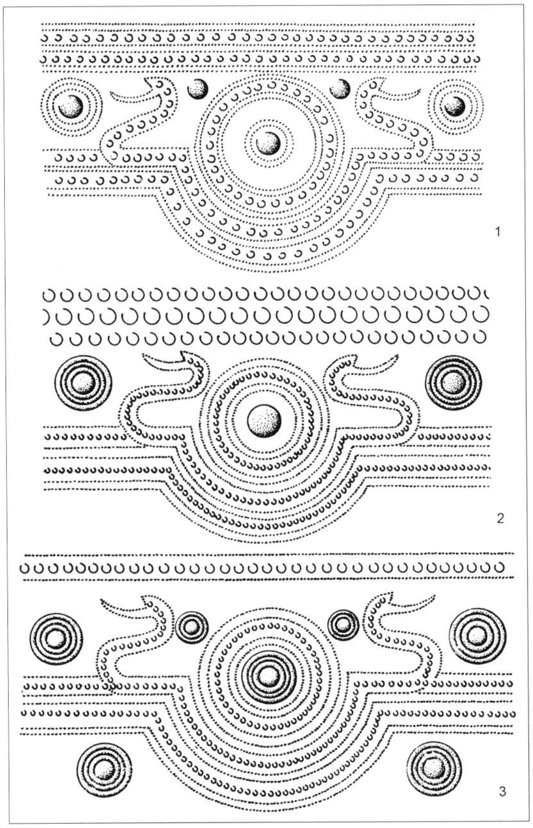

Abb. 5: Vogel-Sonnenbarkenmotiv. Umzeichnungen von gepunzten und getriebenen Bildern des Sonnensymbols und des Vogelbarkenmotivs auf bronzenen Großgefäßen: 1 Unterglauheim (Bayern), – 2 Gevelinghausen, Kr. Meschede (Nordrhein-Westfalen), – 3 Vejo, Quattro Fontanili, Prov. Viterbo (Italien).

Hort-, Moor- und Gewässerfunde sind Teil eines Kulturkomplexes alteuropäischer Tradition, zu der in der Urnenfelderzeit neue Elemente hinzutreten, die das Althergebrachte in einem von Ost nach West und von Süd nach Nord fortschreitenden Akkulturationsprozess überlagerten.

Vor allem die Ausbreitung einer neuartigen Symbol- und Bildwelt kennzeichnet die Verdichtung des Kontaktnetzwerkes mit der mediterranen Welt und Südosteuropa, in welches die bronzezeitliche Bevölkerung Alteuropas seit dem 14. Jahrhundert eingebunden war. In den ansonsten bilderfeindlichen Bronzezeit- und Urnenfelderkulturen Mitteleuropas treten, zeichenhaft verkürzt, vor allem die Sonnenscheibe und der Vogel auf, die in der Kombination mit einem stilisierten Boot als „Vogel-Sonnenbarke" die bestimmenden religiösen Bildkürzel sind (Abb. 5).

Vögel, aufgrund der Schnabelbildung zoologisch als Wasservögel gedeutet, treten im Totenkult als Keramiken auf oder sind sinngebende Protomen an den in unterschiedlicher Form und Konstruktion aus dem östlichen Kreis der Urnenfelderkultur sowie aus der Lausitzer Kultur des nordöstlichen Mitteleuropas überlieferten bronzenen Kultwägelchen (Abb. 6).

Die Bilderwelt in der Nordischen Bronzezeit ist demgegenüber weitaus differenzierter. Auch hier sind die Sonnenscheibe und das Boot/die Barke die dominanten Symbole, doch spielt, neben dem Vogel, das Pferd eine bedeutende Rolle. Darüber hinaus weisen die Bilder von Menschen und szenische Darstellungen auf Felsbildern und bronzenem Gerät auf andersartige religiöse Vorstellungsmuster hin. Auch sie dürften ihre Wurzeln ursprünglich im ägäischen Raum oder noch weiter östlich gehabt haben, erfuhren auf ihrem Weg nach Norden aber eine andersartige Transformation als diejenigen, die in den Urnenfelderkulturen Mitteleuropas adaptiert wurden. Grundsätzliche Gemeinsamkeiten im Kult zeigen sich aber dennoch im Phänomen der Deponierungen und in der Dominanz der Symbole für die Sonne und die Barke.

Unmittelbare Zeugnisse bronzezeitlicher Religionsausübung in Europa sind selten. Sie zeigen sich am eindrucksvollsten in den goldenen Hüten, die nur in wenigen Exemplaren überliefert sind. Zusammen mit goldenen Halskragen und goldenen Besätzen von Roben sowie goldenen Trinkbechern als liturgisches Gerät lassen sie einen komplexen Kult erahnen, in dessen Mittelpunkt die kosmischen Kräfte und eine mächtige Priesterschaft standen (vgl. Abb. 9).

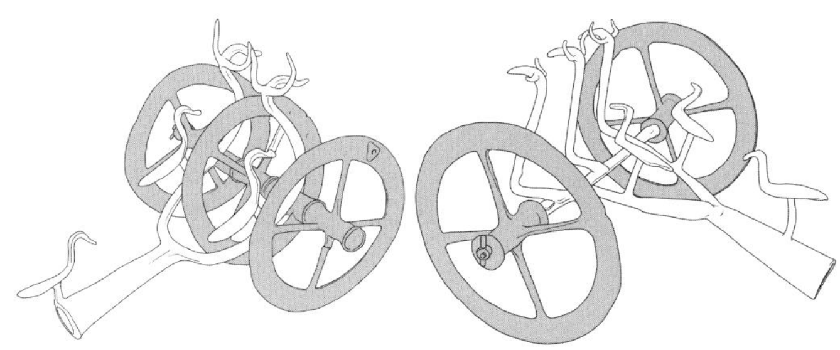

Abb. 6: Kultwägelchen von Burg, Umzeichnung. Kultwägelchen mit Deichsel und Vogelprotomen, Bronze. Burg, Kr. Spree-Neiße, Brandenburg.

a. Dreirädriges Kultwägelchen mit starrer Achse. Deichseltülle gelocht, je ein Vogel mit angelegten Flügeln auf der Tülle und der Deichselgabel, die, verlötet mit den Manschetten der Achse, in zwei hoch gestielte Vogelprotome mit aufschlagenden Schwingen enden. Das mittlere der vierspeichigen Räder ist mittels einer mitgegossenen Nabe um die Achse drehbar. L. 17,6 cm; Br. 17,8 cm. Angeblich bei Kanalisierungsarbeiten im Moor östlich des Schlossberges von Burg in 1 m Tiefe unter dem Flussbett der Spree gefunden.
Späte Bronzezeit, 10./9. Jahrhundert v. Chr. Erworben von Rudolf Virchow. Museum für Vor- und Frühgeschichte Berlin. Originale seit 1945 im Puschkin-Museum Moskau.

b. Zweirädriges Kultwägelchen mit starrer Achse und Wasservögeln auf der Deichseltülle und der Deichselgabel. Von der Achse aufsteigend lang gestielte Vogelprotome mit schlagenden Schwingen. Vierspeichige Räder mittels Naben um die starre Achse beweglich. Fundstelle und Fundumstände unbekannt. Erwerbung Rudolf Virchow 1865.

Die goldenen Hüte

Schifferstadt

Lange Zeit rätselhaft blieb die Bedeutung und Funktion der Goldkegel vom sogenannten „Typ Schifferstadt", bei denen es sich wohl um die eindrucksvollsten unmittelbaren Zeugnisse bronzezeitlicher Religionsausübung in Europa handelt.

Der namengebende Fund wurde bereits im Jahr 1835 bei Schifferstadt in der damals noch bayerischen Pfalz bei Feldarbeiten gemacht. Dieser „Goldene Hut von Schifferstadt" ist ein aus Gold dünn ausgetriebener Hohlkörper mit halbrunder Kalotte, breiter Krempe und konischer Spitze von knapp 30 cm Höhe. Er war im Boden aufrecht auf einer tonigen Unterlage stehend so vergraben, dass sich seine Spitze nur wenig unterhalb der Humusunterkante befand. Senkrecht auf der Krempe stehend, schräg an den Schaft gelehnt, fanden sich drei bronzene, sogenannte mittelständige Absatzbeile westeuropäischen Typs. Bei der amtlichen Nachgrabung wurden noch Bruchstücke eines Kupferdrahtes entdeckt, wohl die Reste einer Randseele, über die der Krempenrand ursprünglich gebörtelt war. Der außergewöhnliche, für die damalige Zeit erstaunlich gut dokumentierte Fund gelangte zuerst nach München und später, nach der Loslösung der Rheinpfalz von Bayern, zurück in das Historische Museum der Pfalz in Speyer (Abb. 7).

Eine jüngste Restaurierung und intensive herstellungstechnische Untersuchung des Schifferstädter Goldhutes wurde 1976 in den Werkstätten des Römisch-Germanischen Zentralmuseums Mainz durchgeführt (Maiken Fecht in

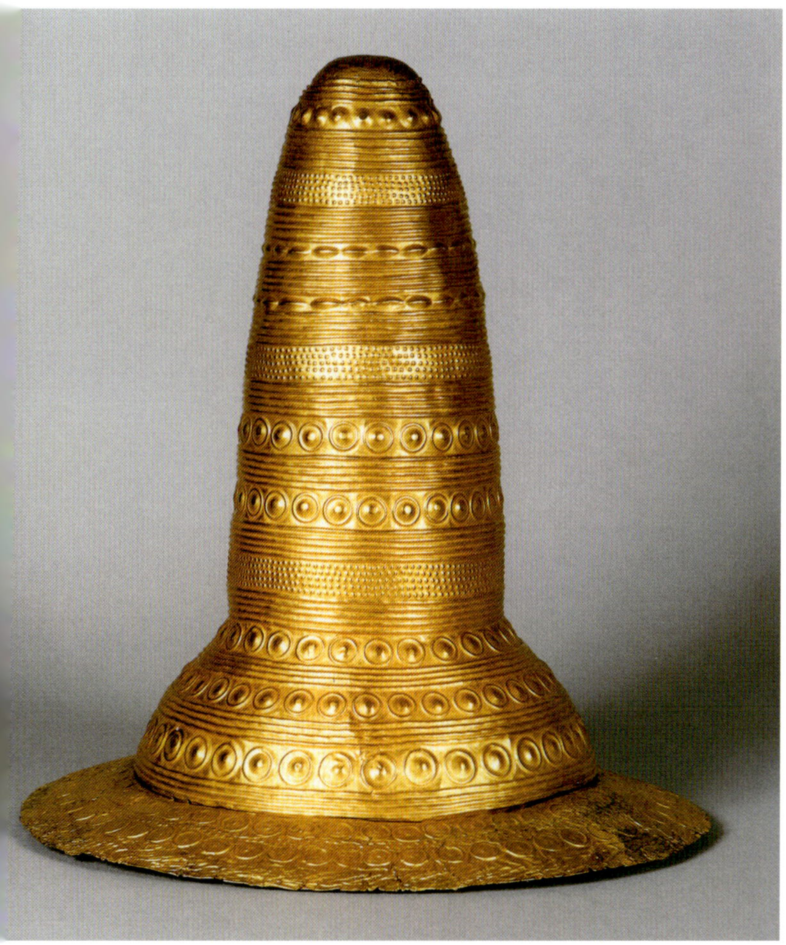

Abb. 7: Der Goldene Hut von Schifferstadt.

	Nr.	2	5	3	4	6	K	A	SK
SPITZE	Z 1								
	Z 2	◯					1	19	19
	TB 1								
SCHAFT	Z 3		△				1	22	22
	Z 4		△				1	22	22
	TB 2								
	Z 5			◯			2	24	48
	Z 6			◯			2	25	50
	TB 3								
KALOTTE	Z 7			◯			2	27	54
	Z 8			◯			2	35	70
	Z 9				◯		2	35	70
KREMPE	Z 10					◯	2	46	92
	TB 4								
	Z 11					◯	2	55	110

Abb. 8: Der Goldener Hut von Schifferstadt. Aufschlüsselung des Ornaments nach der Zonenabfolge in Kombination mit der Verteilung identischer Stempelmuster und deren Zahlenwerte. Erläuterung: Z: Zone. – TB: Trennbänder. – Nr.: Stempel Nr. – K: Anzahl der Kreise im Symbol. – A: Anzahl der Symbole pro Zone. – SK: Summe der Kreise pro Zone. – Grün: Schaltzone. – Gelb: die Zahl 19.

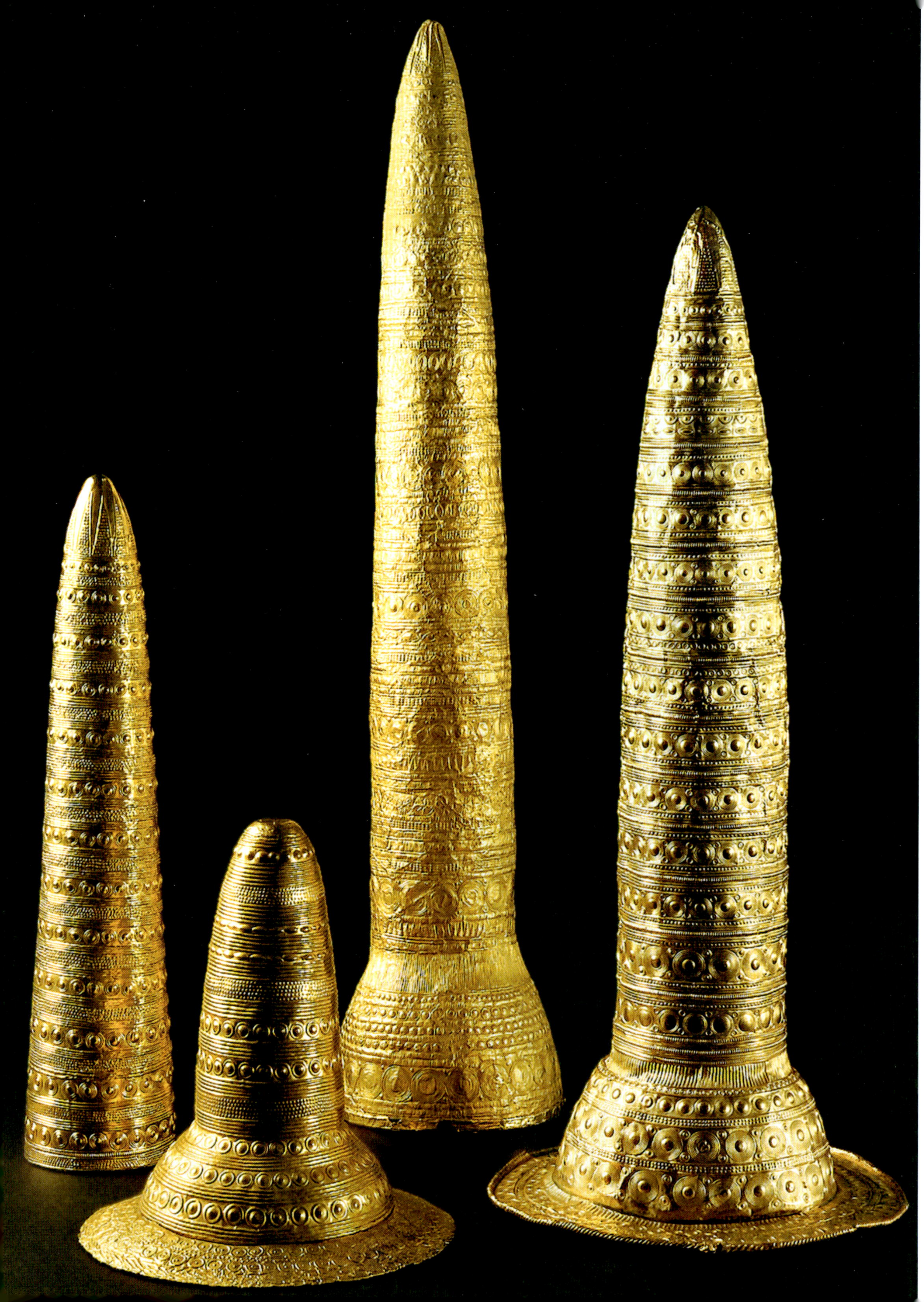

Schauer 1986). Die Wandstärke des aus einem Stück getriebenen Hohlkörpers bewegt sich an der Krempe zwischen 0,08 und 0,13 mm, am Kegelschaft beträgt sie dagegen zwischen 0,20 und 0,25 mm. Der Durchmesser an der Unterkante der Kalotte, die mit einem 10 mm hohen Falz in die ca. 45 mm breite Krempe übergeht, beträgt 170 mm x 180 mm. In den Falz sind von außen je zwei gegenüberliegend angeordnete Löcher geschlagen. Das Gold ist mit 13% Silber, 0,56% Kupfer und 0,07% Zinn legiert.

Der Hut wiegt im jetzigen Zustand – ein Stück der Krempe ist im Lauf der beinahe 150-jährigen Museumsgeschichte verloren gegangen – 350,5 Gramm.

Kegel, Kalotte und Krempe sind flächendeckend mit umlaufenden Bändern aus Buckel-, Kreis- und Mandelaugenmustern sowie zonenbildenden Horizontalrippen und Perlpunktbändern verziert. Die dazu verwendeten Werkzeuge waren zwei verschiedene Punktpunzen, sechs unterschiedliche Musterpunzen und eine Schrotpunze. Der Ornamentkanon ist relativ unkompliziert. Die stumpfe Kegelspitze ist unverziert. Der Schaft weist zwischen Abschnitten aus horizontalen Wülsten und Perlpunktbändern im Oberteil eine Zone mit kleinen Kreismustern auf, gefolgt von zwei Friesen mit Augenmustern sowie im Unterteil zwei Zonen mit einfach gefassten Kreisbuckeln, die entsprechend in den oberen beiden Zonen in das Blech der Kalotte eingestempelt sind. Der untere Fries oberhalb des Umbruchs zur Krempe stammt aus einer größeren Buckelkreispunze (Abb. 8).

Die Krempe wurde offenbar schon in antiker Zeit überarbeitet, dünner ausgeschmiedet und mit zwei Kränzen von Ringen verziert. Ob die Glättung des schräg gerieften Krempenrandes, der ursprünglich einen tordierten Kupferdraht umschloss, schon in alter Zeit, oder, wie auch das Einschlagen der gegenständigen Löcherpaare im Falz der Kalotte, erst irgendwann nach der Einlieferung ins Museum erfolgte, ist unbekannt.

Cône d'Avanton

Über den genauen Ort und die Umstände der Auffindung des Cône oder Carquois d'Avanton im Jahr 1844 auf einem Feld bei Avanton nahe Poitiers in Mittelfrankreich ist nichts bekannt. Der Konus aus dünnem Goldblech gelangte zuerst in den Louvre in Paris und befindet sich heute im Musée d'Archéologie Nationale in Saint-Germain-en-Laye.

Nach alten, im Louvre im 19. Jahrhundert angefertigten Gipskopien waren bei dem stark zerknitterten und geknautschten, 460 mm langen Objekt zwischen Bändern aus

Abb. 9: Die goldenen Kopfbekrönungen vom „Typ Schifferstadt". Der goldene Hut von Schifferstadt (vorne links), der Cône d'Avanton (hinten links), der Goldkegel von Ezelsdorf-Buch (Mitte hinten) und der Berliner Goldhut (vorne rechts).

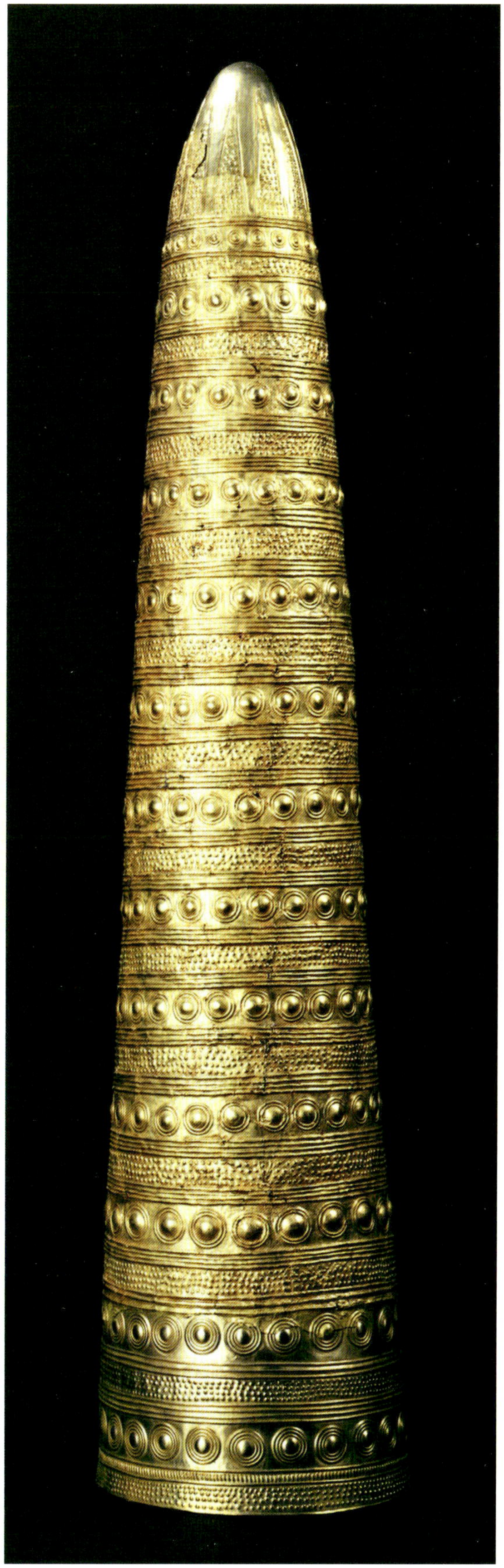

Abb. 10: Der Cône d'Avanton.

	Nr.	1	2	3	4	5	6	7	K	A	SK
SPITZE	Z 1										
	Z 2			●					2	23	46
SCHAFT	Z 3				○				2	16	32
	Z 4				○				2	17	34
	Z 5				●				2	19	38
	Z 6					●			2	19	38
	Z 7					○			2	20	40
	Z 8					○			2	21	42
	Z 9					○			2	22	44
	Z 10					○			2	23	46
	Z 11					○			2	23	46
	Z 12						●		2	21	42
	Z 13							○	3	22	66
	Z 14							○	3	23	69

Abb. 11: Der Cône d'Avanton. Aufschlüsselung des Ornaments entsprechend der Zonenabfolge in Kombination mit der Verteilung identischer Muster und deren Zahlenwerte.

Horizontalrippen und Punkten noch 13 Zierzonen mit Kreisbuckeln zu sehen. Am unteren Ende besitzen die alten Gipskopien noch Ausbrüche der vertikal gefältelten Übergangszone zur Kalotte, die das Fragment aufgrund vorhandener Analogien eindeutig als den Schaft eines Goldhutes vom Typ Schifferstadt ausweisen.

Das Original wurde 1976 ebenfalls in den Werkstätten des Römisch-Germanischen Zentralmuseums Mainz restauriert, herstellungstechnisch untersucht und „wieder in die Form" gebracht. Die Spitze und sonstige Fehlstellen sowie die irgendwann nach der Anfertigung der Gipskopien verloren gegangenen unteren drei Zierzonen wurden schematisch so ergänzt, dass sich der Cône d'Avanton heute als ein 530 mm hoher konischer Hohlkörper mit einem Fußdurchmesser von 115 mm darstellt. Seine Originalsubstanz besteht, bei einer Materialstärke von 0,11 mm bis 0,20 mm, aus 249 Gramm gediegenem Gold, das mit 5,0 % Silber, 0,13 % Kupfer und 0,043 % Zinn legiert ist. Das Fragment weist Verzierungen aus neun Werkzeugen auf, darunter fünf unterschiedliche Kreisbuckelstempel mit 1, 2 und 3 konzentrischen Ringen in horizontaler Anordnung. Die Spitze bildet ein elfstrahliger Stern (Abb. 11).

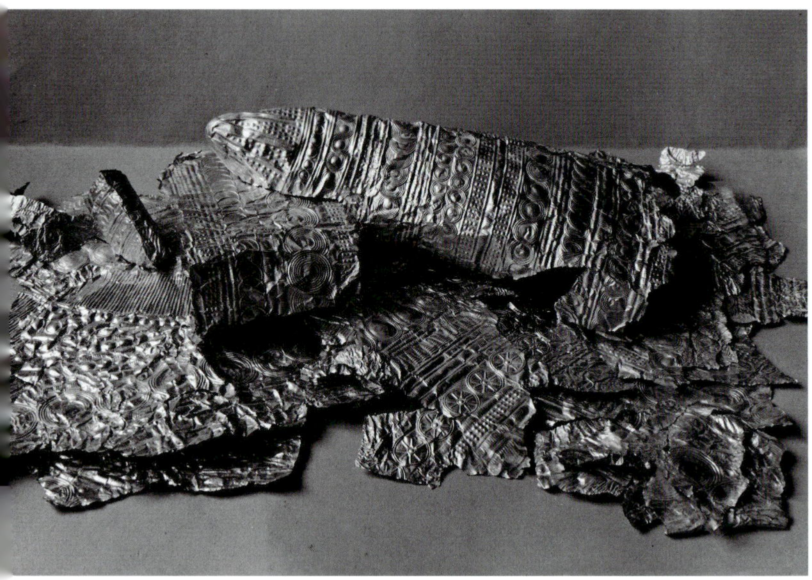

Abb. 12: Der Goldkegel von Ezeldorf-Buch. Die Goldblechfragmente bei der bei Einlieferung ins Germanische Nationalmuseum Nürnberg 1953.

Der Goldkegel von Ezelsdorf-Buch

Es dauerte mehr als 100 Jahre, bis ein weiteres Objekt „unbekannter Funktion", wie es noch im späten 19. Jahrhundert hieß, bekannt wurde. Die Fundgeschichte ist erzählenswert: Im Frühjahr 1953 stieß der Maurer Michael Dörner aus Ezelsdorf, Gemeinde Burgthann, Kreis Nürnberger Land, Regierungsbezirk Mittelfranken (Bayern), beim Baumstumpfroden im Wald auf der Flurgrenze zu Buch, Gemeinde Postbauer, Regierungsbezirk Oberpfalz (Bayern) in einem halben Meter Tiefe auf einen goldglänzenden Blechkörper. Da ihn der Gegenstand bei der Arbeit störte, zerhackte er diesen und warf die Bruchstücke, in der Annahme es handle sich um Konservenblech, achtlos auf den Grubenrand. Stutzig wurde erst die Ehefrau, als sie ihrem Mann mittags die Brotzeit in den Wald brachte. Sie sammelte die Blechfragmente in ihrer Schürze auf und legte diese, Tage später, einem Zahnarzt zur Materialprüfung vor, der sie als gediegenes Gold analysierte.

Verschiedenen glücklichen Umständen ist es zu verdanken, dass der außergewöhnliche prähistorische Fund nicht zu Zahngold verarbeitet wurde. Die zerfetzten und zerdrückten, aber gründlich gereinigten, teils glattgestrichenen reich ornamentierten Goldblechfragmente gelangten nach einer mehrwöchigen Odyssee schließlich in das Germanische Nationalmuseum in Nürnberg, wo der zuständige Konservator Dr. Georg Raschke die Fragmente sofort als Teile eines Goldkegels vom Typ Schifferstadt erkannte (Abb. 12).

Der Fundstelle des „Goldkegels von Ezelsdorf-Buch" befindet sich am ziemlich steilen, heute bewaldeten Südhang des Brentenberges, einem Ausläufer des die Gegend beherrschenden 596 m hohen Dillberges. Etwa 200 m westlich liegt die Quelle der Schwarzach, eines Nebenflusses der Altmühl, und ca. 1000 m südlich verläuft die Trasse der Altstraße vom

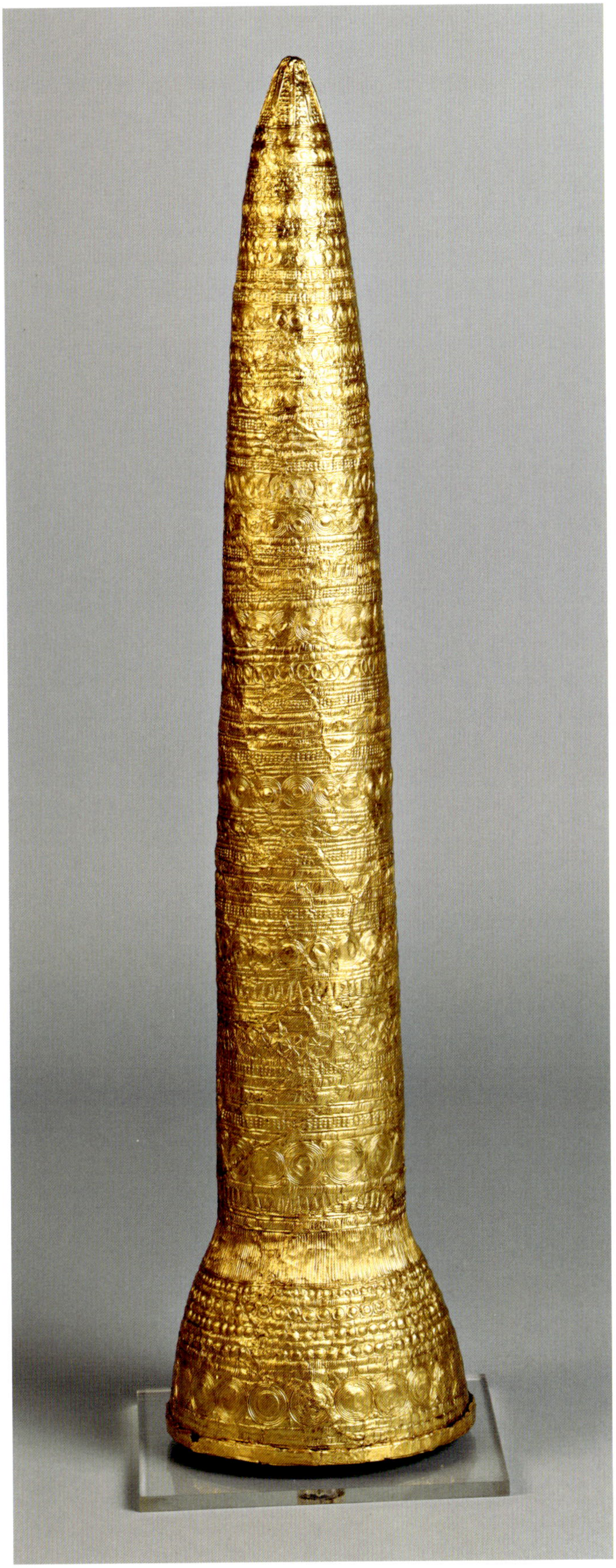

Abb. 13: **Der Goldkegel von Ezelsdorf-Buch.**

Maindreieck bei Würzburg zur Donau nach Regensburg. Der Fundort und seine weitere Umgebung bieten ansonsten archäologisch nichts Auffälliges.

Die Nachgrabung des Germanischen Nationalmuseums an der Fundstelle ergab, dass der Goldgegenstand offenbar senkrecht stehend ohne weitere Beigaben so vergraben war, dass seine Spitze bis knapp unter die Humusunterkante reichte. Durch den Erddruck zusammengequetscht, fanden sich zum Kegel gehörende Goldfragmente nur bis zu einer Tiefe von 80 cm, darunter auch ein mit dünnem Goldblech umwickeltes Stück tordierten Kupferdrahtes, das, wie erst jüngst erkannt wurde, den Rest der Randseele der bei der Einlieferung der Bleche ins Museum nicht mehr vorhandenen Krempe des Goldhutes darstellt.

In einer ersten Montage der Goldbleche auf einen mit Samt bezogenen Holzkegel erwies sich der Fund als „...überreich verzierter, einem Zuckerhut ähnlicher Goldkegel von überschlanker Form [...] Die Gesamthöhe beträgt 95 cm. [...] Das Goldblech des etwas unregelmäßig, nicht etwa scharf und gradlinig auslaufenden Randes der Mündung [...] war ursprünglich nach außen umgebogen. Es umschloss einen flachen, 8,4 mm breiten, 2 mm starken, jetzt in viele Teile zerbrochenen Bronzering.“ (Georg Raschke).

Auch dieser „Goldblechkegel“ (Peter Schauer) wurde 1976 in den Werkstätten des Römisch-Germanischen Zentralmuseums in Mainz herstellungstechnisch untersucht, restauriert und „in die Form gebracht“, was durch Glätten der Bleche und Schließen der Fehlstellen geschah. Es ergab sich dabei ein schlanker Hohlkörper von 885 mm Höhe mit einem Fußdurchmesser von 197,5 mm x 191,5 mm und einem maximalen Durchmesser des Schaftes von 120 mm. Bei einer maximalen Blechstärke von 0,078 mm wiegt das mit 11,0 % Silber, 0,59 % Kupfer und 0,086 % Zinn legierte Gold nur 310 Gramm (Abb. 13).

Durch die Fundumstände, das Glätten der Goldblechfragmente und die verschiedenen Restaurierungen ist die Ober-

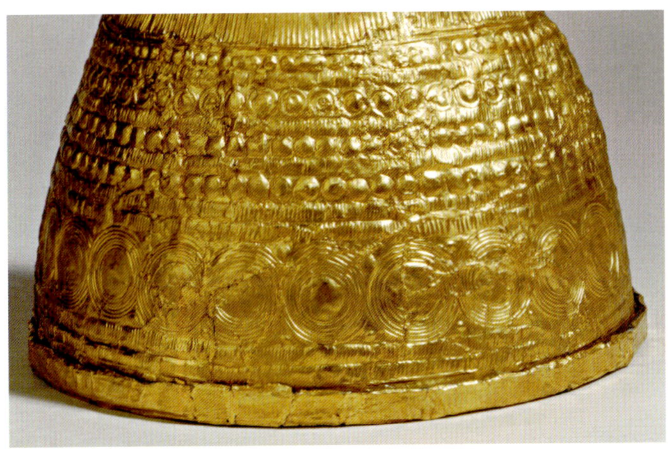

Abb. 14: Goldkegel von Ezelsdorf-Buch. Der Fuß der Kalotte mit dem Falz und dem fälschlich nach innen umgeschlagenen Ansatz der Krempe.

flächenform verfälscht. Was einst ein plastischer Kerbwulst war, stellt sich jetzt als schräg geripptes flaches Zierband dar. Die theoretische Wiederherstellung des ursprünglichen Profils würde die derzeitige Kegelhöhe um mindestens 100 mm verringern und dem Kegel ein mehr gedrungenes, dabei aber authentischeres Aussehen verleihen.

Nach den neueren Forschungen zum „Goldblechkegel" von Ezelsdorf-Buch kann insgesamt festgehalten werden, dass das Objekt weitab von irgendwelchen sichtbaren prähistorischen Geländedenkmälern oder auffälligen archäologischen Arealen entdeckt wurde. Es scheint, wie beim Goldenen Hut von Schifferstadt eindeutig überliefert, aufrecht stehend so im Boden am Hangauslauf des Brentenberges vergraben worden zu sein, dass die Spitze bis kurz unter die ehemalige Unterkante der Humusschicht reichte. Alle Indizien sprechen dafür, dass der „Goldkegel" vor der unsachgemäßen Behandlung nach der Auffindung und den diversen Restaurierungen ein durch das Ornament bedingt horizontal gegliedertes Oberflächenrelief besaß und ursprünglich nur zwischen 70 und 80 cm hoch war. Die Kalotte ging, wiederum wie beim Goldenen Hut von Schifferstadt, mit einem Falz, in dem ein flacher Bronzereif steckte, in eine relativ schmale Krempe über, die am Rand mit einem Bronzedraht verstärkt war (Abb. 14). Wann diese Krempe verloren ging, ob sie schon in alter Zeit intentional mit einer Schere abgeschnitten worden ist, oder ob der Verlust erst nach der Auffindung eintrat, muss offen bleiben. Die bei der offiziellen Nachgrabung in der Fundgrube geborgenen Goldblech- und Bronzereste lassen jedoch vermuten, dass von der Auffindung bis zur Einlieferung des Fundes in das Germanische Nationalmuseum ein bedauerlicher Substanzverlust eingetreten ist (Tobias Springer).

Der Berliner Goldhut

Der über den Kunsthandel 1996 für das Museum für Vor- und Frühgeschichte der Staatlichen Museen zu Berlin – Preußischer Kulturbesitz erworbene Fund stammt angeblich aus einer alten Schweizer Sammlung, die in den 60er Jahren des 20. Jahrhunderts zusammengetragen wurde (APA 32, 2000). Der Fundort, wahrscheinlich irgendwo in Süddeutschland, und die Fundumstände sind bedauerlicherweise unbekannt und konnten, trotz intensiver Recherche, bislang nicht ermittelt werden.

Der Berliner Goldhut ist der vierte seiner Art aus der Bronzezeit Alteuropas und zugleich der einzige in seiner ursprünglichen Form vollständig erhaltene. Trotz der fehlenden Herkunft ergeben sich aus der antiquarischen Analyse dieses „Schlüsselfundes" wesentliche Erkenntnisse zur Deutung der kleinen, aber exquisiten Fundgruppe der Goldhüte vom „Typ Schifferstadt" (Abb. 15; vgl. Abb. 9).

Der 745 mm hohe Hohlkörper aus papierdünnem Goldblech ist nahtlos aus einem Stück getrieben. Er ist formal in

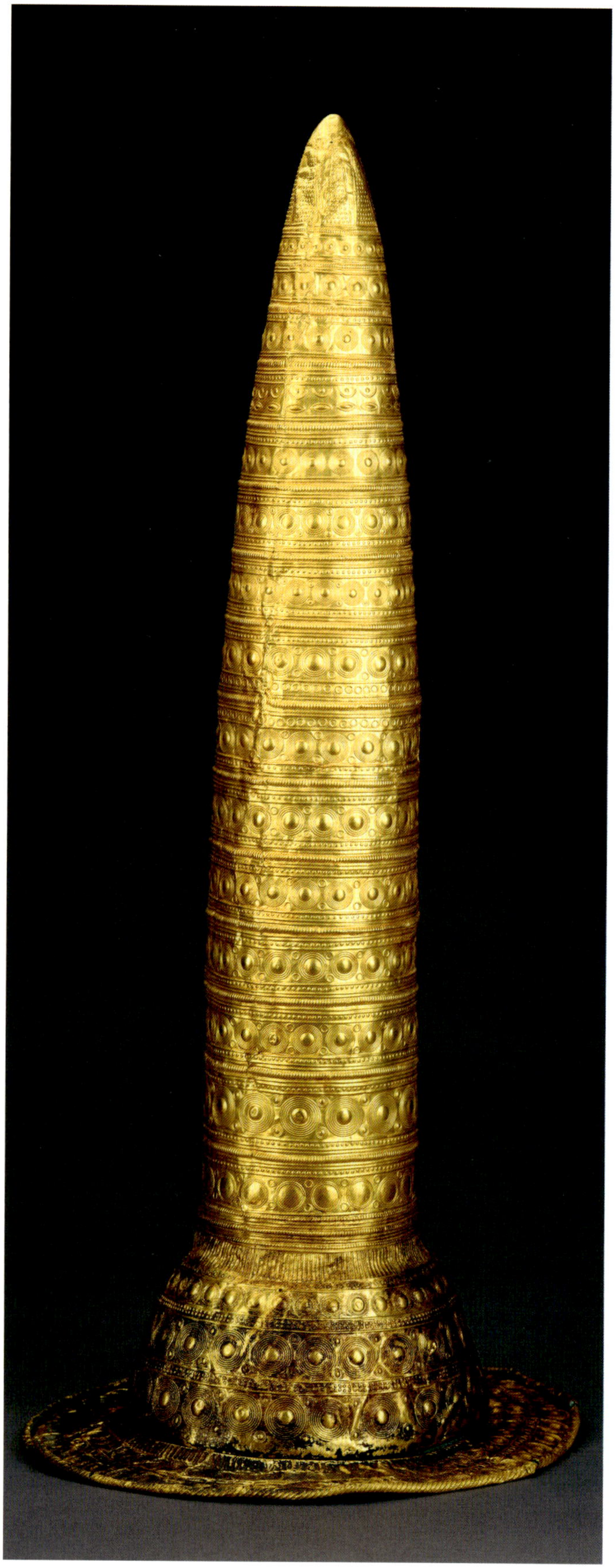

Abb. 15: Der Berliner Goldhut. Gesamtansicht

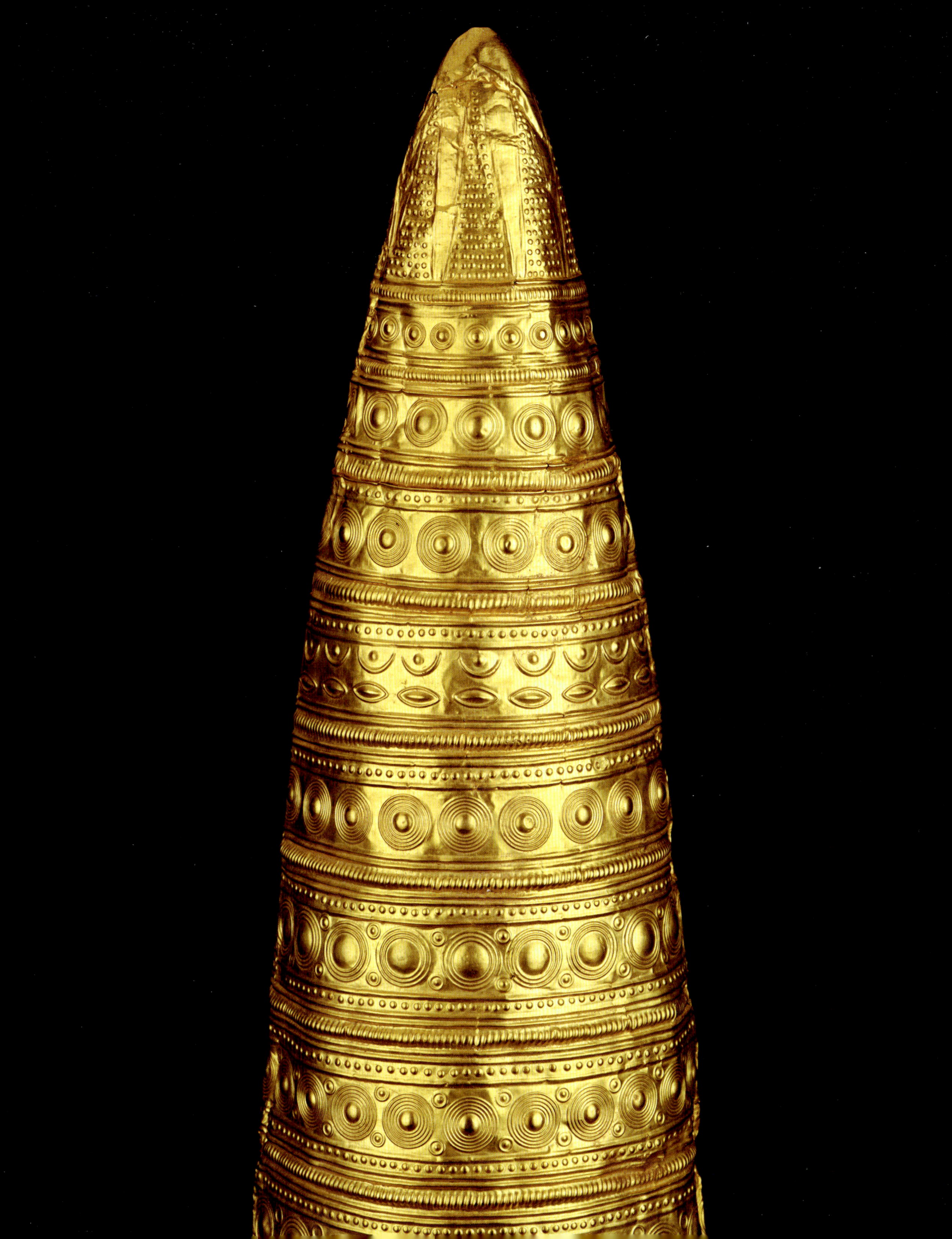

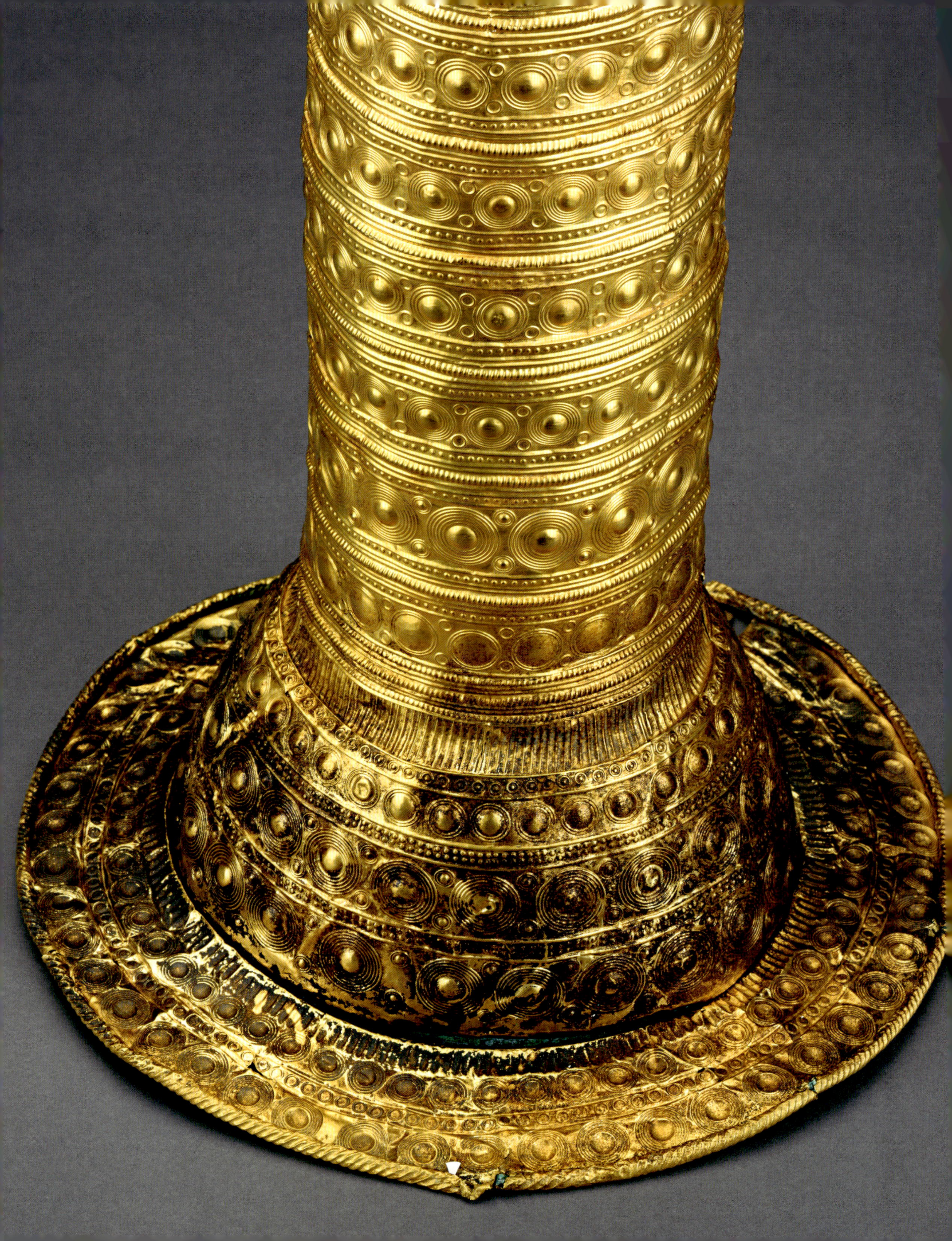

Seite 21:
Abb. 16: Berliner Goldhut. Spitze und oberer Teil des Schaftes.
a. Die Spitze (Zone 1) bildet ein achtzackiger Stern vor gepunktetem Grund über einem Band mit 22 Doppelkreispunzen (Zone 2).
b. Den Beginn des Schaftes markiert Zone 3 mit 14, in jeweils drei Kreisen gefassten Buckeln. Darauf folgen die, durch Kerbwülste und Perlbänder voneinander abgesetzten Zonen 4 bis 9. Die fünfte Zone zeigt einen Doppelfries mit liegenden Mondsicheln und zentralem Punkt sowie Augenmustern, wohingegen die anderen Zonen von nahezu exakt geprägten Buckelscheiben mit zonenweise alternierend 3 und 5 konzentrischen Ringen in unendlichem Rapport besetzt sind. Ab der 7. Zone treten in den Zwickeln zwischen den Buckelscheiben Punktkreise auf.

Seite 22:
Abb. 17: Berliner Goldhut. Unterer Teil des Schaftes, Kalotte und Krempe:
a. Der untere Teil des Schaftes, der am Fuß einen Durchmesser von 10,8 cm hat, ist entsprechend dem oberen mit Zierzonen zwischen von Perlbändern gefassten Kerbwülsten strukturiert. Er zeigt über dem gefältelten manschettenartigen Übergang zur Kalotte einen Fries aus großen, nur von zwei Ringen eingefassten Buckelscheiben und darüber, in der 15. Zone von der Spitze an gerechnet, das erste Band aus großen Buckeln mit 6 Ringen, zwischen denen in den Zwickeln kleine Punktbuckel mit zwei konzentrischen Kreisen der Art eingeprägt sind, wie sie in der Zone 2 als Begrenzung der Spitze mit dem achtstrahligen Stern vorkommen.
b. Auf der Kalotte sind die Ornamentzonen durch Punktbänder voneinander abgesetzt. Den obersten Fries (Zone 17) bilden kleine Buckelscheiben mit 2 Ringen. Die beiden nächsten Zonen sind analog dem vorletzten Symbolfries auf dem Schaft mit identischen Buckelscheiben mit 6 Ringen verziert.
c. Die Krempe ist durch einen Falz mit innen liegendem Bronzereif und einer schmalen umlaufenden Fältelung von der Kalotte abgesetzt. Getrennt durch ein schmales Band von Ringpunzen, wie es auch die Kalotte von der Fältelung am Fuß des Schaftes absetzt, weist die Krempe zwei Zonen mit drei- bzw. fünffach gefassten Buckelscheiben auf, die in der Aufsicht konkav zu sehen sind. Der schräg geriefelte Randwulst der Krempe wird durch einen vierkantigen, tordierten Bronzedraht gebildet, um den das dünne Goldblech nach oben umgebörtelt ist.

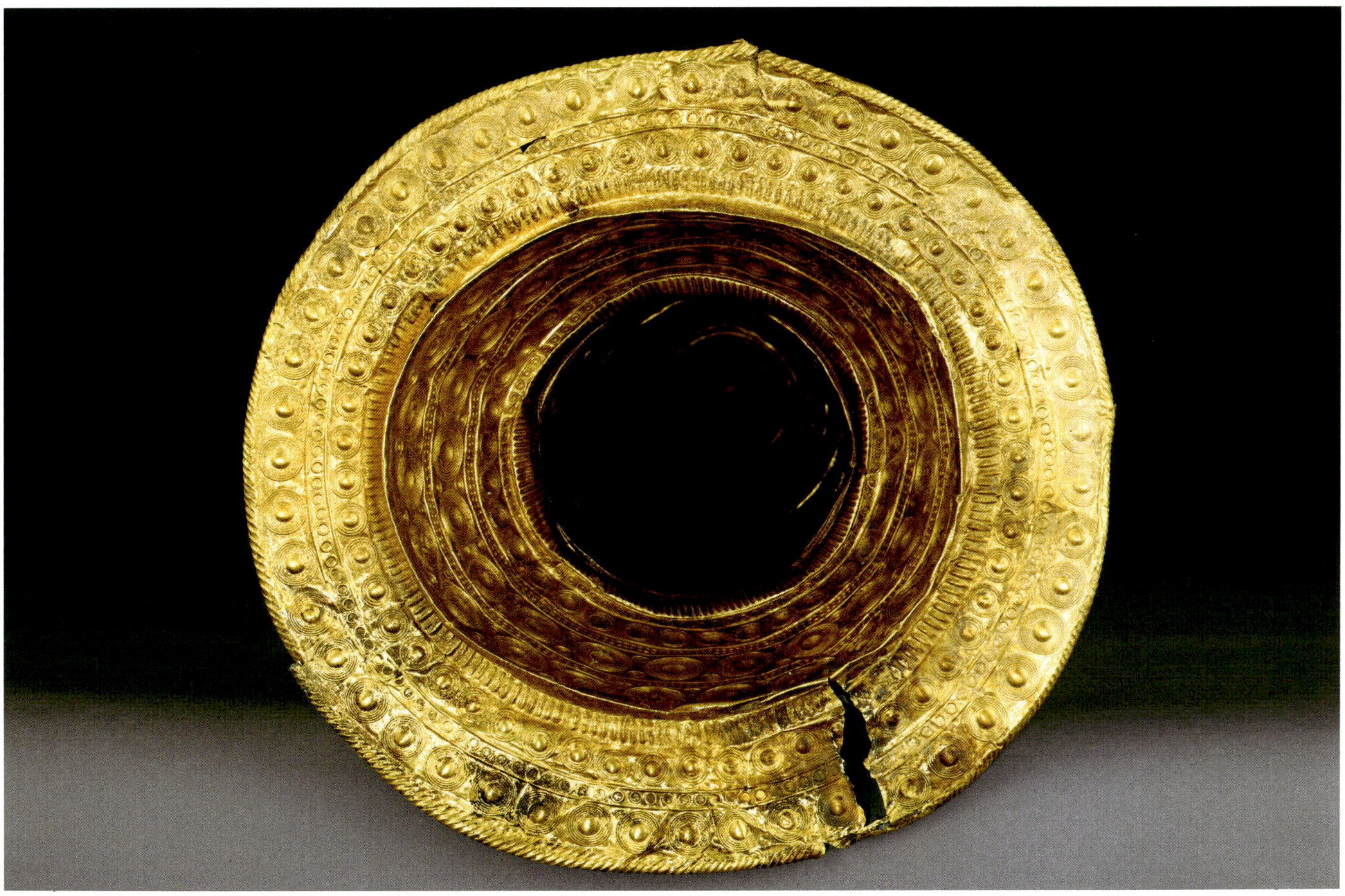

Abb. 18: Berliner Goldhut. Unteransicht der Krempe: In der Unteransicht zeigen sich die Muster auf der Krempe im Positiv. Deutlich sind der Falz, in dem der Bronzereif steckt, und der Spannungsriss in der Krempe zu erkennen. Diese Perspektive zeigt zugleich, dass die Öffnung der Kalotte nicht rund, sondern annähernd oval war, und dass die Konturen der Muster im Inneren des Hohlkörpers prägnanter sind als auf seiner Außenseite.

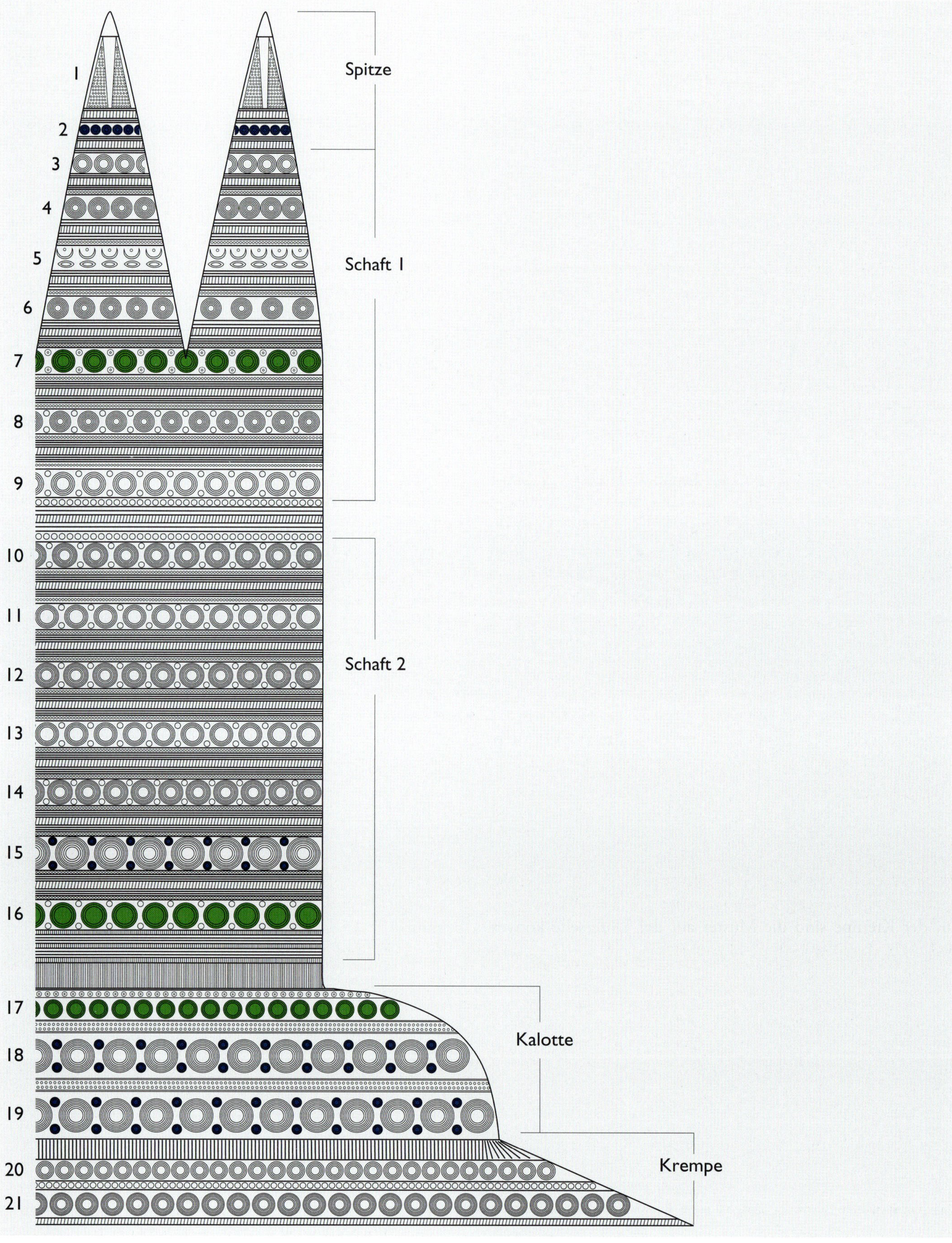
Spitze
Schaft 1
Schaft 2
Kalotte
Krempe
1
2
3
4
5
6
7
8
9
10
11
12
13
14
15
16
17
18
19
20
21

die Spitze, den annähernd konischen Schaft mit maximal 125 mm Durchmesser, die 100 mm hohe Kalotte und die 52–55 mm schmale horizontale Krempe gegliedert. Die durchschnittliche Wandstärke beträgt 0,06 mm. Der Schaft wird durch 16 stark profilierte Treibwülste horizontal strukturiert und ist von der Kalotte durch einen 18 mm hohen vertikal gefältelten Übergang abgesetzt. Im Falz zwischen Kalottenfuß und Krempe befindet sich ein Bronzeband von ca. 10 mm Höhe und 203 mm x 175 mm Durchmesser. Der Umbruch zur leicht verformten horizontalen Krempe mit einem Außenmaß von 307 mm x 295 mm, auf der die Ziermuster von oben konkav erscheinen, ist durch eine Fältelung des Goldblechs markiert. Im Krempenrand befindet sich ein jetzt mehrfach zerbrochener, tordierter Vierkantdraht aus Bronze oder Kupfer mit einem auffälligen Verschluss, um den das Goldblech nach oben umgeschlagen ist.

Das Gewicht des außerordentlich gut erhaltenen archäologischen Fundes beträgt, samt Bronzeverstärkungen, nur 490 g. Das Gold besteht nach den Untersuchungen des Instituts für Metallkunde der Technischen Universität Berlin mit der Mikrosonde im Jahr 1998 aus einer Legierung mit 9,8 % Silber, 0,4 % Kupfer und 0,11 % Zinn (Josef Riederer, APA 32, 2000, S. 107). Nach neuesten Untersuchungen mittels Synchrotronstrahlung in der Bundesanstalt für Materialforschung- und Prüfung (BAM) im Jahr 2008 wurden für die an verschiedenen Stellen des Goldhutes vorgenommenen Messungen Mittelwerte für die Spitze von 90,68 % Gold, 8,69 % Silber 0,37 % Kupfer und 0,16 % Zinn beziehungsweise vom Mittelteil des Schaftes 91,82 % Gold, 7,81 % Silber, 0,23 % Kupfer und 0,10 % Zinn errechnet (Hermann Born u. a., APA 41, 2009, S. 34).

Die Spitze des hybriden Kegelhutes ziert ein achtzackiges sternförmiges Muster vor gepunktetem Grund über einem umlaufenden Band aus 22 kleinen Buckelscheiben mit zwei konzentrischen Kreisen.

Schaft, Kalotte und Krempe sind in 18 horizontalen Zonen mit jeweils identischen Prägemustern aus konvexen Buckelscheiben mit zwei, drei, fünf oder sechs konzentrischen Ringen im unendlichen Rapport so verziert, dass kaum eines ein anderes tangiert oder gar überschneidet. In den beiden Zonen auf der Krempe sind die Muster auf der Unterseite konvex (vgl. Abb. 18). Die fünfte Zone unterhalb der Spitze zeigt statt Buckelscheiben einen Doppelfries aus liegenden Mondsicheln mit zentralem Punkt sowie eine Reihung von Augenmustern.

Der Schaft ist durch plastische Kerbwulstbänder gegliedert und von der Kalotte durch eine vertikal gefältelte Manschette abgesetzt. Ähnlich, aber schmäler, ist der Übergang von der Kalotte zur Krempe gestaltet. Schaft, Kalotte und Krempe werden durch auffällige Trennbänder in drei Abschnitte von jeweils 7 Zonen gegliedert, wobei sich die beiden Zonen am Schaftfuß über der Kalotte mit den fünf Zonen auf der Krempe und der Kalotte überlappen (Abb. 16–19).

Der Goldgegenstand weist trotz seiner Fragilität kaum Beschädigungen auf. Dünne bräunliche Verkrustungen auf der Kalotte und der Krempe des Goldhutes, bei denen es sich vermutlich um Kupferkorrosion aus der Silberlegierung des Goldes handelt, deuten darauf hin, dass der Schaft irgendwann vor dem Ankauf durch die Staatlichen Museen gereinigt und das Stück in seine jetzige Form gerichtet wurde. Dies lässt sich aus zwei vertikalen Quetschfalten längs des Schaftes, einer Knickung am Kalottenansatz und vor allem aus den Spannungsrissen in der leicht deformierten Krempe erschließen, die während der jahrtausendelangen Lagerung im Boden entstanden sind. Antike Flickungen oder moderne Ergänzungen sind nicht vorhanden, wobei aufgrund der archäologischen Begutachtung und der naturwissenschaftlichen Untersuchungen kein Zweifel an der Authentizität des Gegenstandes besteht.

Abb. 19: Berliner Goldhut. Umzeichnung in vertikaler Halbierung. Blau: Zwickelmuster. Grün: Schaltzonen.

Techniken der Herstellung

Seit den herstellungstechnischen Untersuchungen an den drei bis 1996 bekannten Goldhüten in den Restaurierungswerkstätten des Römisch-Germanischen Museums in Mainz (M. Fecht) steht die Frage im Raum, wie und mit welchen handwerklichen Mitteln die als Meisterwerke der bronzezeitlichen Goldschmiedekunst geltenden Goldkegel bzw. Goldhüte hergestellt worden sind. Neuere archäologische Funde von Goldschmiedewerkzeugen, so aus Frankreich und Süddeutschland, mit den Möglichkeiten praktischer Experimente und eine intensivere handwerkstechnische Forschung (Barbara Regina Armbruster/Hermann Born) haben die theoretisch fundierten Darstellungen von M. Fecht aus dem Jahr 1986 weitgehend bestätigt.

In seinem Artikel „Herstellungstechnische Voruntersuchungen am Berliner Goldhut“ beschreibt Hermann Born aufgrund mikroskopischer und röntgenologischer Untersuchungen sowie flankierender praktischer Experimente mit den erst 2002 vom Museum für Vor- und Frühgeschichte Berlin erworbenen Werkzeugen aus dem Schmiededepot von „Murnau“ die Arbeitsabläufe, die hier zusammengefasst werden.

Nach Meinung von Hermann Born, Chefrestaurator am Museum für Vor- und Frühgeschichte in Berlin und ausgewiesener Spezialist für Herstellungstechniken prähistorischer und antiker Bronzen, muss der eigentlichen Herstellung des Berliner Goldhutes – und auch der anderen Beispiele – ein vollständig verziertes Modell im Maßstab 1:1 aus Holz oder einem anderen, leicht formbaren Material zugrunde gelegen haben.

Die Herstellung des eigentlichen Werkstückes begann mit dem Ausziehen und Austreiben eines gegossenen Goldrohlings unbekannter Gestalt (Plansche, napfförmig oder barrenförmig) von ca. 400 g über einem aus Hartholz zugerichteten Ambosshorn in der Form des Kegels mit Kalotte. Die Kaltverformung durch Schmieden erfolgte nahtlos auf die vorgegebene Länge,

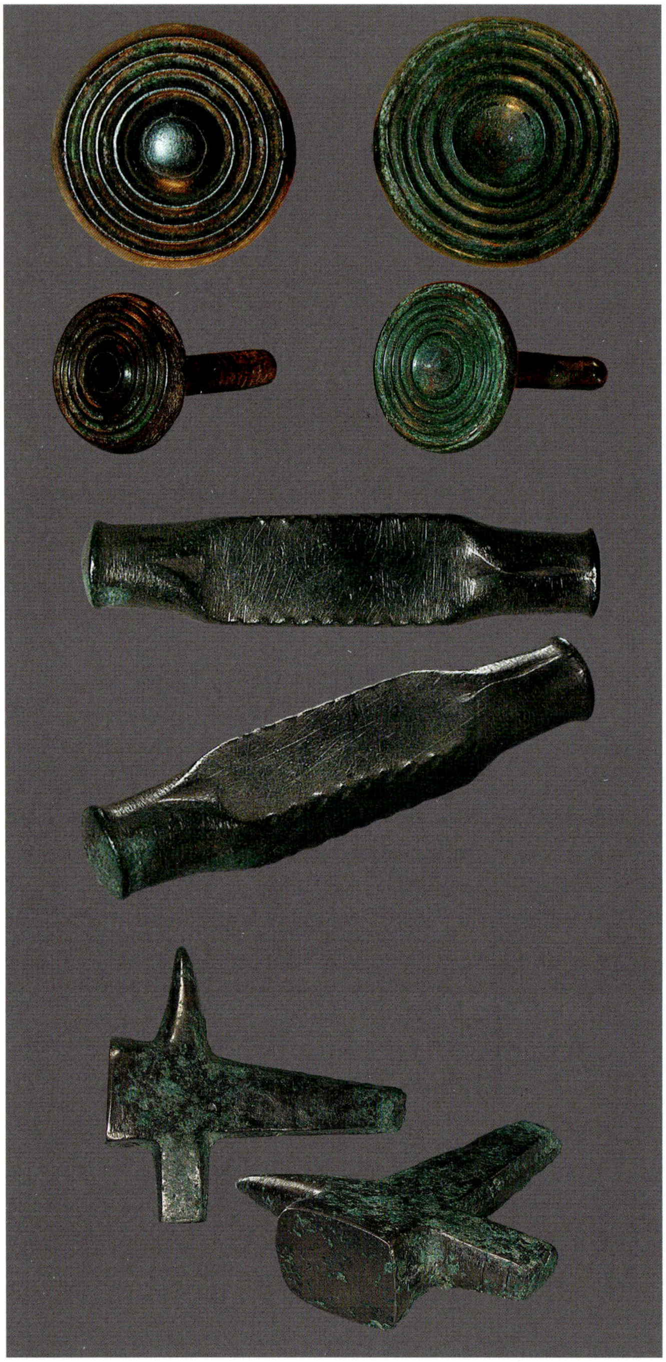

Abb. 20: Werkzeuge aus einem 26 Teile umfassenden Goldschmiededepot aus dem bayerischen Alpenvorland, Bronze. Fundort unbekannt, „Gegend von Murnau" (Oberbayern). Um 1000 v. Chr. MVF, Inv. Nr. II c 6296/1-4; 21; 26.
a. Zwei große Kreisrippenpunzen mit Mittelbuckel und Petschaft. Matrize und Patrize. L. 3,4 cm bzw. 3,95 cm; Dm. 2,1 cm bzw. 2,05 cm. Zwei kleinere Kreisrippenpunzen mit Mittelbuckel und Petschaft. Matrize und Patrize, L. 3,95 bzw. 3,8 cm; Dm. 1,25 cm bzw. 1,3 cm.
b. Kleiner beidseitiger Treibhammer mit vierkantigem Mittelteil, L. 4,8 cm; Br. 0,8 cm.
c. Kreuzförmiger Steckamboss. Seiten und Draufsicht. L. 9,75 cm; Br. 8,8 cm.

einschließlich des Überstandes für die spätere Krempe, wobei die Wandstärke schließlich nur noch 0,06 mm betrug, was in etwa der Stärke von Schreibmaschinenpapier entspricht.

Beim Treiben und Schmieden musste der goldene Hohlkörper immer wieder zwischengeglüht werden, damit das Material bei der mechanischen Bearbeitung nicht reißt. Über die fertig ausgetriebene Form wurde von oben ein ovaler Bronzereif von 10 mm Höhe bis an den gewünschten Umbruch von der Kalotte zur Krempe geschoben, um den das Goldblech um 180° nach oben zu einem Falz so umgeschlagen wurde, dass der Bronzering nicht mehr sichtbar war und das freie Ende des Hohlkörpers zur waagrechten Krempe ausgeschmiedet werden konnte. Die Randseele der Krempe bildet ein verwundener Vierkantdraht aus Bronze, dessen Torsionsmuster sich in dem nach oben umgebörtelten Goldblech markant abzeichnet.

Der abschließenden Glättung und Verdichtung der Oberfläche dienten kleine Planierhämmerchen, deren Abdrücke auf dem Goldhut im Röntgenbild deutlich sichtbar sind. Danach wurde die Oberfläche mit einem Polierstein oder einem speziell zugerichteten Holz oder Knochen geglättet und mit feinstem Sand, Asche oder sonst einem adäquaten Material poliert.

Zur Vorbereitung der Ornamentierung des in seine Form gestreckten Hohlkörpers wurde, wahrscheinlich mit Lehren oder Schablonen, entsprechend den Vorgaben des in Originalgröße angefertigten Modells die Musterabfolge im Goldblech angerissen. Spuren dieser Vorzeichnungen lassen sich bei der Mikroskopie in der Oberfläche noch erkennen.

Der noch unverzierte Goldhut wurde im Holzkohlefeuer nochmals erhitzt und entspannt, danach sein Inneres mit einer Masse unbekannter Konsistenz ausgeschwemmt, wodurch sich beim Erkalten eine ca. 1 cm dicke Schicht als Treibkitt bildete. Im nächsten Arbeitsgang wurde das Werkstück auf ein der Form angepasstes, drehbares Ambosshorn geschoben, um die Ornamentierung nach dem Prinzip der plastischen Verformung von außen im Goldblech anzubringen.

Mit dem 1:1-Modell als Vorlage erfolgte (immer nach H. Born) zuerst die reliefartige horizontale Gliederung mit verschieden breiten Roll- und Faulenzerpunzen. Danach wurden in den durch die Rippenprofile und Kerbleisten gebildeten glatten Bändern die Ornament- und Hohlpunzen von außen in das Goldblech gepresst (Abb. 20).

Gegen die Annahme, dass die Muster mit jeweils passenden Matrizen und Patrizen, wie sie beispielsweise im Fund von „Murnau" mehrmals vorkommen, von beiden Seiten geprägt wurden, wofür die im 74,5 cm messenden Inneren des Goldhutes prägnanter als außen ausgeprägten Konturen der Muster angeführt werden könnten, spricht einmal die Länge des Hohlraumes, der ein exaktes Setzen der Punzen nicht ermöglicht, und zum anderen die Vermutung, dass die weniger scharfen Konturen der Muster auf der Außenhaut vom häufigen Polieren der Oberfläche im langen Zeitraum der Benutzung des Goldhutes herrühren (Hermann Born).

Ornamentanalyse

Die Spitze, der konische Schaft, die helmartige Kalotte und die Krempe sind in 21, durch Trennwülste bzw. Trennbänder klar voneinander abgesetzte, horizontale Zonen mit insgesamt 24 unterschiedlichen Punzwerkzeugen, überwiegend Kreis- und Ringbuckel- und Kerbleistenrollpunzen (Hermann Born) so verziert, dass es zu keinen Überschneidungen der Scheiben- und Kreismotive sowie, nur selten, bei den sonstigen Ornamenten kommt. Hauptzierelemente sind acht verschiedene Scheibenbuckel unterschiedlicher Größe mit zwei, drei, fünf oder sechs konzentrischen Ringen. Sondermuster sind punktgefüllte liegende Halbkreise und ein Augenmuster sowie der achtstrahlige Stern vor gepunktetem Hintergrund (Abb. 21). Aus der Anordnung der Muster in der vertikalen Abfolge der Zierzonen lässt sich eine klare Systematik im Ornamentaufbau erschließen (Abb. 22, 1 – 4).

Die Spitze des Goldhutes hat eine Höhe von 6,1 cm und einen Basisumfang von 16,6 cm. Der glattflächige achtstrahlige Stern ist freihändig konturiert und die acht spitzwinkeligen Dreiecke dazwischen weisen eine regelmäßige Punktierung in horizontalen Reihen auf (**Zone 1**). Zur Spitze wird auch die durch einfache Kerbwülste abgesetzte, 0,85 cm breite **Zone 2** gezählt, deren 22 Kreispunzen mit zwei Ringen (Nr. 6, s. Abb. 21) sonst nur als Zwickelmuster bei den Scheiben mit sechs Ringen Nr. 15 in den Zonen 15, 18 und 19 vorkommen. (Abb. 22, 1a)

Die für das Weitere relevanten Symbole beginnen mit der **Zone 3**, einem 1,4 cm breiten, von Graten gesäumten Band mit 14 umlaufenden Buckelscheiben mit drei konzentrischen Kreisen Nr. 8. Derselbe Ornamentstempel kommt sonst nur noch in Zone 20 auf der Krempe vor.

Der nächste Kerbwulst markiert einen Wechsel im Rhythmus des Ornaments. Die insgesamt 2,2 cm breite **Zone 4** mit 15 kleinen Buckeln mit fünf konzentrischen Kreisen (Nr. 10) ist nach oben durch ein schmales Band aus Perlpunzen begrenzt. Entsprechend konzipiert sind auch die nächsten beiden Ornamentbänder. Die **Zone 5** ist 2,45 cm breit und zeigt in zwei horizontalen Reihungen oben 19 liegende Mondsicheln mit zentralem Punkt (Nr. 16) und darunter die gleiche Zahl von mandelförmigen Augensymbolen (Nr. 17). Der Kegelumfang beträgt an der Unterkante dieser Zone 27,5 cm. **Zone 6** ist 25,0 cm breit und mit 18 Buckelscheiben mit fünf Ringen (Nr. 10) verziert (Abb. 22, 1b).

In der 2,9 cm breiten **Zone 7** kommen zwischen den dreifach konturierten Kerbwulstbändern erstmals zwei Muster vor. Begrenzt durch Perlpunktbänder sind umlaufend 19 Scheiben mit drei Kreisen (Nr. 11), wie sie nur in dieser Zone

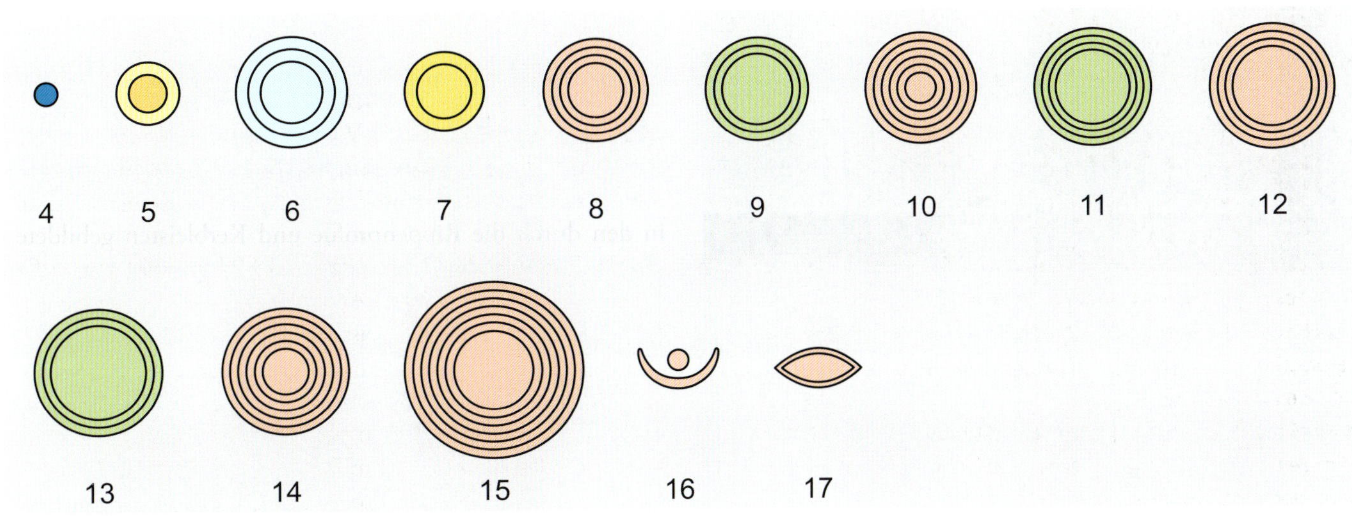

Abb. 21: Berliner Goldhut. Die Stempelmuster und ihre Punzen: Ornamentpunzen: Nr. 4–7 Perlpunkt, Kreispunkt, Doppelkreispunkt, Ringkreis. M. 2:1. Buckelscheiben mit konzentrischen Kreisen: **Nr. 8,** 3 Kreise, Dm. 12 mm. – **Nr. 9,** 2 Kreise, Dm. 12 mm. – **Nr. 10,** 5 Kreise, Dm. 13 mm. – **Nr. 11,** 3 Kreise, Dm. 14 mm. – **Nr. 12,** 3 Kreise, Dm. 15 mm. – **Nr. 13,** 2 Kreise 15 mm. – **Nr. 14,** 5 Kreise, Dm. 15 mm. – **Nr. 15,** 6 Kreise, Dm. 21 mm. – Sondermuster: – **Nr. 16**, liegende Sichel mit zentralem Punkt, L. 11 mm. – **Nr. 16**, Augenmuster, L 11 mm. M. 1:1. Die Farben beziehen sich auf die Darstellung in der Kombinationstabelle Abb. 23.

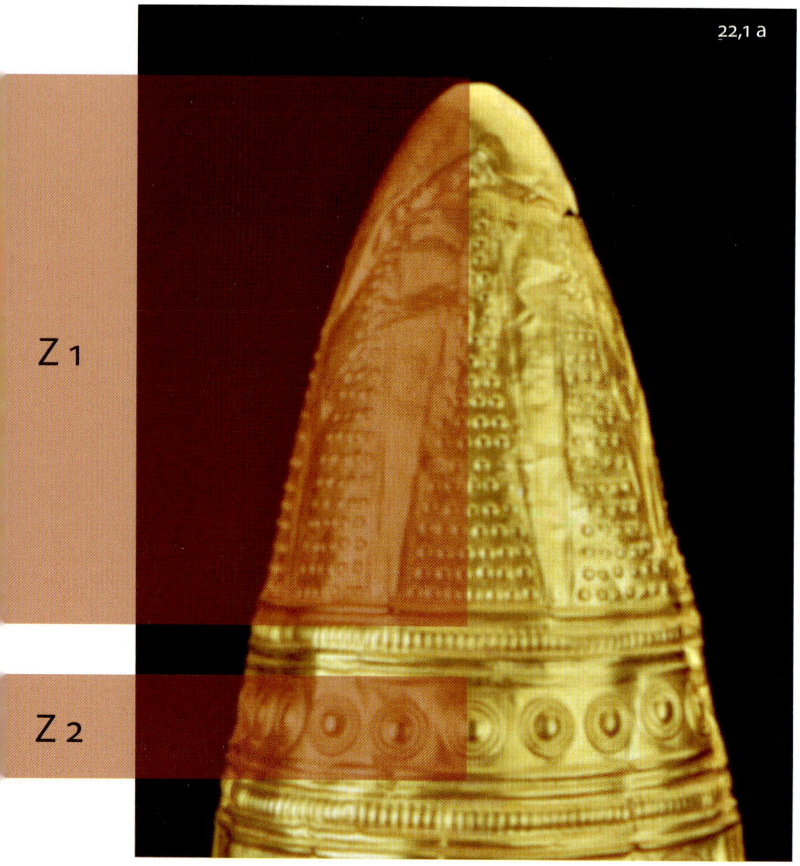
22,1 a
Z 1
Z 2

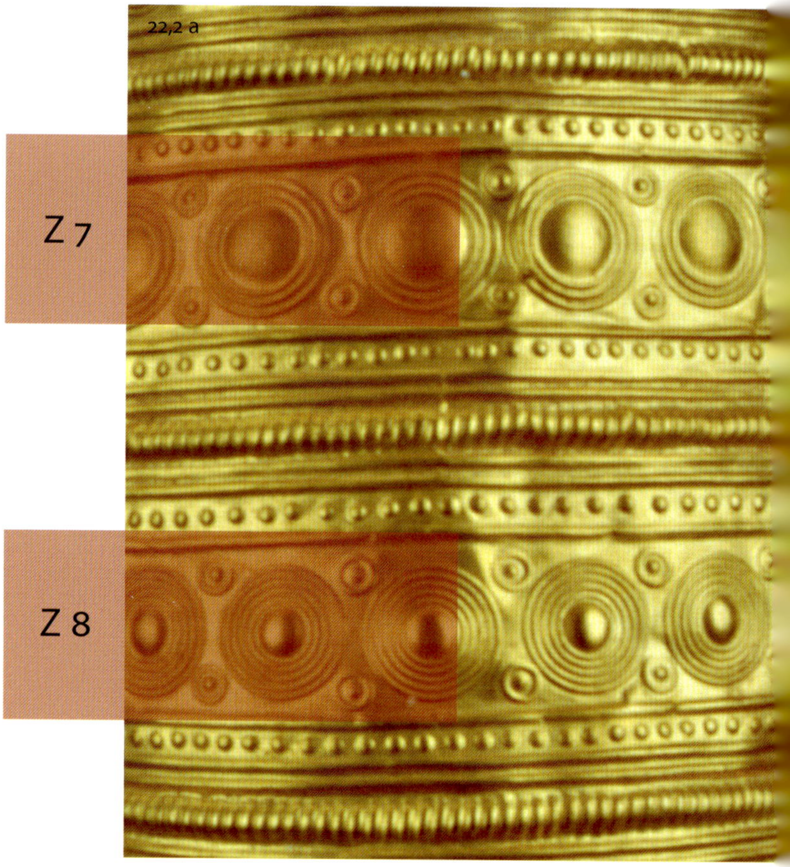
22,2 a
Z 7
Z 8

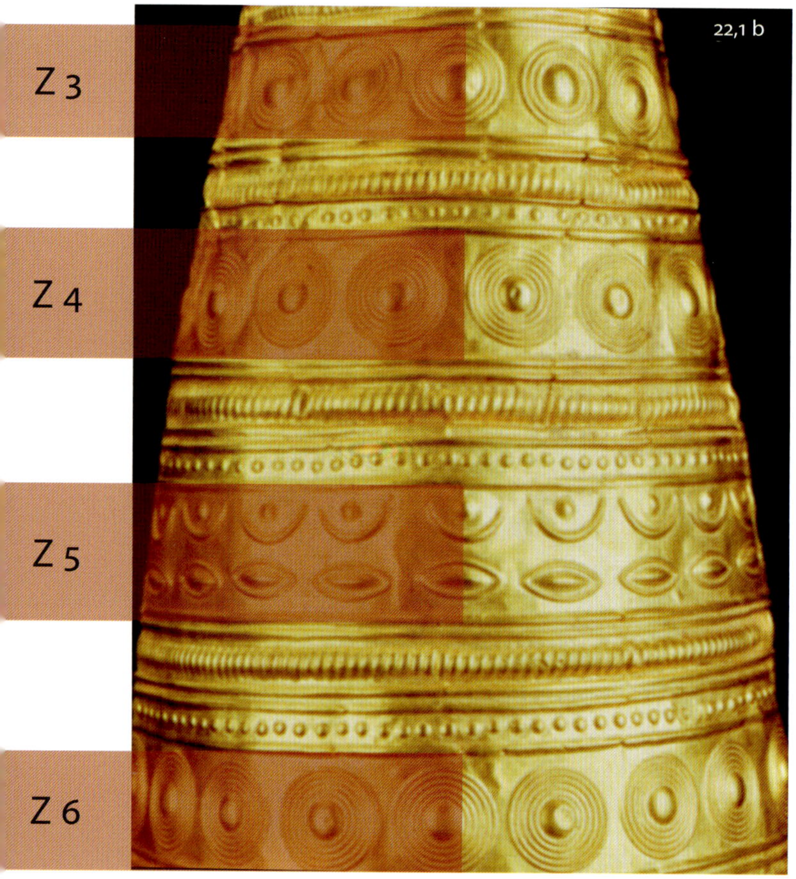
22,1 b
Z 3
Z 4
Z 5
Z 6

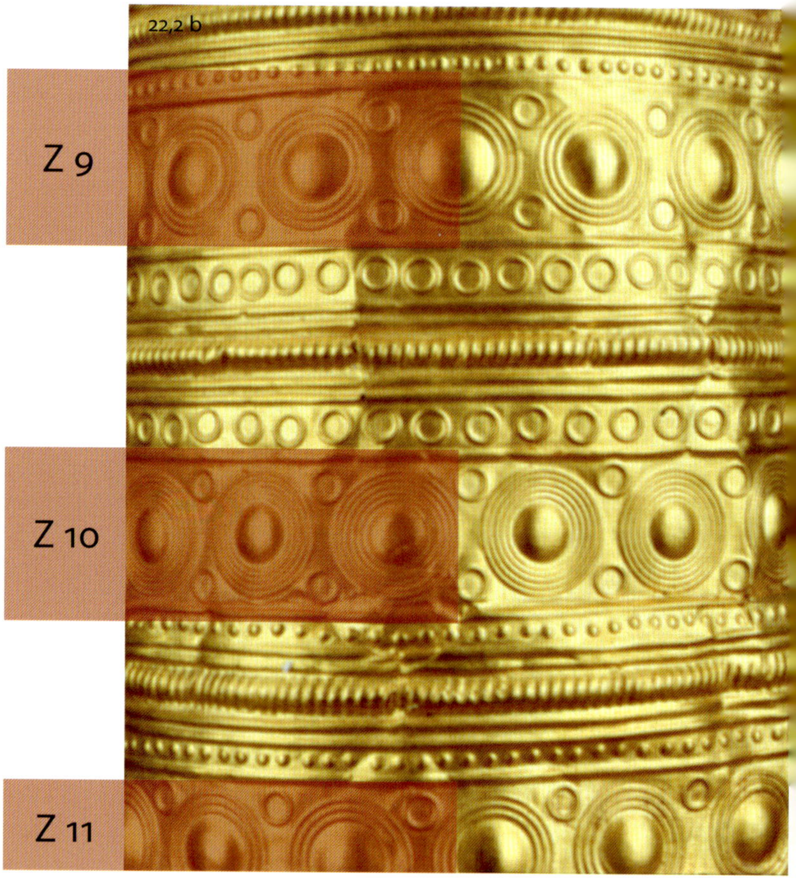
22,2 b
Z 9
Z 10
Z 11

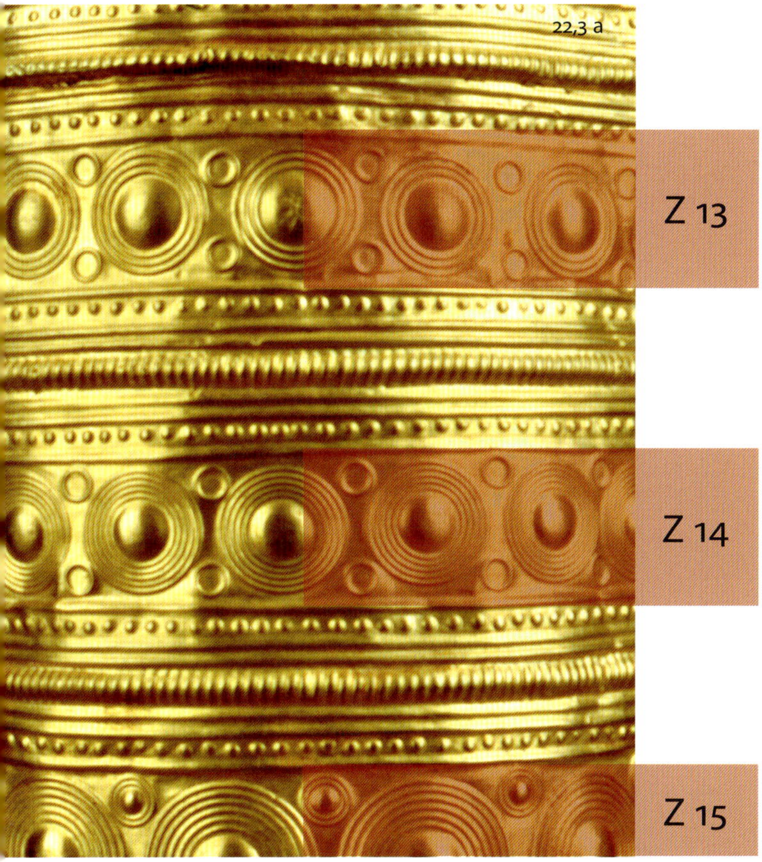

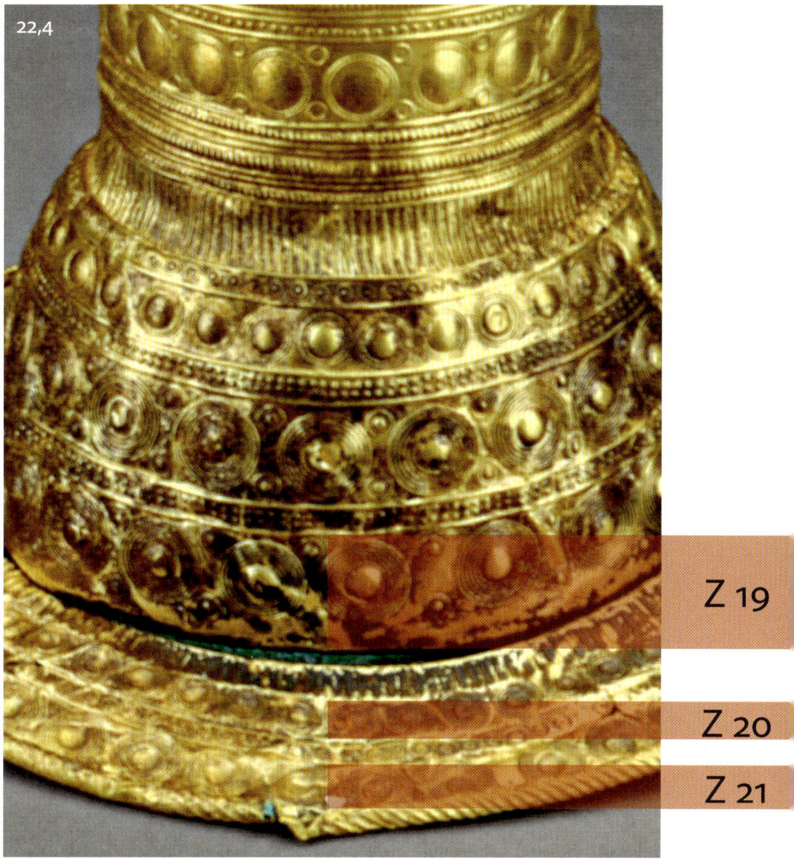

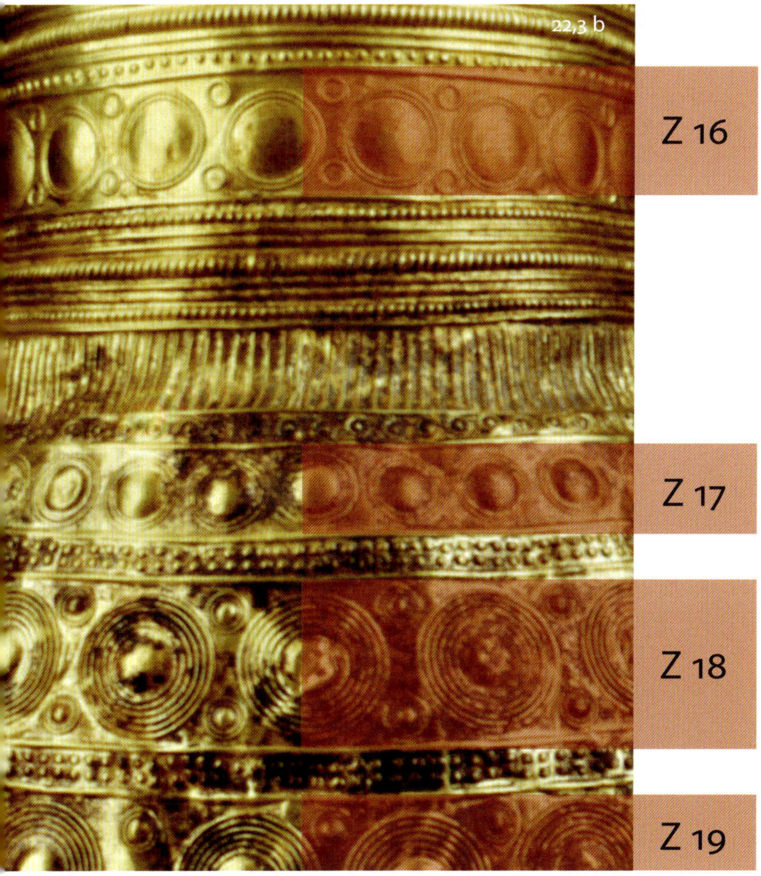

Abb. 22,1: Berliner Goldhut.
a. Zonen 1 bis 2, Spitze – **b.** Zonen 3 bis 6, Oberteil des Schaftes.

Abb. 22,2: Berliner Goldhut.
a. Zonen 7 und 8, Oberteil des Schaftes – **b.** Zone 9 bis 11, Mitte des Schaftes.

Abb. 22,3: Berliner Goldhut.
a. Zonen 13 bis 15, unterer Teil des Schaftes – **b.** Zonen 16 bis 19, Schaftfuß und Kalotte.

Abb. 22,4: Berliner Goldhut.
Zone 16 bis 21, Schaftfuß, Kalotte und Krempe.

vorkommen, und Punktkreise (Nr. 5) in den Radialzwickeln eingedrückt.

Zone 8 ist entsprechend der gleich breiten Zone 7 angelegt. Sie zeigt 21 kleine Buckel mit fünf Kreisen (Nr. 10), die identisch mit denen in Zone 4 und 6 sind, und in den Zwickeln Punktkreise (Nr. 5) (Abb. 22, 2a).

Die von Kerbwulstbändern eingefasste 3,4 cm breite **Zone 9** wird oben von einem Perlpunktband (Nr. 4) und unten von einem schmalen Band aus Kreisringen (Nr. 7) gesäumt. Hauptmuster sind 19 große Buckel mit drei Kreisen (Nr. 12) und identischen Ringen (Nr. 7) in den Radialzwickeln. Der untere Kerbwulst markiert nach 7 Zonen die Mitte des Or-

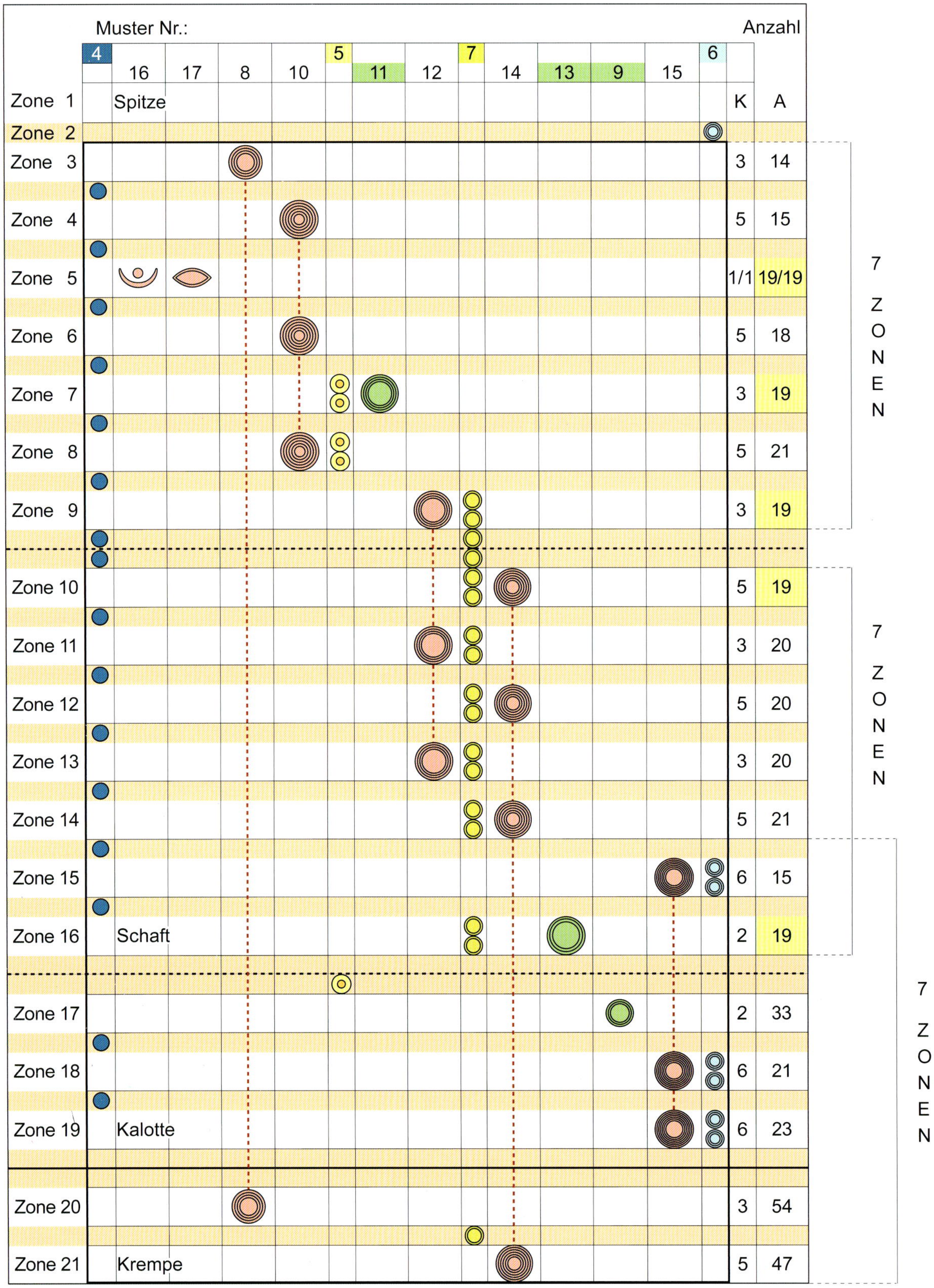

Abb. 23: Berliner Goldhut. Kombinationstabelle zum Ornamentsystem.

Erläuterung: Gelb unterlegt: Trennbänder. – Blau: Perlpunzen. – Gelb: Punktkreispunzen. – Dunkelgelb: Ringpunzen. – Hellblau: Doppelpunktreispunzen. – Rot: Symbolpunzen. – Nur einmalig im Ornamentkanon auftretende Scheibensymbole: Grün. – **K**: Anzahl der Kreise im Symbol. – **A**: Anzahl der Symbole pro Zone. (Zu den Mustern und ihrer Nummerierung vgl. Abb. 21)

namentkanons auf dem Schaft und hat einen Umfang von 34,9 cm.

Zone 10 ist spiegelbildlich zur vorhergehenden angelegt. Bei gleicher Breite steht das Band aus Ringkreisen (Nr. 7) oben und dasjenige aus Perlpunkten (Nr. 4) unten. Der Rapport aus 19 Buckeln mit fünf Kreisen (Nr. 14) ist in den Radialzwickeln mit Kreisringen (Nr. 7) ausgefüllt.

Ein gleich breites Band mit 20 entsprechend großen Buckeln mit drei Kreisen (Nr. 12) und Ringkreisen (Nr. 7) wie in Zone 10 zeigt die anschließende, durch Punktbänder (Nr. 7) gefasste **Zone 11**.

Das Zierband der **Zone 12** hat die gleiche Breite wie die drei vorhergehenden und entspricht, bis auf das Hauptmuster aus 20 Buckelscheiben mit fünf Kreisen (Nr. 14), die durch die kleinen Ringkreise (Nr. 7) in den Zwickeln zwischen den Scheiben voneinander abgesetzt sind. Der am Kerbwulst darunter gemessene Umfang des Schaftes beträgt 37,1 cm (Abb. 22, 2b).

Dieses Muster wiederholt sich bei nahezu gleichen Abmessungen in **Zone 13**, dort aber mit 20 großen Scheiben mit drei konzentrischen Ringen (Nr. 12), die wiederum identisch sind mit denen in den Zonen 9 und 11. Dasselbe gilt für die **Zone 14** mit ihren 21 von fünf Kreisen gefassten Buckeln (Nr. 14), die identisch im Rapport der Zonen 10 und 12 auftreten.

Zone 15 ist mit 3,8 cm wesentlich breiter als die vorhergehenden. Begrenzt durch zwei Perlpunktbänder (Nr. 4) bilden 15 Buckel mit sechs konzentrischen Kreisen (Nr. 15), kombiniert mit in den Radialzwickeln stehenden Doppelkreispunkten (Nr. 6), wie sie in Zone 2 vorkommen, das Hauptornament (Abb. 23, 3a).

Die letzte bzw. unterste **Zone 16** des Schaftes ist von der vorhergehenden durch das stereotyp wiederkehrende Kerbwulstband und vom vertikal kannelierten Übergang zur Kalotte durch eine Manschette aus drei Kerbwülsten abgesetzt. Die 1,9 cm breite Zierfläche ist nach oben durch ein Perlpunktband (Nr. 4) begrenzt und zeigt, mit Kreisringen (Nr. 7) in den Radialzwickeln, 19 flache Buckelscheiben mit zwei Ringen (Nr. 13), die im Ornamentkanon nur in dieser Zone vertreten sind.

Die eigentliche Kalotte wird am oberen Ansatz durch ein deutlich von den vertikalen Kannelierungen erhaben abgesetztes schmales Band mit Punktkreisen (Nr. 5) begrenzt. Die darauf folgende **Zone 17** ist 1,5 cm breit und zeigt 33 kleine Buckel mit zwei Kreisen (Nr. 9), die wie die Buckelscheiben Nr. 11 und Nr. 13 in den Zonen 7 und 16 nur einmal im Ornamentkanon vertreten sind.

Die auffälligsten Verzierungen der Kalotte stellen die beiden mit Zone 15 identischen **Zonen 18** und **19** dar. Von Zone 17 und untereinander durch Bänder mit einer doppelten Punktreihe getrennt und mit Doppelkreispunkten (Nr. 6) in den Radialzwickeln, weist Zone 18 jeweils 21 und Zone 19 jeweils 23 Buckelscheiben mit sechs Kreisen (Nr. 15) auf (Abb. 22, 3b).

Die Krempe zeigt die Muster im Negativ. Der Ansatz am Falz zur Kalotte mit dem Bronzereif ist mit einem radialen Ringwulst konturiert. Daran schließt unmittelbar die **Zone 20** mit 54 von drei Kreisen gefassten kleinen Buckelscheiben (Nr. 8) an, die offensichtlich erst nach der radialen Faltung des Krempenansatzes von unten in das Goldblech gepresst wurden. Das Muster ist mit demjenigen am oberen Ende des Schaftes in Zone 3 identisch.

Getrennt durch ein schmales Band mit Ringkreispunkten (Nr. 7) folgt die **Zone 21** mit 47 Buckeln mit fünf Kreisen (Nr. 14), die aus der gleichen Musterpunze wie diejenigen in den Zonen 10, 12 und 14 auf dem Schaft stammen. Den durch 18 Kerbwulstbänder und fünf Bänder mit Punkten, Punktkreisen, Doppelkreispunkten und Ringkreisen in, ohne die Spitze, 19 Zonen gegliederten Ornamentkanon beschließt der schräg geriefte Randwulst der Krempe mit dem vom Goldblech umbörtelten, tordierten bronzenen Vierkantdraht (Abb. 22, 4).

Der Kanon der Symbole und die Sequenz der 19 Zonen 3 bis 21 folgen offensichtlich einer relativ komplizierten Systematik, die ihren Ausgang möglicherweise vom Strahlenmuster auf der Kegelspitze nimmt und nur bedingt mit der formalen Gliederung des Gesamtkörpers in Einklang steht. Augenscheinlich stehen die Breite der Zierbahnen sowie die Zahl und Größe der Scheibensymbole in Wechselbeziehung mit dem jeweiligen Umfang des Schaftes, wobei die alternierende Abfolge von Buckeln mit drei bzw. fünf Kreisen in der Vertikalen bis Zone 14 strikt eingehalten ist.

Lässt man die Spitze mit der Zone 2, die eine Reihung von Doppelkreispunkten aufweist, wie sie sonst nur als Zwickelmuster in den Zonen 15, 18 und 19 auftreten, sowie die Zone 5 mit den 38 „Sonderzeichen" außer Acht, so sind die 418 Buckelscheiben (Nr. 8–15) über 18 horizontale Ornamentzonen verteilt und weisen in der Addition der konzentrischen Ringe insgesamt 1701 Kreisringe auf (Abb. 23).

Form, Verzierung und Datierung

Die Autopsie der drei Goldobjekte von Schifferstadt, Avanton und Ezelsdorf-Buch im Vergleich mit dem vollständig erhaltenen Berliner Goldhut verdeutlicht, dass es sich bei diesen prähistorischen Funden um eine nach materiellen und formalen sowie inhaltlichen und funktionalen Kriterien eng zusammengehörige Denkmälergruppe handelt. Die qualitätvollen Treibarbeiten mit unterschiedlichen Wandstärken bestehen aus Gold und sind in ihrem Aufbau in den kegelförmigen Schaft, eine helmartige Kalotte und, wenn noch vorhanden, die Krempe gegliedert. Soweit nachweisbar, waren Kalottenfuß und Krempenrand mit einem Bronzereif bzw. Drahtring verstärkt.

Der Berliner Goldhut und seine Vergleichsstücke weisen auf der ganzen Länge in strenger horizontaler Gliederung eine flächendeckende Verzierung aus Kreis- und Sondermustern auf. Abgesehen von Schifferstadt zieren die Spitzen mehrstrahlige Sterne vor gepunktetem Hintergrund. Als „Sonderzeichen" treten beim Schifferstädter Goldhut in zwei Zonen Augenmuster auf, die ähnlich auch auf dem Stück von Ezelsdorf-Buch vorkommen, das zudem in einer Zone eine Reihung von achtspeichigen Rädern und in zwei Trennbändern die Goldkegel „en miniature" aufweist. Als „Logo" des Berliner Goldhutes kann der Doppelfries aus 19 liegenden Sicheln mit zentralem Punkt und 19 einfach gefassten Augenmustern gelten. Die Höhe der extrem leichten Hohlkörper reicht von ca. 30,0 cm (Schifferstadt) bis ca. 80,0 cm (Ezelsdorf-Buch in der virtuellen Rekonstruktion), das Gewicht der jeweils vorhandenen Goldsubstanz bewegt sich zwischen 250 und 450 Gramm (vgl. Abb. 9).

Eine engere chronologische Einordnung dieser Denkmälergruppe als „spätbronze-/urnenfelderzeitlich" ist nur bedingt über den Ornamentvergleich möglich, da, bis auf das Beispiel von Schifferstadt, Beifunde oder ein allgemeiner archäologischer Kontext fehlen.

Das mit Sicherheit älteste Exemplar ist der Goldene Hut von Schifferstadt, der wegen seiner gedrungenen Form und seiner vergleichsweise sparsamen Verzierung einen schlichten Eindruck vermittelt. Die Datierung dieses Exemplars an den Beginn der späten Bronzezeit, das heißt in das 14. Jahrhundert v. Chr., deuten die drei zugehörigen Bronzebeile westeuropäischen Typs an. Offen bleibt dabei, wann der Goldhut entstand, wann und weshalb er umgearbeitet wurde und welche Zeitspanne zwischen der Herstellung und seiner intentionalen Vergrabung anzunehmen ist.

Der Cône d'Avanton ist Spitze und Schaft eines ursprünglich wohl 60 cm bis 70 cm hohen Objektes mit scheinbar stereotyper Verzierung aus vergleichsweise wenigen Punzen. Für eine gegenüber dem Schifferstädter Beispiel jüngere Datierung lassen sich, bei aller methodischen Vorsicht, der elfstrahlige Stern an der Spitze, das Größenverhältnis und der numerisch erweiterte Ornamentkanon geltend machen: Mit seinen 246 Scheibensymbolen in den 11 Zonen 3 bis 14 des in ganzer Länge erhaltenen Kegelschaftes entspricht die Gesamtzahl der Zeichen derjenigen in den 8 Zonen 3 bis 11 im Oberteil des Schaftes von Ezelsdorf-Buch (243) sowie der in den Zonen 3 bis 14 des Berliner Goldhutes (244). Hieraus und aus allgemeinen Ornamentvergleichen (Peter Schauer) ergeben sich vage Datierungsanhalte für eine Herstellungs- und Nutzungszeit vom 14. bis ins 12. Jahrhundert v. Chr.

Der Goldkegel von Ezelsdorf-Buch ist, trotz der fehlenden Krempe, der am abwechslungsreichsten verzierte Fund seiner Gattung. Zwar sind die Ornamente nicht so exakt gesetzt wie beim Berliner Goldhut, doch kamen hier variantenreiche Werkzeuge sowie 14 verschiedene Scheibensymbole zur Darstellung. Aus dem Reichtum und der Komplexität der Verzierung ist mit weitausholenden Ornamentvergleichen eine gegenüber dem Fund von Avanton jüngere Datierung in die späte Bronze- bzw.

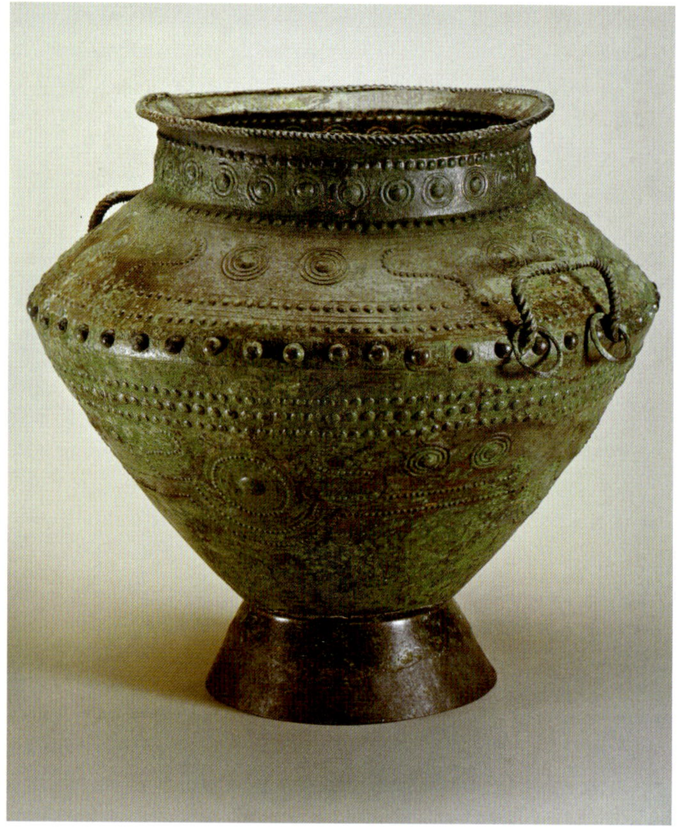

Abb. 24: Bronzegefäß (Situla). Bronzeblech, vernietet. Zylinderhals mit schrägem Rand und eingebörtelter tordierter „Seele", doppelkonischem Korpus und konischem Standfuß. Zwei tordierte Henkel, Zierniete am Schulterumbruch. Gepunzte Buckelscheiben mit konzentrischen Ringen, Buckelreihen und Vogel-Sonnenbarken-Motiv auf der Gefäßschulter und -wandung. H. 36,2 cm. 9./8. Jahrhundert v. Chr. Gevelinghausen, Hochsauerlandkreis, Nordrhein-Westfalen. Westfälisches Landesmuseum für Archäologie Herne.

in die Urnenfelderzeit und damit in die Zeit um 1000 v. Chr. abzuleiten (Raschke u. Schauer). Ein Indiz für die späte Zeitstellung ist aus den tordierten bronzenen Vierkantdrähten im Krempenrand der beiden Goldhüte von Ezelsdorf-Buch und Berlin zu erschließen. Eine derartig tordierter Bronzedraht findet sich gleichartig und in entsprechender Funktion als „Randseele" bei der Bronzesitula von Gevelinghausen im Hochsauerland, die als Urne diente und der jüngsten Phase der Urnenfelderzeit angehört (Albrecht Jockenhövel) (Abb. 24).

Über das zeitliche Verhältnis der beiden jüngeren Goldhüte zueinander lassen sich dabei überhaupt keine Kriterien ausmachen, die eine Differenzierung in der Herstellungszeit bzw. im Zeitpunkt ihrer Vergrabung ermöglichen würden. So bleibt, trotz aller Bemühungen, aufgrund der Seltenheit der Objekte und der fehlenden antiquarischen Vergleichsmöglichkeiten nur die allgemeine Datierung der kleinen Denkmälergruppe in den späten Abschnitt der Bronzezeit, d. h. in die Zeit zwischen dem 14. und 8. Jahrhundert v. Chr.

Die Funktion

Die funktionale Deutung der außergewöhnlichen Goldarbeiten ist seit dem 19. Jahrhundert Thema kontroverser wissenschaftlicher Diskussion. Sie wurden als „Hüte" oder „Mützen", „Pfeilköcher" (carquois) und „vases" bzw. „Goldarbeiten zweifelhafter Bestimmung" (Ludwig Lindenschmit) sowie, der Interpretation in der Erstveröffentlichung des Kegels von Ezelsdorf-Buch (Georg Raschke) folgend, in neuerer Zeit als „Pfahlbekrönung" oder noch 1986 als „Abbild eines Kultpfahles" (Peter Schauer) aufgefasst.

Ein wesentlicher Grund für die Fehlinterpretation der „Goldblechkegel" als Bekrönungen von Kultpfählen oder von Kultsäulen nach altorientalischem und ägäischem Vorbild (Peter Schauer) war das vermeintliche Fehlen von Krempen bei den Beispielen von Avanton und, noch mehr, Ezelsdorf-Buch. Dass der Goldene Hut von Schifferstadt ursprünglich auch ein Pfahlaufsatz gewesen sein könnte, wurde mit dem Hinweis auf die in antiker Zeit erst nachträglich dünnwandiger ausgetriebene Krempe konstatiert.

1995 griff Sabine Gerloff das Thema in ihrem Aufsatz „Bronzezeitliche Goldblechkronen aus Westeuropa" erneut auf. Mit schlüssiger Argumentation und weit gespannten Vergleichen, bei denen die Goldblechkalotten mit Kreisbuckelzier der Atlantischen Bronzezeit vom Typ Axtroki eine tragende Rolle spielen, kommt sie zu dem Ergebnis, dass es sich bei den „Goldblechkegeln vom Typ Schifferstadt" doch um „Hüte" handeln könnte (Abb. 25). Diese Annahme wird durch den erst 1996 bekannt gewordenen Berliner „Goldhut" bestätigt.

Ein nicht nur für die funktionale Deutung der Goldhüte wichtiger Fund kam schon im Jahr 1748 bei der Öffnung eines Hügelgrabes von 75 m Durchmesser mit einer mächtigen Steinpackung in Kivik, Schonen, in Südschweden zu Tage. Acht Steinplatten der Grabkammer waren auf der Innenseite mit Darstellungen einer kultischen Szenerie geschmückt. Diejenige am Kopfende zeigte emblemartig einen Kegel mit schmaler Krempe, flankiert von zwei Kultbeilen und zwei nicht identifizierbaren länglichen Gegenständen, möglicherweise Lanzenspitzen, über einem Schiff mit Doppelsteven. Das Original ist seit dem Ende des 18. Jahrhunderts verschollen und es existieren nur noch wenige zeitgenössische Zeichnungen. Zusammen mit den Bildnissen auf den übrigen sieben Platten ergibt sich ein Bildprogramm, das in kultischem Kontext auf das zentral angeordnete Bild mit dem Kegel(hut) und wahrscheinlich auf dessen verstorbenen ehemaligen Träger ausgerichtet ist (Abb. 26).

Auf einem ca. 50 x 50 cm großen Felsbild von Gatemarken, Bohuslän, Südschweden, sind zwei schreitende Männer ithyphallisch mit erhobenen Armen, umgehängten Schwertern und hohen Kegelhüten, ergänzt um Rad- und Axtsymbol, dargestellt. Und schließlich sind aus dem Hortfund von Stockhult in Schonen, Südschweden, zwei bronzene Steckfiguren mit nicht mehr vorhandenen beweglichen Armen von 14,2 cm Höhe bekannt, die ein Kegelhut mit Krempe bekrönt (Abb. 27–28).

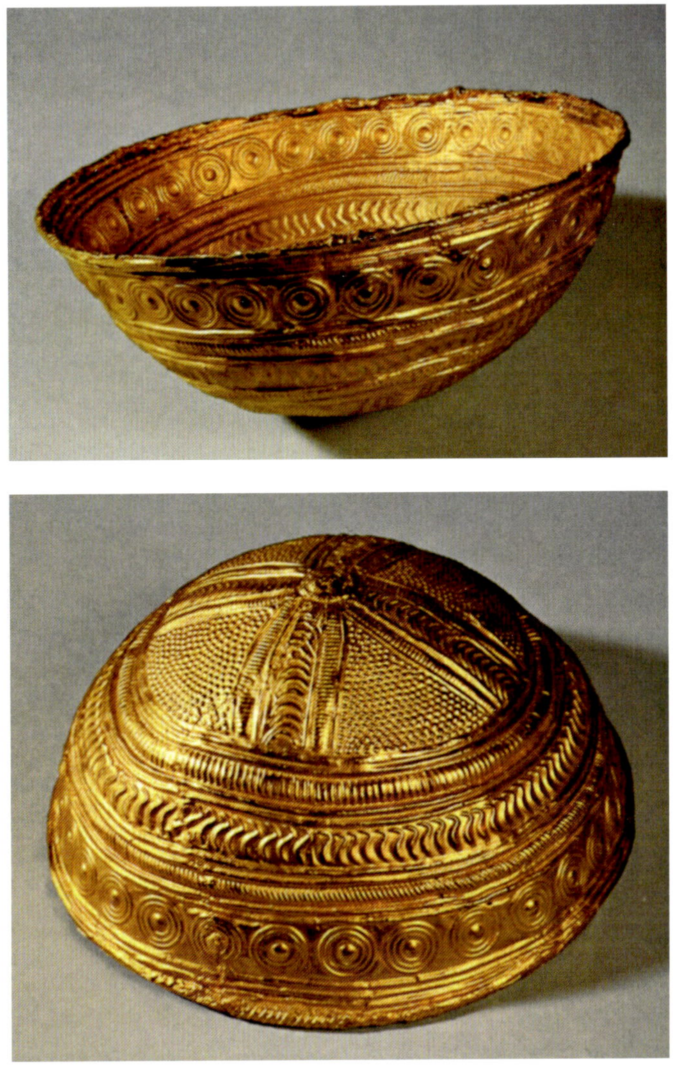

Abb. 25: Goldkalotte. Die Goldkalotte mit Scheitelknopf, kreuzförmigem Punzmuster und umlaufenden Friesen mit einer Vogelprozession und dreifach gefassten Scheibenbuckeln hat eine Höhe von 10 cm, bei einem Durchmesser von 20 cm, und ist damit höchstwahrscheinlich als Kopfbekrönung aufzufassen. Axtroki, Provinz Guipuzcoa, Spanien. Museo Arqueologico Nacional, Madrid.

Nach gängiger Chronologie sind diese Beispiele aus der Nordischen Bronzezeit dem 14. Jahrhundert oder der Zeit um 1300 v. Chr. zuzuweisen, wobei sich die bildliche Kombination von Kegelhut und Axt realiter im gleichzeitigen spätbronzezeitlichen Fund von Schifferstadt widerspiegelt.

Kegelhüte mit mehr oder weniger stark ausgeprägter Krempe sind im kultischen Kontext auch aus den Heiligtümern der Nuraghen-Kultur Sardiniens bekannt. Aus Abini, Prov. Nuoro, stammt eine 11 cm hohe Bronzestatuette. Die Figur mit Zopffrisur und segnend ausgestreckten Armen ist mit einem langen Kleid sowie ebensolchem Mantel angetan und trägt auf dem Kopf einen Kegelhut mit weit ausladender Krempe. Die Kleinplastik datiert in das 11. bis 10. Jahrhundert v. Chr.

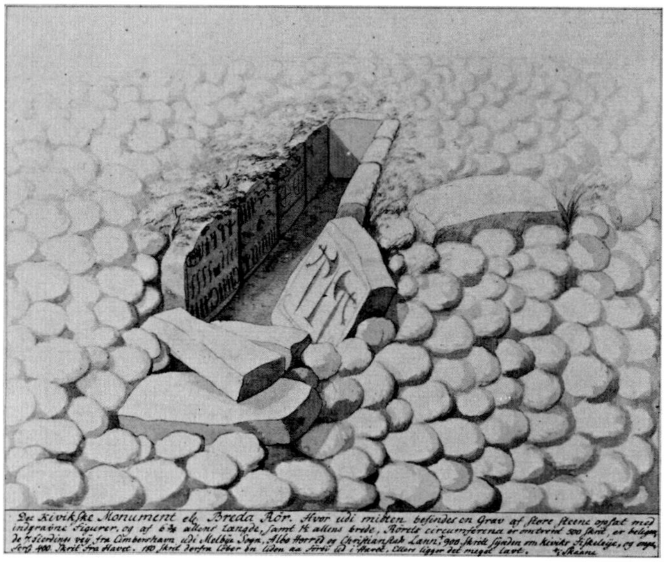

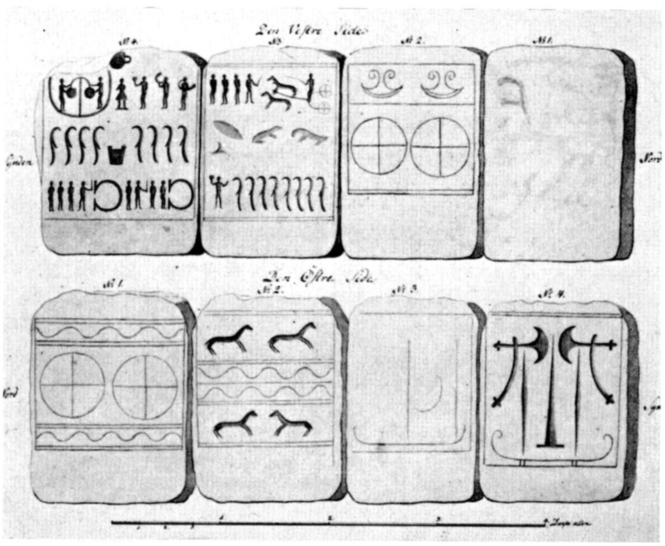

Abb. 26 a: Zeichnung des Grabes von Kivik, Schonen, Südschweden. 14./13.Jahrhundert v. Chr. Steinpackung des Hügels und der Kammer aus acht Petroglyphen und zwei anikonischen Steinplatten. Federzeichnung von Hilfeling vor 1780. n. Chr.

Abb. 26 b: Die 8 Bildsteine der Grabkammer von Kivik. Untere Reihe rechts außen die Platte mit dem Kegelhut. Federzeichnung von Hilfeling, vor 1780 n. Chr.

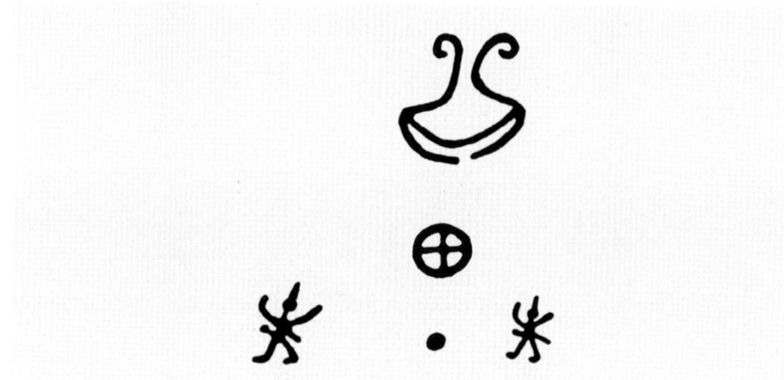

Abb. 27: Szenische Bildkomposition auf der senkrechten Fläche eines Felsens in Gatemarken bei Åby, Bohuslän, Schweden. Abmessungen 50 x 50 cm. 14./13. Jahrhundert v. Chr.

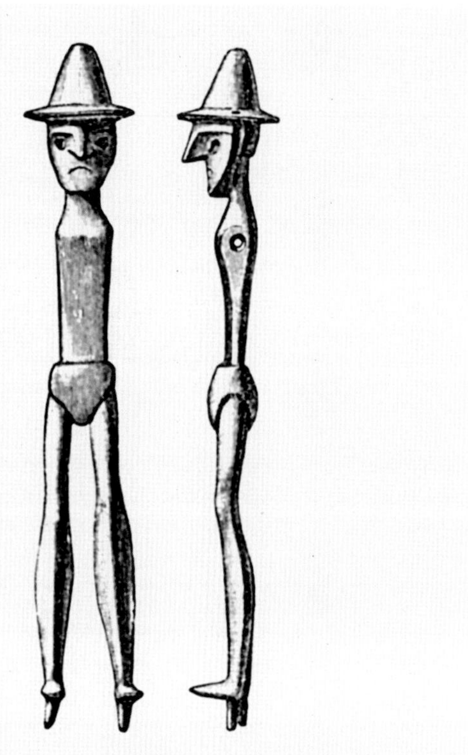

Abb. 28: Zwei vollplastische Figuren aus dem Hortfund von Stockhult, Bronze, gegossen, H. 14,2 cm. 14. Jahrhundert v. Chr.

Derselben Zeit und Kultur gehört eine Bronzeplastik ohne Fundort in Privatbesitz an. Die detailreiche Figur von 12,5 cm Höhe stellt einen Mann mit Zopffrisur, capeartigem Mantel, Faltenrock, mit der Andeutung einer Tasche und Stiefeletten dar. Zwischen den Füßen ist ein kleines Tier, möglicherweise ein Opferlamm, erkennbar. Den Oberkörper schmückt auf der Brust ein dreifaches Spiralgehänge. Die Unterarme sind ausgestreckt, die linke Hand hält einen Becher, die rechte ist zu einem Darbietungsgestus angewinkelt. Das Haupt bekrönt ein Kegelhut mit spitzkonischem Schaft, mehrfach profilierter Kalotte und abgeschrägter Krempe Das weibliche Pendant zu dieser Gruppe von Priester- oder Heroenbildern manifestiert sich in einer 11,4 cm hohen Bronzeplastik aus der Ogliastra, Sardinien. Die schlanke Figur mit kleinen runden Brüsten trägt über einem Unterkleid ein rechteckiges, um den Leib gewickeltes Obergewand und, über die Schultern gelegt, ein dreieckiges Manteltuch. Den Hals schmückt ein Satz aus konisch sich verjüngenden Ringen, auf dem Haupt sitzt ein Kegelhut. Hände und Füße fehlen (Abb. 29–31).

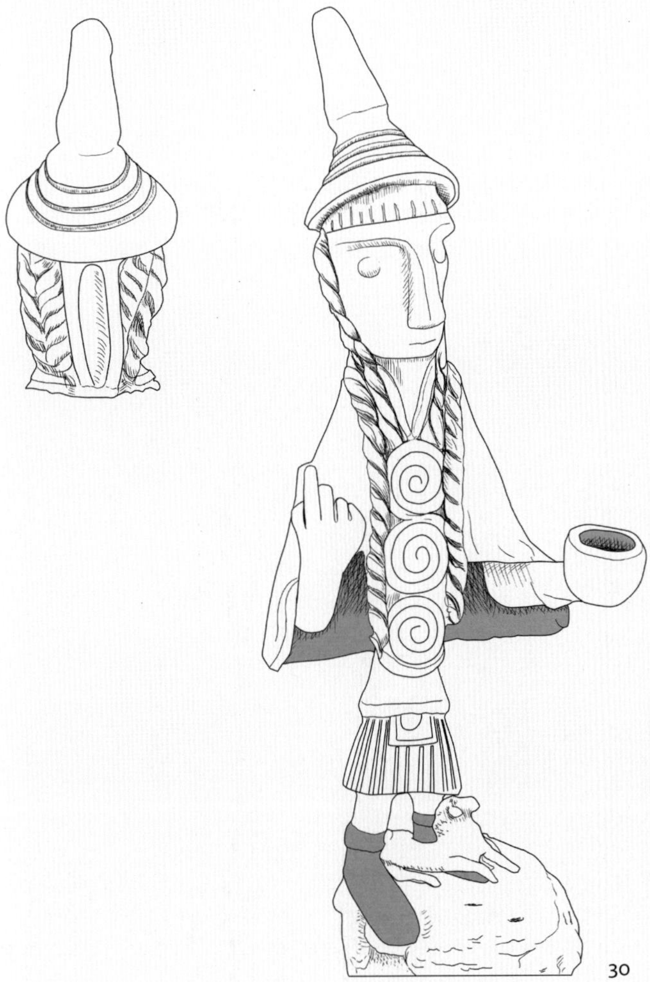

30

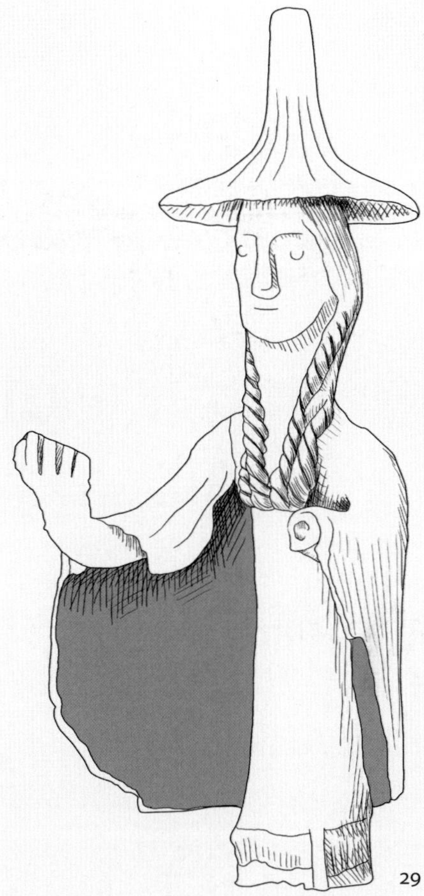

29

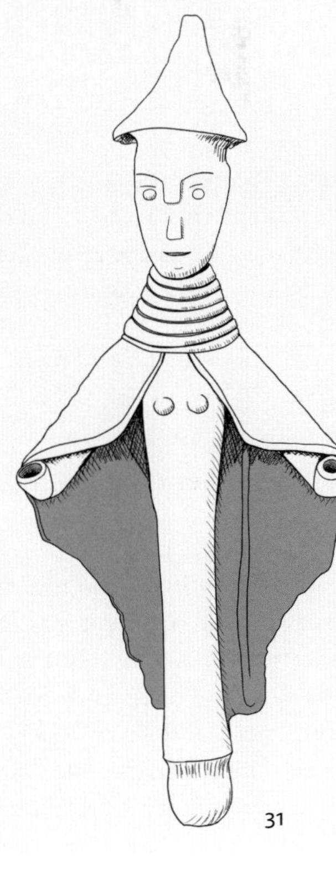

31

Abb. 29: Statuette eines Priesters. Bronze, Höhe noch 11 cm**.** Abini, Teti (Nuoro), Sardinien. 8.–6. Jahrhundert v. Chr. Museo Archeologico Nazionale, Caglarie.

Abb. 30: Statuette eines opfernden Priesters. Bronze, H. 12,5 cm. Sardinien, Privatbesitz.

Abb. 31: **Statuette einer Priesterin.** Bronze, H. 11,4 cm. 8.–7. Jahrhundert v. Chr. Aus der Ogliastra, Sardinien. Privatbesitz.

Von der Levante über Zypern, Anatolien, Griechenland, Sardinien bis an die Atlantikküste der Iberischen Halbinsel und in einem Einzelfall von der litauischen Ostseeküste sind kleine Statuetten aus Terrakotta oder Bronze bekannt, die, im Habitus eines schreitenden Kriegers oder statuarisch dargestellt, zuckerhutförmige Kopfbekrönungen haben. Während die sogenannten „Reschep"- Figuren mit einem altvorderasiatischen Wettergott, der auch in die ägyptische Kosmologie Eingang gefunden hat, in Verbindung zu bringen sind, ist die Deutung der Terrakotta- und Bronzestatuetten offen. In Byblos und auf Zypern fanden sich in Heiligtümern Scharen derartiger Bronzen, deren spitzkonische, hohe Kopfbedeckungen – allerdings ohne Krempe – und Lendenschurze mit Goldfolie belegt sind.

Die europaweite Verbreitung der hybriden Kulthüte in der späten Bronzezeit könnte Indiz dafür sein, ihre ideelle Herkunft aus den Hochkulturen des Vorderen Orients abzuleiten. Dort finden sich auch tatsächlich vergleichbare Kopfbedeckungen in Bildnissen von Göttern und Heroen. Meist treten die Kegelhüte mit oder ohne Krempe als göttliche Attribute und manchmal auch in Verbindung mit astralen Zeichen auf. So auf einem Tonmodell aus Uruk vom Anfang des 2. Jahrtausends v. Chr., wo der Kriegsgott auf dem Schutzbord eines zweirädrigen Kampfwagens mit Spitzhut, flankiert von astralen Emblemen, abgebildet ist (Abb. 32).

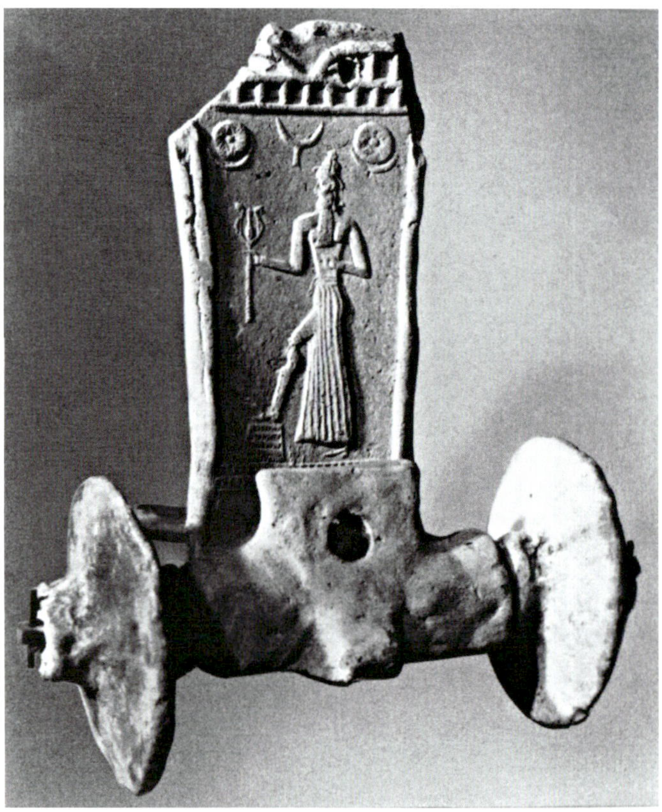

Abb. 32: Kriegsgott mit astralen Emblemen. Modell eines zweirädrigen Streitwagens. Terracotta, H. 18 cm. Uruk I, 1. Hälfte 2. Jahrtausend v. Chr.

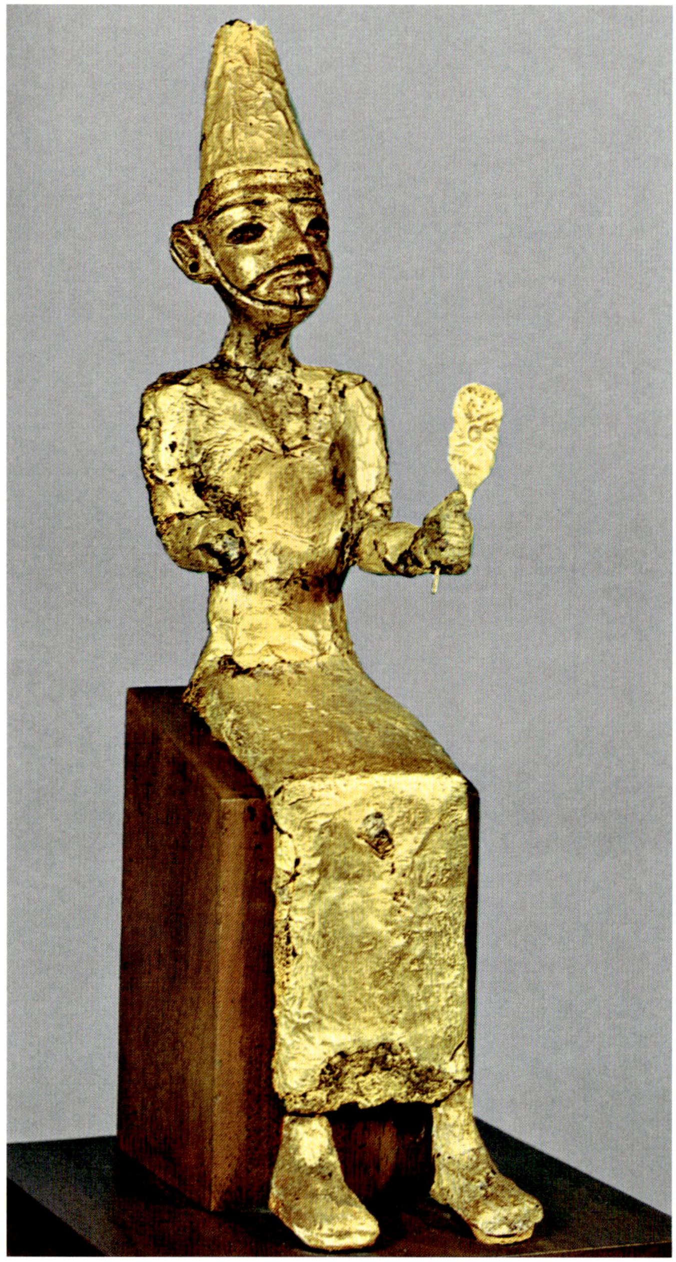

Abb. 33: Thronende Figur. Bronze, Goldfolienüberzug. Oriental Institute, Chicago.

Als Charakteristikum in der Darstellung der Götter des hethitischen Pantheons können schließlich die hohen Kegelhüte mit Randwulst und hörnchenartigen Auswüchsen gelten. Sie sind aus dem 15. bis 13. Jahrhundert v. Chr., der Hochzeit des hethitischen Großreiches, zahlreich in Siegelabdrücken, in der Großplastik und in Felsbildern überliefert.

Um das Bildnis einer Gottheit oder Priesters (?) handelt es sich sicher auch bei einer thronenden Bronzefigur mit Kegelhut im ägyptisierenden Stil aus dem 13. vorchristlichen Jahrhundert von Megiddo in Palästina, die vollständig mit Goldfolie überzogen ist (Abb. 33).

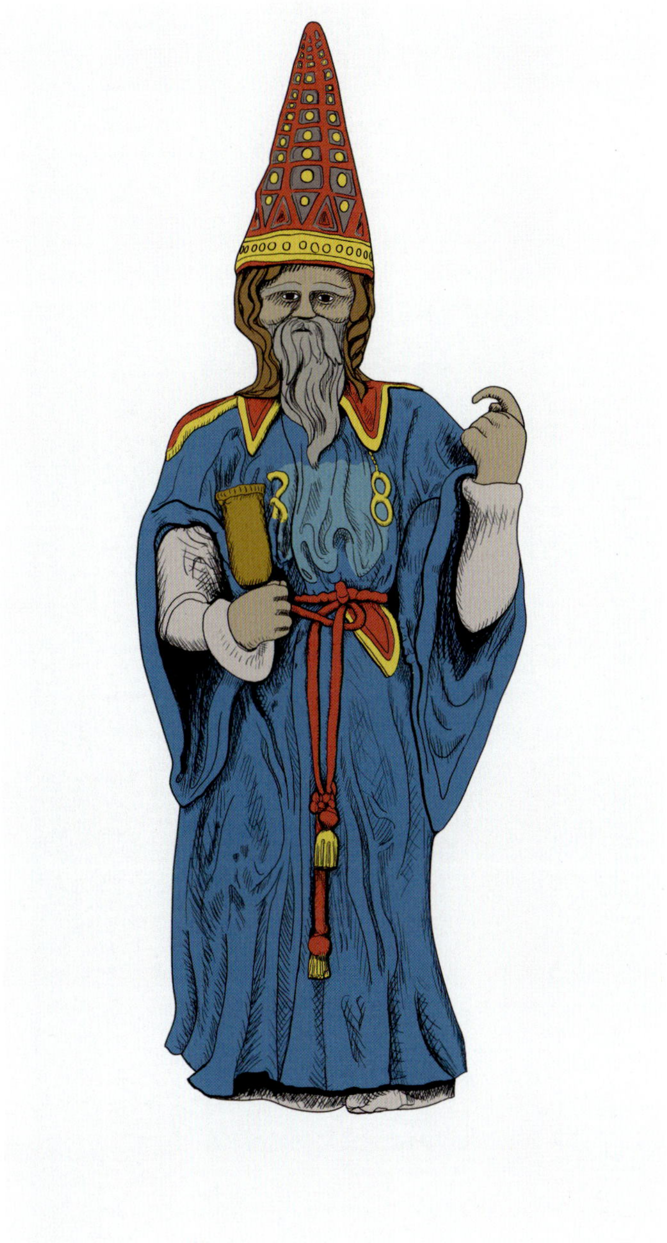

Abb. 34: Nach den Schriftquellen: farbig interpretierte Umzeichnung der Figur des Hohepriesters Aaron. Stadtmuseum Regensburg.

Wie bei den Pharaonen im alten Ägypten und den Päpsten im christlichen Mittelalter sind überdimensionierte Kopfbekrönungen in bestimmten Zusammenhängen Attribute weltlicher und göttlicher Macht. Tiara und Mitra waren religiösen Würdenträgern vorbehalten und standen vermutlich in langer, sicherlich mehrmals gebrochener Tradition, die möglicherweise bis in biblische Zeiten zurückreichen könnte. Denn hohe spitzkonische Hauben scheinen auch im alttestamentarischen Judentum eine herausragende Bedeutung im Kult gehabt zu haben. Der Hohepriester Aaron, Bruder des Moses, nach alttestamentarischer Überlieferung die höchste Autori-

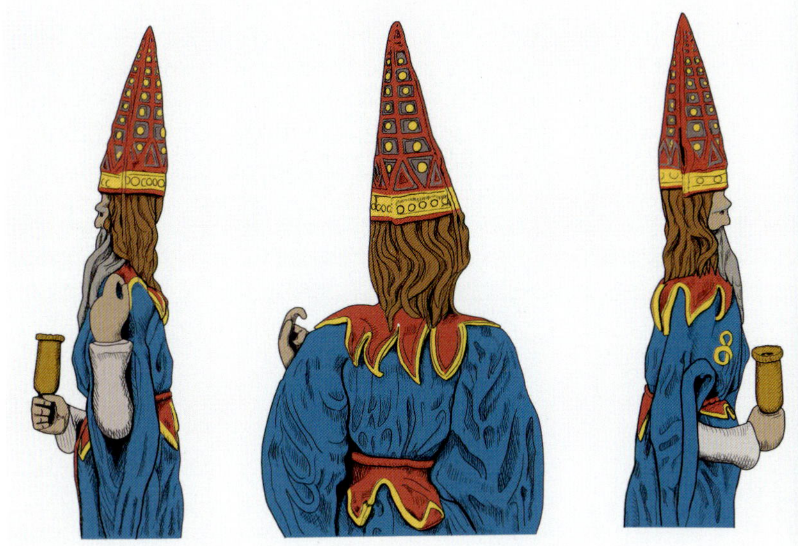

Abb. 35: Hoher Priester Aaron. Seiten- und Rückenansicht

tät in Religionsfragen und Vermittler zwischen dem Volk Israel und Gott, der die höchsten Opfer im Jahreslauf zelebrierte und der einzige war, der einmal im Jahr das Allerheiligste im Tempel betreten durfte, ist in einer exzeptionellen mittelalterlichen Kleinplastik in vollem Ornat dargestellt.

Die 13,4 cm hohe Figur wurde 1861 im Bauschutt der Neupfarrkirche in Regensburg an der Stelle gefunden, wo bis 1519 das Judenviertel bestand. Im Inventarbuch des Stadtmuseums Regensburg ist es unter der Nummer HV 1252 als „Figürchen eines jüdischen Priesters, wohl Bekrönung eines Kultgeräts. Messing, getrieben, aus 2 Teilen zusammen gelötet" dokumentiert. Nach den Untersuchungen von Andreas Angerstorfer gehörte die Figur wahrscheinlich zu einem „Ebed", einer Anzündehilfe für den Chanukkaleuchter, aus einer jüdischen Werkstatt, die sauber vom Stab getrennt wurde (Abb. 34–35).

Aaron trägt ein wallendes, bis zu den (nicht mehr vorhandenen) Füßen reichendes Obergewand (Albe), das von einem verknoteten Gürtel mit dreieckigen Taschen und mit Quasten an den lange herabhängenden Enden zusammengehalten wird. Beide Arme, bis zu den Handgelenken von den eng anliegenden Ärmeln eines Untergewandes bedeckt, kommen aus den weiten Ärmeln des Obergewandes hervor. Der sogenannte Ephod, ein Schulterüberwurf, endet in sechs Dreiecken. Auf der Brust sind beiderseits einer taschenartigen Ausbeulung zwei übereinanderliegende Ringe zu erkennen, von denen eine Schnur zu den Schultern führt. Die linke Hand ist erhoben und weist mit einem übergroßen Zeigefinger nach oben. Der rechte Unterarm ist ausgestreckt, die Hand hält ein zylindrisches Objekt, möglicherweise den Unterteil eines Stabes oder Szepters.

Die im Detail erkennbaren Eigenarten der Figur mit den vier sichtbaren Ringen auf der Brust entsprechen den Ausfüh-

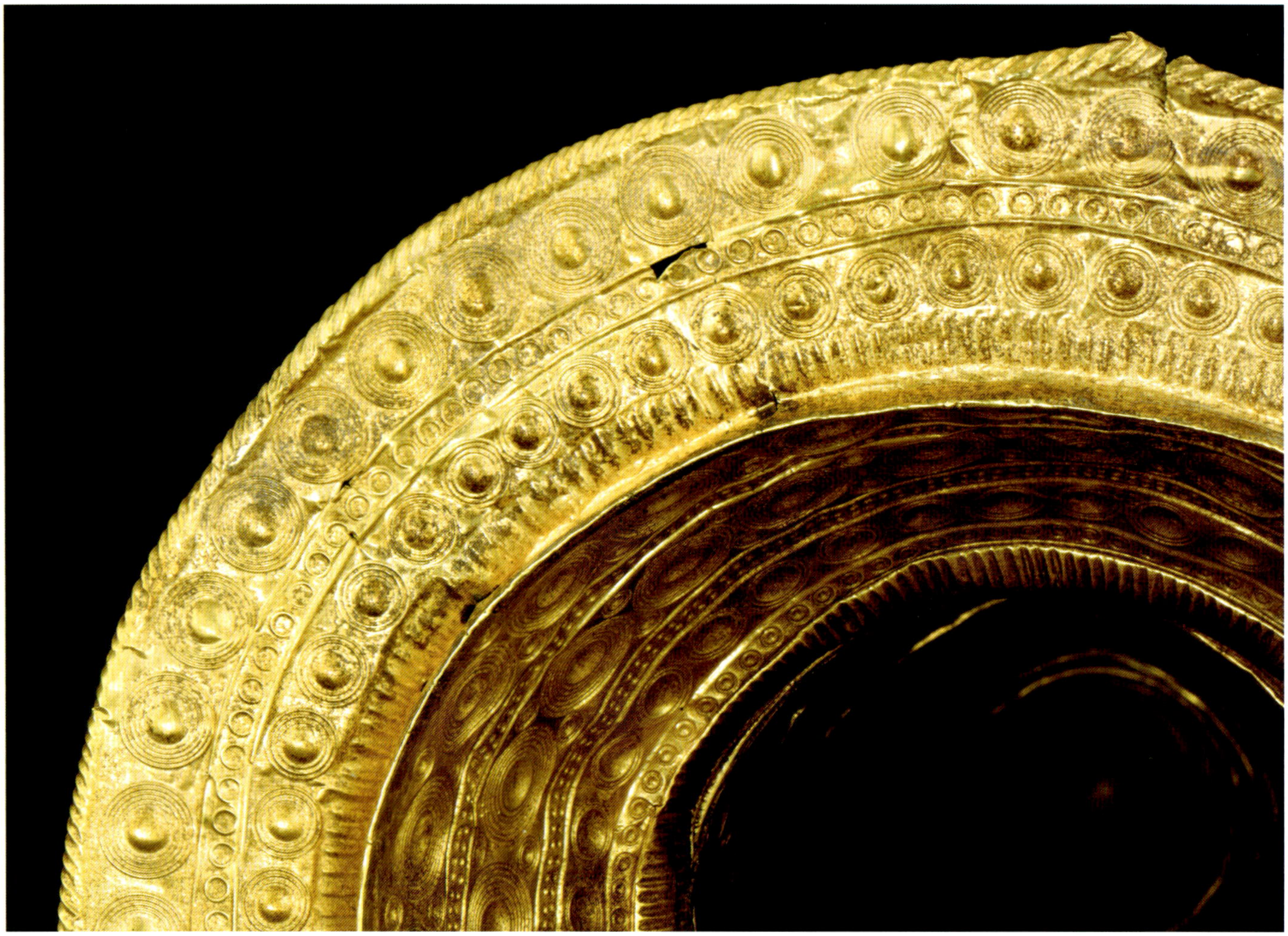

Abb. 36: Berliner Goldhut. Aufnahme der Unterseite, Detail.

rungen des Rabbi Salomon ben Ishaq (1030/40 bis 1105), der in seiner Exegese versucht, nach dem 1. Buch Moses das Ornat des Hohepriesters zu rekonstruieren. Er beschreibt dort die Kopfbedeckung als ein goldenes Stirnband mit Turban oder Tiara.

Abweichend davon ist die Kopfbekrönung bei der Regensburger Figur gestaltet. Auf dem Haupt mit langem Bart, langem Haar und Schläfenlocken sitzt eine hoch aufragende spitze Haube, die über einem schmalen Stirnband mit sechs aufragenden Zacken in sechs spitzdreieckige Felder gegliedert ist. Die reiche Ornamentierung ist durch kleine Buckel angedeutet, die in regelmäßiger Anordnung in den durch Grate gebildeten Feldern auftreten. Inwieweit diesen Buckeln – es sind jeweils sieben – eine religiöse Bedeutung beigemessen werden kann, bleibt ebenso offen wie die Frage, weshalb bei der Regensburger Figur aus dem späten Mittelalter ein hoher Kegelhut den Aaron kennzeichnet. Ist sie der Beleg für das Fortwirken und das Wissen um eine 2000-jährige liturgische Tradition oder eine davon unabhängige lokale Entwicklung in der jüdischen Gemeinde Regensburgs, die in einer Urkunde Kaiser Ottos II. von 981 erstmals Erwähnung findet? Die Figur aus dem Regensburger Ghetto bleibt durch ihr Alter und ihre Ausführung ein Einzelstück, das sich mangels Vergleichsfunden in keine archäologische Indizienkette einreihen lässt und leider in der jüdischen Kunst viel zu spät bekannt wurde (A. Angerstorfer).

Dass es sich auch bei den vier Funden aus der späten Bronzezeit in Mitteleuropa tatsächlich um Hüte bzw. um die goldenen Hüllen von monströsen Kopfbedeckungen bzw. Tiaren handelt, verdeutlichen – über die Vergleiche mit den Denkmälern der Nordischen Bronzezeit, der Nuraghen-Kultur und den altvorderasiatischen Beispielen hinaus – Details des Berliner Goldhutes.

Die 110 mm hohe, an der ovalen Basis mit einem eingefalzten Bronzereif verstärkte Kalotte hat eine Weite von 203 x 175 mm, was in etwa dem Kopfumfang eines erwachsenen Mannes mit der Hutgröße 56 entspricht, wobei ein ehemals vorhandenes Futter aus organischem Material berücksichtigt ist. Ähnliche Weiten weisen auch die Goldhüte von Schifferstadt und Ezelsdorf-Buch auf, deren ursprüngliche Formen durch die diversen Restaurierungen beeinträchtigt sein könnten. Auffällig ist beim Berliner Goldhut, dass die Ziermuster auf der Krempe von der Oberseite aus eingestempelt und dadurch auf der Unterseite im Positiv sichtbar sind, so als ob sich sein Träger, sei es ein Mensch oder Kultbild gewesen, von erhabener Warte aus gezeigt hätte. Beim Schifferstädter Goldhut sind die Muster auf der Krempe allerdings oberseitig positiv zu sehen. Wie sie beim Goldkegel von Ezelsdorf-Buch angebracht waren, ist nicht mehr festzustellen (Abb. 36).

Wie die Futter, das heißt die eigentlich tragenden Konstruktionen der Kegelhüte beschaffen waren, muss offen bleiben. Ebenso die Frage, ob die kegelförmigen Kulthüte, wie sie aus dem Nordischen Kreis der Bronzezeit bildlich oder aus der Nuraghen-Kultur plastisch überliefert sind, allesamt goldglänzend waren oder ob es Abstufungen in den hierarchischen Strukturen des Kults gab, bei denen auch Kegelhüte aus organischem Material eine religiöse Wertigkeit hatten.

Aufgrund der gleichmäßigen Patinierung des Goldes im Inneren des Berliner Exemplars und der naturwissenschaftlichen Untersuchungen am Schifferstädter Goldhut darf davon ausgegangen werden, dass ursprünglich alle Exemplare vom Kalottenrand bis in die Spitze mit einem Futter aus organischem Material ausgekleidet waren bzw. dass das Goldblech die eigentlichen Kegelhüte aus Filz oder Leder über die ganze Länge nahtlos und hauteng umschloss. Das plastische Oberflächenrelief der Goldhaut verlieh der Konstruktion dabei zusätzliche Stabilität.

Die kosmischen Piktogramme

Allein das Material Gold, die Form und die Fundumstände weisen die hohen spitzkonischen Hüte als zeremonielle Kopfbedeckungen aus, deren Träger sicher den Eliten der bronzezeitlichen Gesellschaft entstammten. Welche soziale Stellung sie innehatten, ergibt sich ansatzweise aus den astralen Bezügen im Ornament ihrer Tiaren, deren Hauptziermuster die **Buckelscheiben** mit konzentrischen Ringen sind.

Als Dekormotiv, vornehmlich auf Goldarbeiten, gelangte es in der Mittleren Bronzezeit auf mykenische Vermittlung, wie etwa der Fund von Bernstorf, Kr. Freising, Oberbayern, zeigt, über den Donauraum nach Mittel-, West- und Nordeuropa und war auch hier anfänglich fast ausschließlich Goldarbeiten vorbehalten (Abb. 37).

Erst in der ausgehenden Bronzezeit und in der älteren Eisenzeit tritt es regelhaft zusammen mit dem Vogelbarkenmotiv, das im Übrigen in keinem einzigen Fall als Dekor eines bronzezeitlichen Goldbechers nachgewiesen ist, an bronzenen Großgefäßen auf (Albrecht Jockenhövel). Die Kreismuster auf den Goldgefäßen, Goldscheiben und sonstigen mit dem Kult verbundenen Goldarbeiten waren in erster Linie flächenfüllende Verzierungen mit einem intuitiven Symbolgehalt. Als doppeldeutige Zeichen für die Sonne und den vollen Mond wurden sie aber wohl erst in der Ornamentsyntax mit anderen astralen Emblemen wahrgenommen.

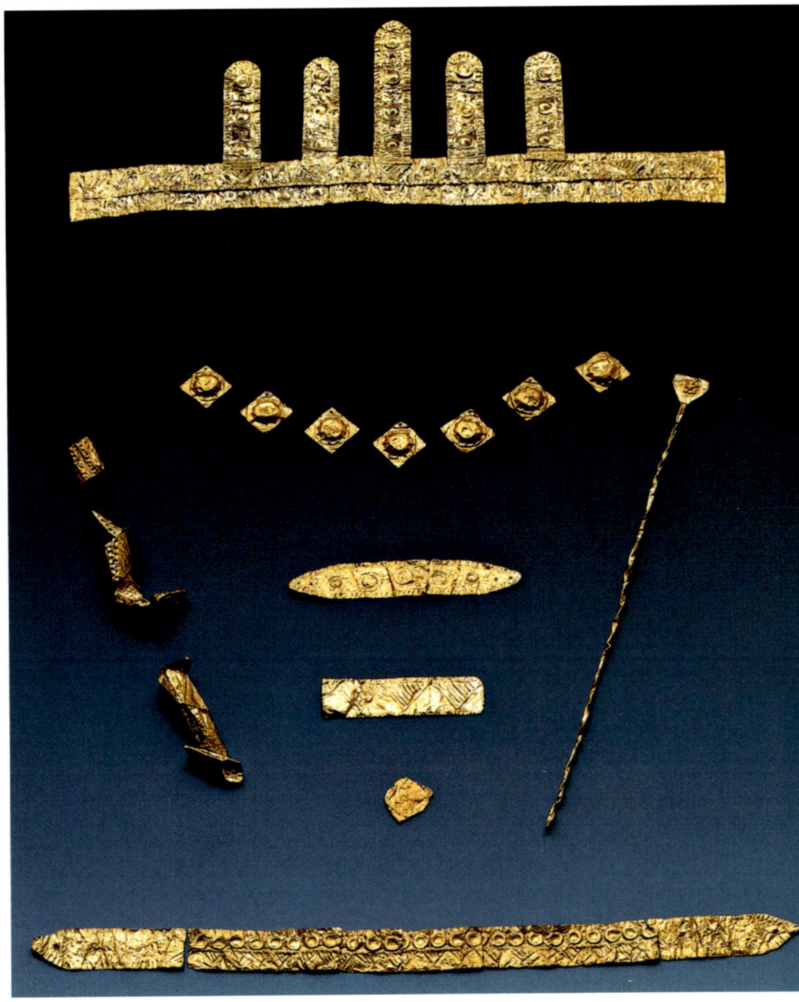

Abb. 37: Ornat von Bernstorf. Das Fundensemble aus dünnem Goldblech, ein bandförmiges Diadem mit fünf zungenförmigem Aufsätzen aus sieben Teilen von 43 cm Länge, ein langes schmales Gürtelblech, sieben quadratische kleine Buckel, drei Goldbleche, drei zu Hülsen zusammengerollte Goldbleche und eine 33 cm lange Nadel mit Plattenkopf und kreisförmigen Einstichen. Es stammt aus dem Bereich einer bronzezeitlichen Befestigungsanlage im Landkreis Freising, nördlich von München. Nach dem Auffindungszustand in einer Knolle aus Lehm-Sandgemisch zu schließen, waren die mit Kreisornamenten verzierten Bleche aus sehr reinem Gold intentional verborgen worden. In ihrer Gesamtheit stellen sie sich als die Besätze eines Ornats dar, der einen Priester oder eine Kultfigur schmückte, und lassen weit gespannte Beziehungen zum mykenischen Kulturkreis erahnen. 15./14. Jahrhundert v. Chr. Archäologische Staatssammlung München.

Seltener sind die **sternförmigen Muster** mit 11, 10 und 8 Strahlen, welche die Spitzen der Kegelhüte von Avanton, Ezelsdorf-Buch und Berlin zieren. Sie kommen, aus bronzenen Nägelchen konturiert, auf wenigen Holzgefäßen der

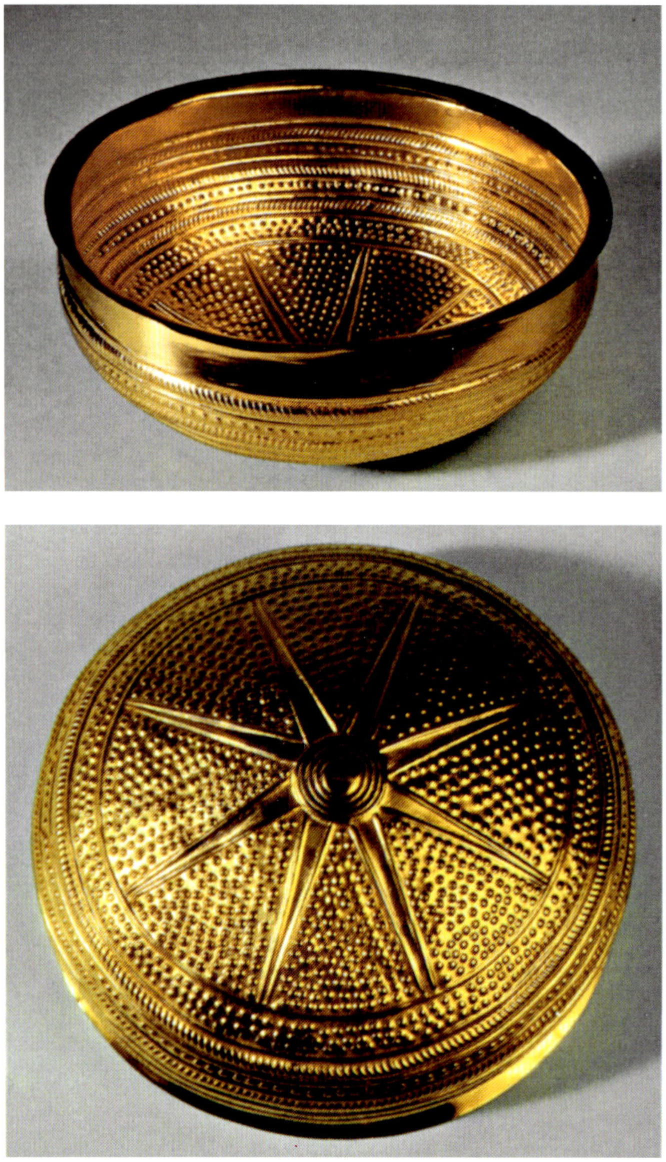

Abb. 38: Sternmuster. Flache weitmündige Goldschale mit kurzem Kragenrand. Umlaufend Zierbänder und Kerbwülste. Keine Scheibenbuckel. Bauchiges Gefäßunterteil durch eine dreifache Perlpunktreihe abgesetzt. Bodenornament als achtzackiger Stern auf gepunktetem Grund ausgebildet. Im Zentrum fünffach gefasste Kreisscheibe. Mündungsdm. 12,0 cm; H. 6,0 cm. Eberswalde, Brandenburg.

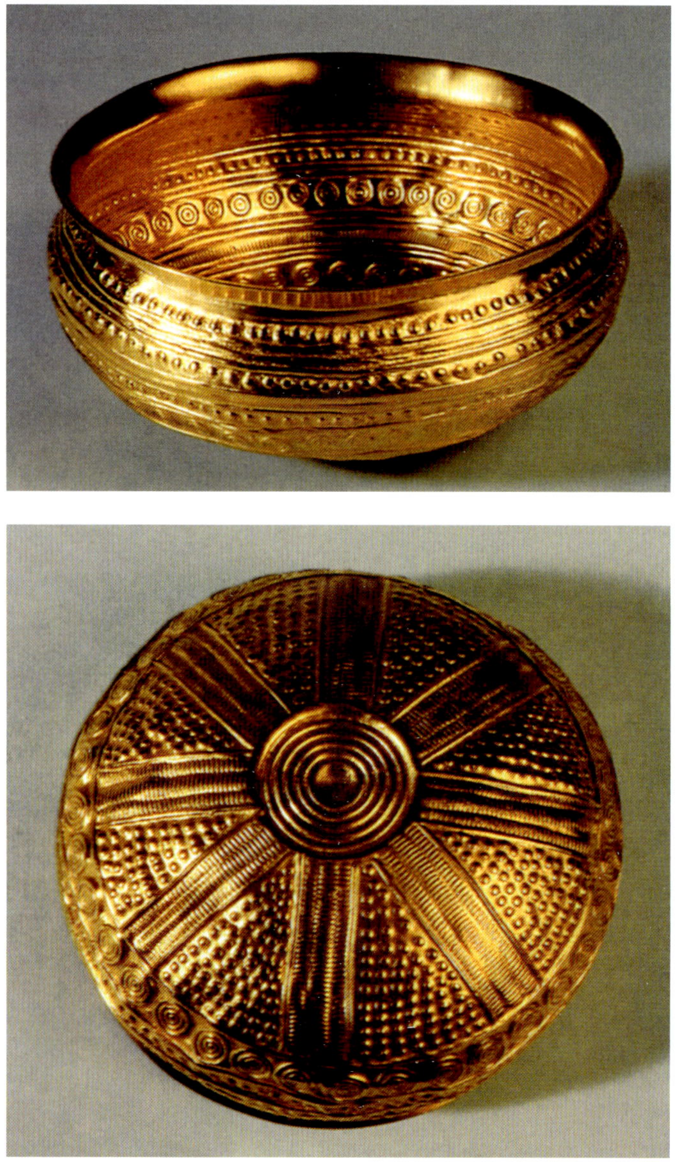

Abb. 39: Radmuster. Weitmundige Goldschale mit eingezogener Schulter und Trichterrand. Dm. 9,7 cm; H. 4,7 cm. Nach vier einfachen Perlbuckelbändern folgt ein Fries aus dreifach gerippten Kreisscheiben. Der Gefäßbauch ist durch acht breite Radialbänder in perlpunktgefüllte Sektoren gegliedert. Der kleine Standboden mit Omphalos wird durch ein fünffach geripptes Kreisornament gebildet. Eberswalde, Brandenburg.

Nordischen Bronzezeit und, gepunzt, auf den Böden von Bronzetassen und Goldschalen vor.

Dabei ist nicht eindeutig, ob mit den glatten, spitzdreieckigen Zacken an den Kegelspitzen tatsächlich Sternenmuster oder aber mit den aufrecht stehenden gepunkteten Dreiecken eine Art „Zackenkrone" bzw., wie bei einer anderen Goldschale aus dem Fund von Eberswalde, ein achtspeichiges oder, wie bei der Sonnenscheibe von Glüsing, ein sechsspeichiges Rad gemeint sein könnte (Abb. 38–40).

Als kosmische Embleme dürfen auch die mandel- oder **augenförmigen Muster** auf den Beispielen von Schifferstadt, Ezelsdorf-Buch und Berlin gelten, die, außer im Atlantischen Kreis der Bronzezeit auf dem Goldcape von Mold in Wales und auf einem Goldblechfragment aus Agris, Dép. Charente, Frankreich (Sabine Gerloff), in der mitteleuropäischen Bronzezeit sonst nur selten, so als Mittelbuckel auf dem spätbronzezeitlichen Kultschild von Herzsprung, dort, wie auch in der Nordischen Bronzezeit, unter andren im Fund von Taarup

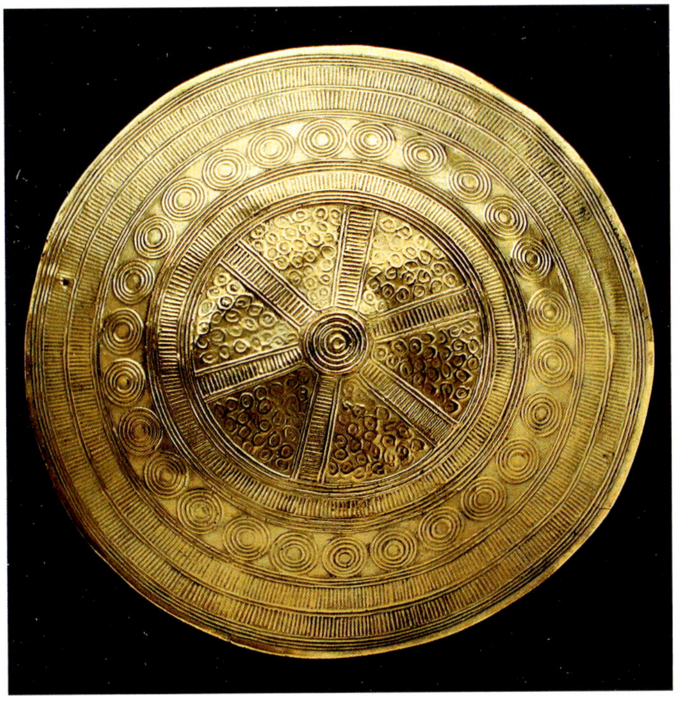

Abb. 40: Sonnenscheibe. Die Goldscheibe stammt aus einer großen, mit zwei Steinplatten überdeckten Grabkammer unter einem Hügel in Glüsing bei Hennstedt, Kr. Dithmarschen, Schleswig-Holstein. Beifunde waren ein bronzenes Vollgriffschwert, zwei bronzene Absatzbeile und ein bronzenes Dolchblatt. Die Goldscheibe mit bronzener Unterlage ist stark fragmentiert. Ursprünglicher Dm. 19,5 cm. Das Hauptmotiv ist ein radförmiges Ornament mit sechs Speichen aus gerippten Bändern mit fünffach geripptem Kreis im Zentrum. Die Zwischenräume sind mit Punktringpunzen ausgefüllt. Daran schließt ein radialer Fries mit 26 dreifach gefassten Kreisscheiben an. Den Rand bilden zwei quer gerippte Bänder. 14./13. Jahrhundert v. Chr. Museum für Vor- und Frühgeschichte. Original Kriegsverlust. Heute Staatliches Historisches Museum Moskau.

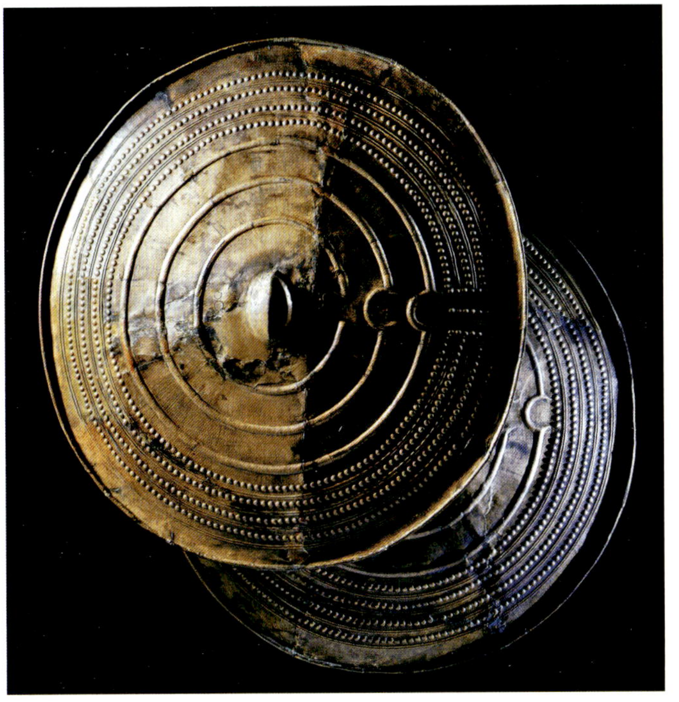

Abb. 41: Zeremonialschilde. Bronze, getrieben. Ringförmige Ornamentierung mit Treibwülsten, Buckelreihen, mandelaugenförmige Mittelbuckel, liegenden Halbmonden und Randseele. Dm. ca. 70 cm. Zusammengefaltet unter einem schweren Stein gefunden. 10.–8. Jahrhundert v. Chr. Herzsprung, Landkreis Ostprignitz-Ruppin, Brandenburg. Landesmuseum für Vorgeschichte Sachsen-Anhalt, Halle a. d. Saale.

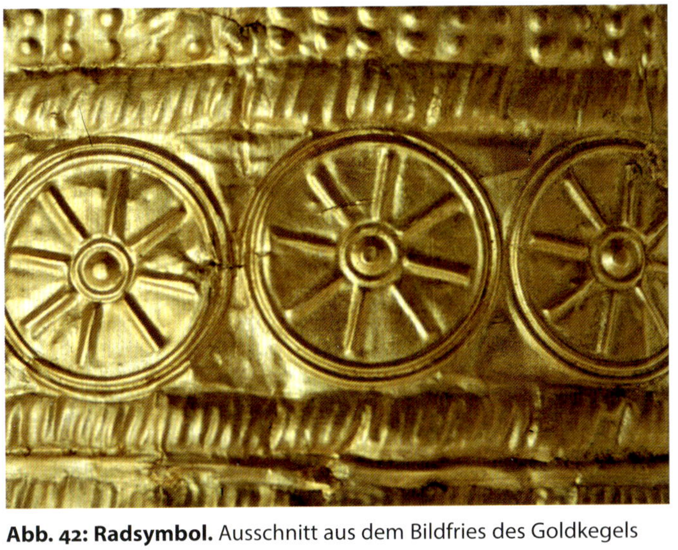

Abb. 42: Radsymbol. Ausschnitt aus dem Bildfries des Goldkegels von Ezelsdorf.

Mose, Nordfalster, Dänemark (J. Brøndsted, Danmarks Oldtid 2 [1958] S. 192) zusammen mit einer Mondsichel, nachzuweisen sind (Abb. 41).

Dasselbe trifft für die achtspeichigen **Räder** in einem der Zierfriese auf dem Goldkegel von Ezelsdorf-Buch zu. Sie können mit den als Sonnensymbole gedeuteten Radnadeln und Radanhängern der Mittleren Bronzezeit in Zusammenhang gebracht werden (Hermann Müller-Karpe). In ihrer Struktur finden sie Entsprechungen in den achtspeichigen Radmustern der Sonnenbarken auf den bronzenen Großgefäßen von Siem sowie Mariesminde Mose in Dänemark und Bjärsholm in Schweden, die zugleich einen weiteren Hinweis auf die späte Zeitstellung des Ezelsdorf-Bucher Goldkegels geben (Jockenhövel) (Abb. 42–43).

Das mit Sicherheit seltenste Emblem im Musterschatz der alteuropäischen Bronzezeit sind die **liegenden Sicheln** mit zentralem Punkt im Fries mit den mandelförmigen Mustern auf dem Berliner Goldhut. Ähnliche Piktogramme treten zwar auf den Schilden von Herzsprung, wo die Kreiswülste mit liegenden Mondsicheln abschließen (siehe oben), und an der Goldschale von Zürich-Altstetten auf. Dort sind in dem flächig gepunkteten Gefäßkörper eine Prozession von Tieren sowie Kreisscheiben und liegende Halbmonde ausgespart (Abb. 44).

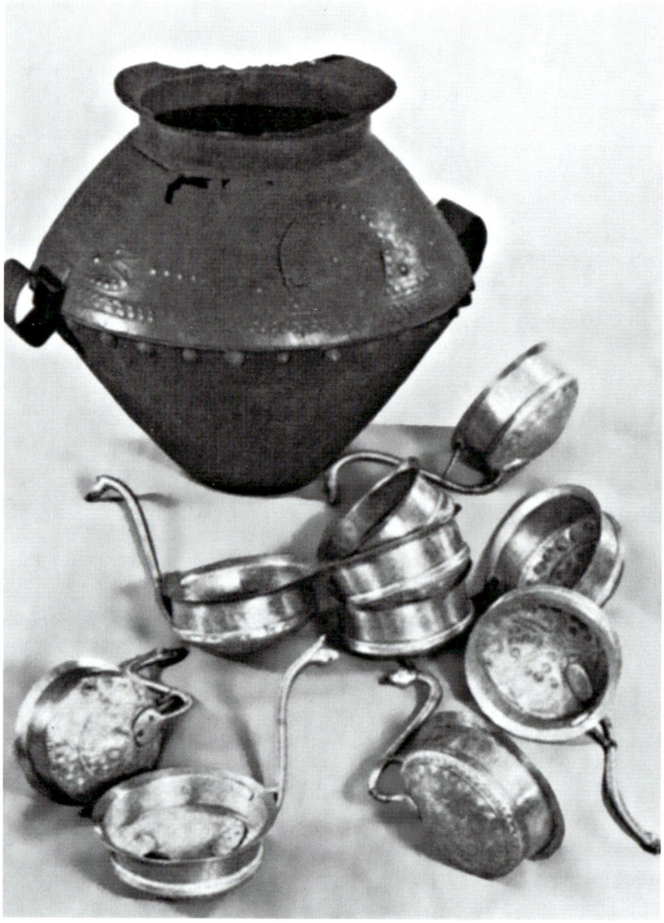

Abb. 43: Gefäßdepot. Die elf formgleichen Schöpfgefäße aus dünnem Goldblech mit sekundär angenietetem Pferdekopfgriff (von denen nur noch neun erhalten sind) waren in einem bronzenen Großgefäß im Moor niedergelegt. Die Amphora mit doppelkonischem Korpus aus vernietetem Bronzeblech mit auskragendem Zylinderhals und zwei Bandhenkeln ist in Punztechnik mit dem Sonnenbarkenmotiv nach zentraleuropäischem Muster verziert, in dem die Sonne als achtspeichiges Rad dargestellt ist. H. der Amphora 36 cm. 10./8. Jahrhundert v. Chr. Mariesminde Mose, Ksp. Rømminge, Fünen, Dänemark. Nationalmuseum Kopenhagen.

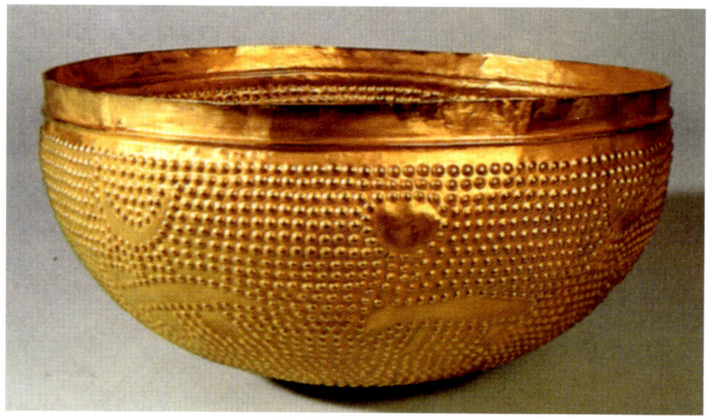

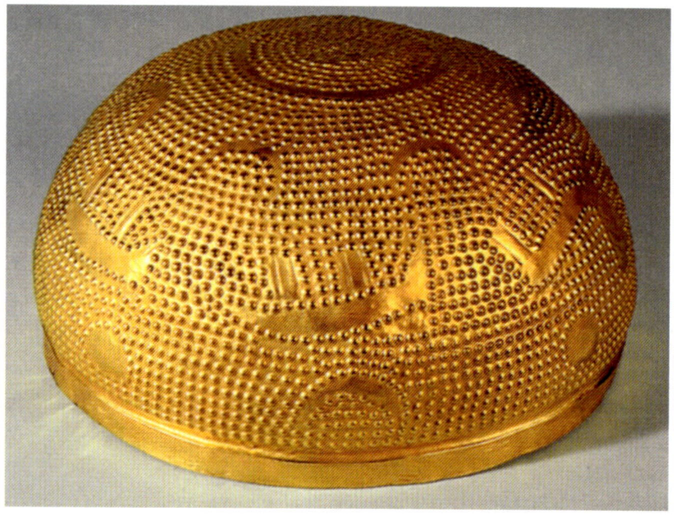

Abb. 44: Goldschale. Halbkugelige Schüssel mit abgesetztem, glattem Rand. Gefäßkörper flächig mit Perlpunkten verziert. Auf der Wandung ist im Punzmuster eine Prozession aus sieben cervidenartigen Tieren ausgespart, die oben von einem Kranz aus abwechselnd vier Mond- und Sonnensymbolen und unten durch eine Reihung von sieben Mondsymbolen (liegenden Halbmonden) umgeben sind. Den Boden des Gefäßes markieren konzentrisch zwei glatte Kreise vor gepunktetem Grund. Gold, getrieben, 22 Karat. Dm. 25 cm; H. 10 cm. Wandstärke 0,125 cm, Gew. 910 g. 1907 bei Gleisarbeiten in 80 cm Tiefe mit der Öffnung nach unten auf einem flachen Stein von 50 cm Durchmesser gefunden. Darüber gestülpt ein Tongefäß. Das Innere der Goldschüssel soll mit einer staubartigen weißen Asche gefüllt gewesen sein. Tongefäß und Schüsselinhalt wurden nicht aufbewahrt. 9.–8. Jahrhundert vor Chr. Zürich-Altstetten, Schweiz. Schweizerisches Landesmuseum Zürich.

Aber in der Kombination von Mondsichel und Punkt, gleich Scheibe, ist das „Logo" des Berliner Goldhutes ein Unikum, sieht man von zwei etruskischen Goldschmiedearbeiten des 8. bis 7. Jahrhunderts v. Chr. aus Vulci und Bisenzio ab. Dort zeigen ein Medaillon an einer Goldkette mit ankerförmigen Anhängern eine von einem Mäander gefasste bzw. ein schlichter goldener Anhänger von 4,8 cm Durchmesser die liegende Mondsichel mit zentralem Kreisbuckel (Abb. 45).

Es darf davon ausgegangen werden, dass sich in der Ornamentsyntax der Buckelscheiben und „Sondermuster" auf den Goldhüten die astralen Bezüge der Ornamentträger manifestieren. Ihre Deutungsmöglichkeiten finden sich wiederum in der Glyptik und auf Siegeln der bronze- und früheisenzeitlichen Kulturen Vorderasiens sowie in den altägyptischen Bildnissen und Texten.

Auf einem Kudurru-Relief, einer Schenkungsurkunde aus schwarzem Kalkstein von 83 cm Höhe, führt der babylonische König MELISAPAKS II. (12. Jahrhundert v. Chr.) seine Tochter vor die thronende Göttin Nanai. Im Bildzentrum steht ein stangenförmiges Gebilde mit kleinem Kegelaufsatz. Darüber

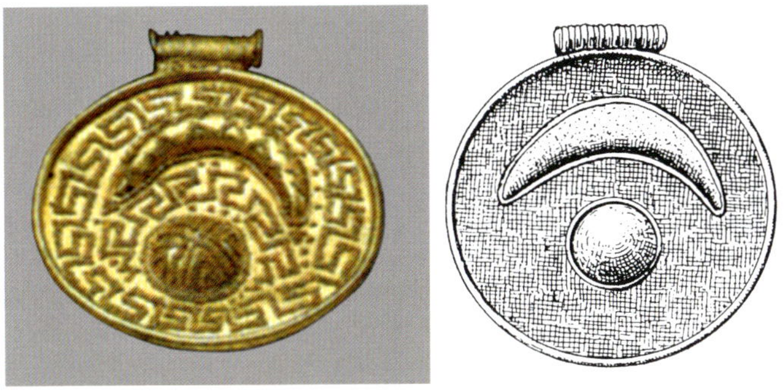

Abb. 45: Scheibenanhänger mit Mondmotiv.
a. Vulci, Etrurien. Staatliche Antikensammlung München.
b. Bisenzio, Prov. Viterbo. Grabfund. Umzeichnung, Gold mit Elfenbeineinlagen. Museo Nazionale di Villa Giulia, Rom.

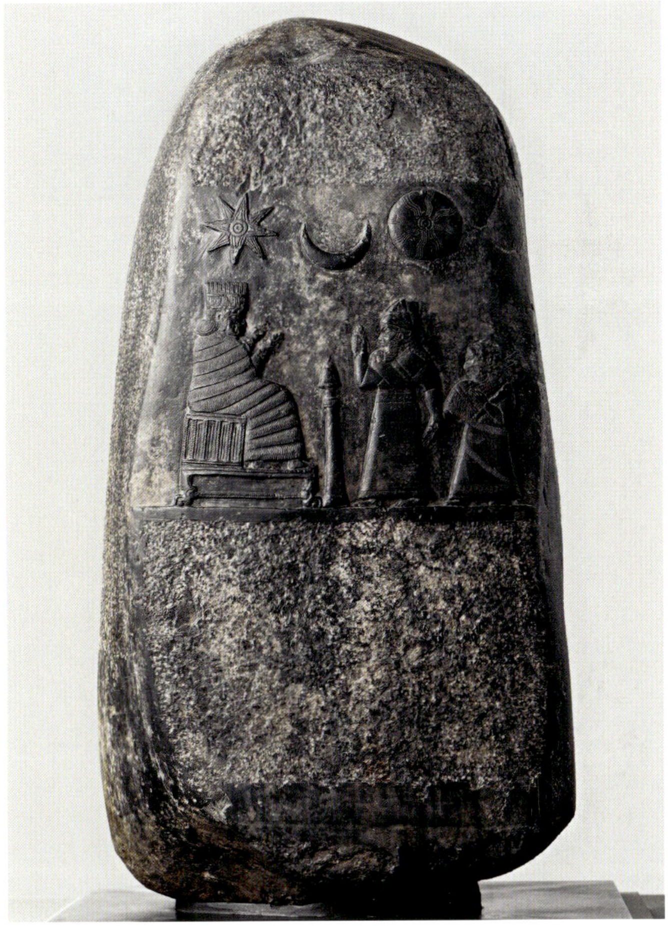

Abb. 46: Kudurru, Babylon. Musée du Louvre, Paris.

schwebt eine liegende **Mondsichel** (junger Mond), die links von einem achtzackigen **Stern** mit Innenzeichnung (Venusstern) und rechts von einer **Scheibe** mit wellenförmigen Diagonalbändern (Sonne) flankiert wird (Abb. 46).

Vergleichbare Symbolkombinationen geben auch Rollsiegel wieder, so ein assyrisches aus Kappadokien vom Beginn des 2. Jahrtausends v. Chr., das eine Prozession zweier Wettergötter aus verschiedenen Städten zur Verehrung einer wohl hohen Gottheit darstellt, oder ein neubabylonisches, das einen Herrscher oder Gott mit Trinkschale und Kulthelfern vor einem Tisch sitzend sowie, darüber aufgereiht, die Symbole wohl für Sonne, Mond und Sterne zeigt (Abb. 47).

Die Belege für das kanonisch wiederkehrende Symbolensemble aus Stern, liegendem Halbmond und Scheibe bzw. Rad können beliebig ergänzt werden. Sie symbolisieren mit der Scheibe den Sonnengott Utu/Samas, mit dem achtzackigen Stern Inanna/Îstar, die Göttin des Venussterns, Tochter des Mondgottes und Schwester des Sonnengottes und mit der liegenden Sichel den Mondgott Nanna/Sîn die Große-Götter-Dreiheit der altmesopotamischen Kosmologie.

Das **Auge** als Zeichen für den Planeten Venus, dem nach dem Mond hellsten Gestirn am nächtlichen Firmament, kommt sonderbarerweise im Musterschatz des nordmesopotamisch-syrisch-anatolischen Raumes und in der akkadzeitlichen Glyptik offenbar überhaupt nicht vor. Im alten Ägypten dagegen stellt das Augensymbol als „Horus-“ bzw. „Udjat-Auge“ ein gängiges Motiv dar und ist, in einem komplizierten kosmologischen Bezugsnetz, mit dem Morgenstern und damit als Emblem für den Planeten Venus zu identifizieren (Rolf Krauss).

Das Piktogramm „**liegende Mondsichel mit zentralem Punkt**“ in Zone 5 des Berliner Goldhutes ist im Symbolgut der alteuropäischen Bronzezeit einzigartig. Unter Umständen könnte es als extreme Abstraktion des in der Urnenfelderzeit geläufigen Sonnenbarkenmotivs aufgefasst werden, doch machen Vergleiche mit Bildnissen aus Altvorderasien eine andere Deutung wahrscheinlich.

Das Motiv der liegenden Mondsichel mit Scheibe, die im Berliner Beispiel auf einen Punkt reduziert ist, findet sich zu Beginn des 2. Jahrtausends v. Chr. beispielsweise in doppelter Ausführung beiderseits einer Mondsichel auf dem Schutzbord des 18 cm hohen Tonmodells eines zweirädrigen Streitwagens aus Uruk, auf dem der Kriegsgott mit hoher zuckerhutförmiger Kopfbedeckung dargestellt ist (vgl. Abb. 32).

Dasselbe Motiv kommt auf einem Rollsiegel des 18. vorchristlichen Jahrhunderts aus Syrien vor. Eine Gottheit thront unter einem Baldachin und hält in der Rechten einen spitzbodigen Becher. Darüber schwebt ein liegender Halbmond mit zentraler Scheibe. Beidseits des Baldachins, der auch die Andeutung eines Tempels sein könnte, stehen eine Göttin (?) und eine Herrschergestalt, die sich anscheinend für die heilige Hochzeit bereit macht (Abb. 48).

Ein Rollsiegel aus Ugarit zeigt die Geburt einer Göttin. Sie steht auf zwei Löwen, den Attributtieren der Inanna/Îstar, der Göttin des Venussterns und Tochter des Mondgottes, und wird von zwei Helferinnen gestützt, von denen die rechte das **Mondsichelsymbol mit Scheibe** hält. Dieses Symbol ist im Übrigen auf Steindenkmälern in Südarabien bis in die vorislamische Zeit nachzuweisen (Carl Rathjens/Hermann von Wissmann).

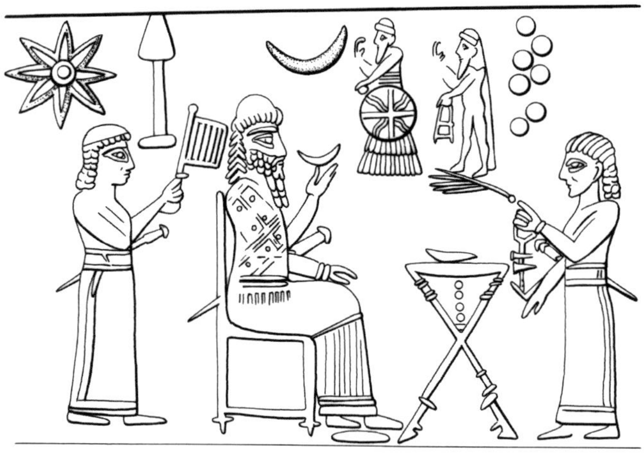

Abb. 47: Umzeichnung des Abdrucks eines Rollsiegels. Neubabylonisch, 7. Jahrhundert v. Chr.

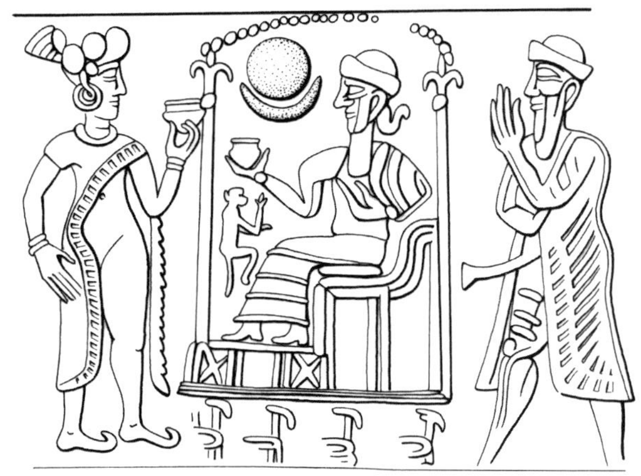

Abb. 48: Umzeichnung des Abdrucks eines Rollsiegels. Syrien, aus der Zeit der amoritischen Königreiche. 18. Jahrhundert v. Chr.

Fasst man zusammen, so sind in den mythologischen Szenen auf Urkunden, Stelen und auf Rollsiegeln aus Vorderasien in unterschiedlichen Konstellationen immer wieder fünf astrale Zeichen nachzuweisen: der achtstrahlige Stern, die Scheibe mit stern- oder radförmiger Innenzeichnung, der liegende Halbmond und die liegende Mondsichel mit Scheibe sowie das Siebengestirn, dem allerdings eine relativ späte Zeitstellung zuzukommen scheint. Die Augenmuster hingegen gehören erstaunlicherweise in keinen hier beschriebenen Musterkanon. Bis auf das Siebengestirn mit Stern, das vermutlich das in der ägyptischen und vorderasiatischen Astrologie bedeutsame Sternbild des Großen Hundes (Canis Major) mit dem Sirius, dem altägyptischen Sothis, als Stern erster Größe symbolisiert, sind alle Embleme in unterschiedlicher Abstraktion und Kombination auch auf den Goldhüten, Goldschalen und Goldscheiben vertreten.

Die Identifizierung der Zeichen, speziell auf dem Berliner Goldhut, ermöglichen mythologische Darstellungen in der ägyptischen Kunst, wobei das sogenannte Mondpektorale aus dem Grab des Tutanchamun (1332–1323), einem eher unbedeutenden Pharao der 18. Dynastie, im gegebenen Zusammenhang besonders aufschlussreich ist (Abb. 49).

Der 14,9 x 14,5 cm große Brustschmuck aus Gold, Silber, Halbedelsteinen und Glas stellt in komplexer Komposition ein mythisches Geschehen dar (Jürgen Settgast). Im Zentrum steht ein geflügelter Skarabäus, der in seinen Vogelkrallen eine Lilie bzw. eine Lotusblüte als Sinnbilder Ober- und Unterägyptens hält. Er wird seitlich von zwei mit der Sonnenscheibe bekrönten Uräusschlangen und, an der Basis, von einem Gehänge aus drei Lotusblüten und vier Papyrusknospen eingefasst. Mit den Flügelspitzen und den vorderen Insektenfüßen stützt das Mischwesen aus Käfer und Vogel die Himmelsbarke in Form eines stilisierten Bootes. Zwischen den Steven und den beiden sonnenbekrönten Schlangen befindet sich das „Udjat-Auge" (Heilsauge) oder „Horus-Auge". Darüber schwebt, begrenzt durch die Sonnenscheiben der Schlangen, die liegende Mondsichel aus Gold mit silberner Scheibe. Auf dieser Mondscheibe wiederum sind drei Reliefigürchen aus Gold appliziert. In der Gebärde des Beschützers flankieren der falkenköpfige Sonnengott Re-Harachte (mit der Sonnenscheibe auf dem Haupt) und der ibisköpfige Mondgott Toth (mit dem Mondsymbol aus liegender Sichel und integrierter Scheibe) den an seinen Herrscherattributen erkennbaren König. Den Pharao schmückt ebenfalls das Mondemblem, so als ob er von den Gottheiten Sonne und Mond selbst zum Mondgott erhoben würde. Hieraus erklärt sich (nach Settgast) auch die ungewöhnliche theologische Konstruktion des Bildprogramms. Denn nach altägyptischem Glauben schiebt normalerweise der geflügelte Skarabäus den Sonnengott am Tag und nicht den Mondgott bei Nacht über das Firmament.

Gleichartige Vorstellungen von der Fahrt der Sonne oder des Sonnengottes in einer Barke über den Tageshimmel sind auch über das Sonnenbarkenmotiv der urnenfelderzeitlichen Kulturen und der Nordischen Bronzezeit Alteuropas zu erschließen, wie sie etwa auf Felsbildern, Rasiermessern (Fleming Kaul) und auf einer Gürtelplatte von Floth, heute Radolinek, Polen, überliefert sind, deren Gravierungen jüngst von Bernhard Hänsel überzeugend in dieser Richtung interpretiert wurden (Abb. 50).

Mit diesem Mythos und vor allem mit der bildlichen Dynamik sind die Sonderzeichen auf den Goldhüten nur bedingt in Zusammenhang zu bringen. Die Ideogramme auf den Goldhüten sind „Logos" und haben statisch kennzeichnenden Charakter. Sie signalisieren als Embleme den astralen und göttlichen Bezug im Lauf der Gestirne, der in zeitlicher Ordnung mit den Scheibensymbolen, die gleichermaßen Mond oder Sonne bedeuten können, dargestellt ist. Vergleicht man hingegen das Bildprogramm des Mondpektorales aus dem späten 14. Jahrhundert v. Chr. mit dem Zeichenkanon des Berliner Gold-

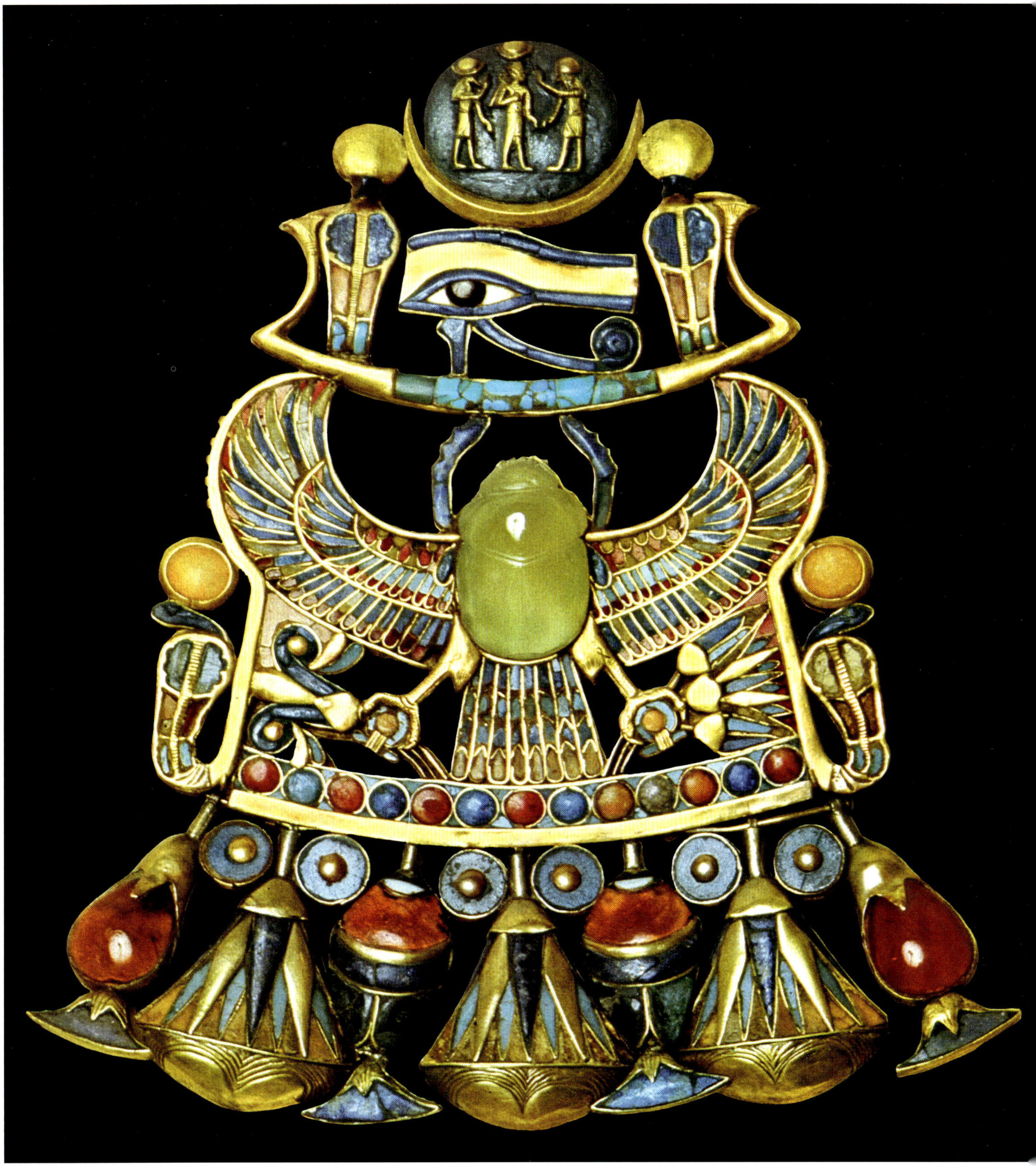

Abb. 49: Mondpektorale aus der Schatzkammer des Pharao Tutanchamun. Gold, Silber, Chalcedon, Glas. Abmessungen: 14,9 x 14,5 cm. Theben, Tal der Könige, Grab Nr. 62. 18. Dynastie. Kairo, Ägyptisches Museum.

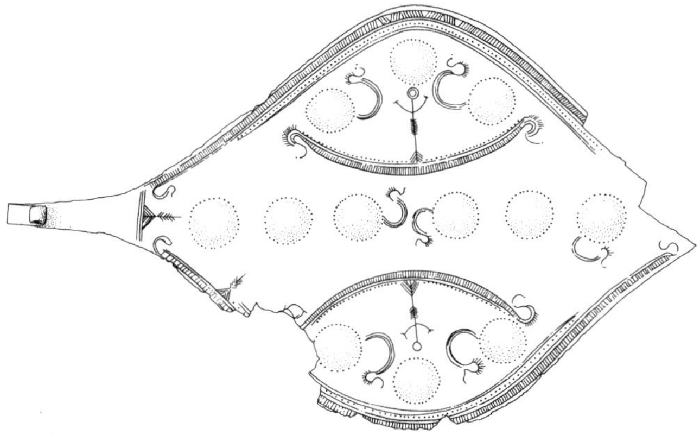

Abb. 50: Gürtelplatte, Umzeichnung. Bronze, graviert. Figürliche Darstellungen aus dem Motivschatz Vogelbarke, vogelbewegte Sonnenkugel, Adorant, Sonnengestalt. L. 23 cm. 9./8. Jahrhundert v. Chr. Depotfund bei Floth (heute Radolinek), Polen.

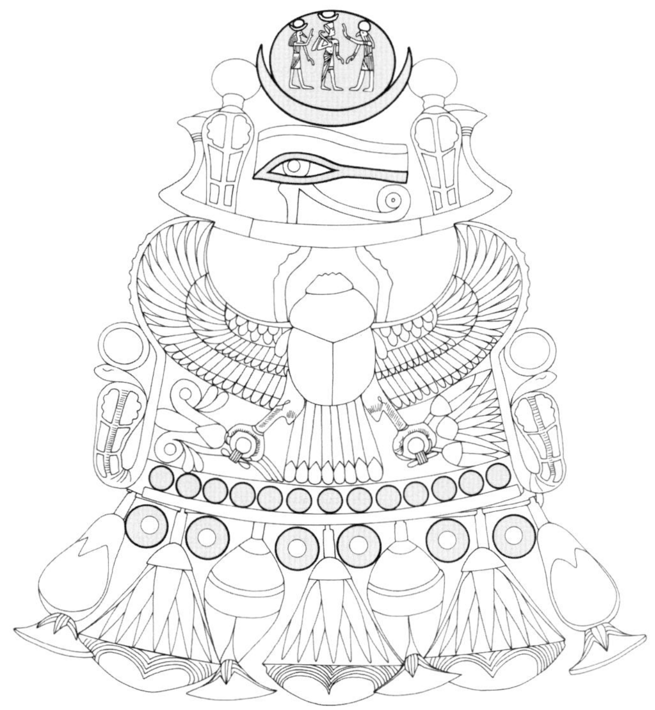

Abb. 51: Mondpektorale, Umzeichnung. Analyse des Ornamentaufbaues in Bezug zu den astralen Symbolen des Berliner Goldhutes: Liegende Mondsichel mit Scheibe, Augenmuster und 19 Scheiben am Fuß des Pektorales.

hutes aus der Zeit um 1000 v. Chr., so fallen dagegen eine Reihe von Übereinstimmungen auf. Abgesehen von den Schlangen, dem Käfer und den Blüten sowie den figürlichen Darstellungen sind alle Symbole auch auf dem Berliner Goldhut in abstrahierter Form und teils sogar in entsprechender Hierarchie abgebildet. Der Stern an der Spitze steht für die Sonne, wenn nicht, nach altmesopotamischem Muster, die Venus gemeint sein sollte. Die Zone 5 des Berliner Goldhutes beinhaltet den Doppelfries aus jeweils 19 liegenden Halbmonden mit Punkt und Augenmustern. Die Zeichen entsprechen der Mondsichel mit Scheibe und dem darunter befindlichen „Horus/Udjat-Auge", dem Symbol für Isis/Venus, auf dem Pektorale. Die 19 Buckelscheibchen unterhalb des Skarabäus und die Sonnenscheiben über den Uräusschlangen könnten entfernte Vorbilder für die Buckelscheiben auf dem Goldhut sein. Im Unterschied zum Mondpektorale, in dem (immer nach Settgast) ein kosmisches Geschehen verbildlicht wird, handelt es sich bei den Zeichen auf dem Goldhut um Ideogramme mit statisch kennzeichnendem Charakter. Die Zeichen für Sonne, Mond und Venus bestimmen als die hellsten Himmelskörper den Lauf der Gestirne und verkörpern damit die göttliche Ordnung (Abb. 51).

Nach diesen Überlegungen dürfen der Berliner Goldhut mit seinen magischen Zeichen und die vergleichbaren archäologischen Funde als Zeugnisse einer religiösen Strömung betrachtet werden, die ganz offensichtlich in der 2. Hälfte des 2. Jahrtausends v. Chr. von den Hochkulturen des Vorderen Orients nach Westen und Nordwesten ausstrahlte. Aus diesem Raum, in dem Götter, Herrscher und Heroen mit extremen Kopfbekrönungen im kosmologischen Bezug bildlich dargestellt sind, wurden, neben der Form der Kopfbedeckungen, offenbar auch die Embleme für die kosmischen Gottheiten im Kult übernommen und haben in der Umformung zu isolierten Piktogrammen Eingang in den Ornamentkanon einer kleinen, religiös bestimmten Fundgruppe der mitteleuropäischen Bronzezeit gefunden.

Wie dieser Vorgang ablief, wie oder von wem die geistigen Inhalte vermittelt wurden oder welche Faktoren zu einem Wandel einer älteren autochthonen Geisteswelt beitrugen, bleibt unklar, weil es über die Übertragungsmechanismen religiöser Strömungen wenig Konkretes zu sagen gibt und eine Art Mission wohl kaum angenommen werden darf. Was bleibt, ist der Bildvergleich und die Interpretation formaler Übereinstimmungen, bei denen die zeitliche und räumliche Entfernung der archäologischen Belege eine untergeordnete Rolle spielen muss.

Im Ergebnis aber stehen der konkreten mythologischen Bildwelt des Vorderen Orients in Mitteleuropa abstrakte Chiffren gegenüber, die in ihrer Kombination, Konstellation und der Art ihrer Träger einen verbindlichen Aussagewert für den Wissenden gehabt haben müssen. In der bilderfeindlichen Geisteskultur der späten Bronzezeit Mitteleuropas scheinen Embleme, Symbole und Zeichen in ihren unterschiedlichen Kombinationen für ein verschlüsseltes Denken in abstrakten Bildern zu stehen, deren Inhalt und Aussage nur der Kundige oder Wissende zu deuten wusste.

Zahlensymbolik und Rechensystem

Die astralen Bezüge in der Ornamentik der Goldhüte sind offensichtlich. Bei der Kombinationsanalyse der Anordnung der Muster und der Abfolge der Ornamentzonen zeigen sich in der grafischen Auflösung und kombinationsstatistischen Darstellung aber auch Auffälligkeiten, wenn nicht gar Gesetzmäßigkeiten, die mit einer eventuell ausufernden Zierfreudigkeit ihrer Schöpfer nicht zu erklären sind. Dazu gehören, neben den kosmischen Symbolen Buckelscheiben, Stern, Augenmotiv, Rad und liegende Sichel, auch das relativ häufige Auftreten von Primzahlen bei der jeweiligen Menge der Muster in einer Zierzone, wobei die Zahl 19, die in der Zahlensymbolik der Astrologie von alters her eine besondere Rolle spielt, allein beim Berliner Goldhut sechsmal auftritt (vgl. Abb. 52, Spalte II: – Zone 3: 2 x **7**; – Zone 5: 2 x **19**; – Zone 7: 1 x **19**; – Zone 8: 3 x 7; – Zone 9: 1 x **19**; – Zone 10: 1 x **19**; – Zone 14: 3 x **7**; – Zone 16: 1 x **19**; – Zone 17: 3 x **11**; – Zone 18: 3 x **7**; – Zone 19: 1 x **23**; – Zone 21: 5 x **47**).

Berliner Goldhut				
I	II	III	IV	
Zone 1				
Zone 2				Spitze
Zone 3	14 x Nr. 8	3	42	
Zone 4	15 x Nr. 10	5	75	
Zone 5	(19 x 2) x Nr. 16+17	S	38	Schaft
Zone 6	18 x Nr. 10	5	90	
Zone 7	19 x Nr. 11	3	**57**	Schaltzone
Zone 8	21 x Nr. 10	5	105	
Zone 9	19 x Nr. 12	3	57	
Zone 10	19 x Nr. 14	5	95	
Zone 11	20 x Nr. 12	3	60	
Zone 12	20 x Nr. 14	5	100	Schaft
Zone 13	20 x Nr. 12	3	60	
Zone 14	21 x Nr. 14	5	105	
Zone 15	15 x Nr. 15	6	90	
Zone 16	19 x Nr. 13	2	**38**	Schaltzone
Zone 17	33 x Nr. 9	2	**66**	Schaltzone
Zone 18	21 x Nr. 15	6	126	
Zone 19	23 x Nr. 15	6	138	Kalotte
Zone 20	54 x Nr. 8	3	162	
Zone 21	47 x Nr. 14	5	235	Krempe
19	**418 + 38** (2x19)		**1739**	Summen

Abb. 52: Berliner Goldhut. Das Zahlen- und Zählsystem.
I: Nummer der Zone. – **II:** Anzahl der Symbole/Nummer pro Zone (vgl. Abb. 22). – **III:** Zahl der konzentrischen Ringe. – **IV:** Summe der Ringe/Zeichen pro Zone. – Grün unterlegt: Schaltzonen. – Gelb: die Zahl 19.

Die Zahl **19** findet sich auch in den für die systemrelevanten 19 Zonen 3 bis 21 wieder, wobei der alternierende Wechsel von Buckelscheiben mit drei bzw. fünf Kreisen in den Zonen 3 bis 14 auf dem Schaft und 20 und 21 auf der Krempe sowie die Scheiben mit sechs und zwei Kreisen im unteren Teil des Schaftes und auf der Kalotte auffällig sind. Aus den Multiplikatoren 2, 3, 5 und 6 (in der Abbildung Spalte II und III) ergeben sich schließlich die Zahlenwerte (IV), anhand derer die kalendarische Konzeption des Ornaments entschlüsselt werden kann (Abb. 52; vgl. Abb. 21 und Abb. 23).

Eindeutige Hinweise auf kalendarische Bezüge in der Ornamentik ergeben sich auf dem als einzigen vollständig erhaltenen Berliner Goldhut vor allem dann, wenn nicht die Zahl der Scheibensymbole, sondern jeweils die Menge der konzentrischen Ringe in den 19 Zonen 3 bis 21 auf dem Schaft, der Kalotte und der Krempe erfasst wird. Dass nicht die Buckelscheiben, sondern die konzentrischen Ringe um die Buckel die maßgeblichen Zähleinheiten sind, erschließt sich aus der Summierung der Buckelscheiben mit fünf Kreisringen in der rhythmischen Abfolge der Zonen 4, 6, 8 und 10 sowie 4, 6, 10 und 14. Sie ergibt die Zahl **365**.

Dagegen beinhalten die Zonen 6, 8 und 12 mit den fünffach gefassten Stempelmustern Nr. 10 und Nr. 14, ergänzt durch die Zone 13 mit dem Symbol Nr. 12, das mit drei Ringen gefasst ist, die Zahl **355.** Die Addition der Stempel Nr. 15 mit sechs Kreisen in den Zonen 15, 18 und 19 ergibt **354**. Beachtenswert ist, dass in diesem Zählschema die Zone 5 mit den Sondersymbolen Nr. 16 und 17 sowie die Zonen 7, 16 und 17, mit den jeweils nur **1 x** im Ornamentkanon vertretenen Mustern, die im Folgenden als „Schaltzonen" behandelt werden, sowie die beiden Zonen 20 und 21 auf der Krempe „übersprungen" werden bzw. nicht relevant sind (Abb. 53).

Auffälligkeiten ergeben sich auch bei der Summierung der Kreise nach Zonen bei identischen Stempelmustern. Die Buckelscheibe Nr. 12 ist in den Zonen 9, 11 und 13 insgesamt 59-mal abgedruckt und ergibt in der Multiplikation der jeweils drei konzentrischen Kreise die Zahl **177**. In den Zonen 15–18 und 19 tritt der Stempel Nr. 15 mit sechs konzentrischen Ringen deren Summe **354** ist ebenfalls 59-mal auf.

Die Zahl **365** kommt jeweils zustande, wenn zu den konzentrischen Ringen des Musters Nr. 10 in den Zonen 4, 6 und 8 (270) die Menge der Kreise der **1 x** im Ornamentkanon vertretenen Stempel Nr. 11 in Zone 7 (57) und Nr. 13 in Zone 16

Zone	Nr.	K	SK	Zone	Nr.	K	SK	Zone	Nr.	K	SK
Z 4	10	5	75	Z 4	10	5	75	Z 3	8	3	42
Z 6	10	5	90	Z 6	10	5	90	Z 7	11	3	57
Z 8	10	5	105	Z 10	14	5	95	Z 9	12	3	57
Z 10	14	5	95	Z 14	14	5	105	Z 11	12	3	60
								Z 13	12	3	60
								Z 15	15	6	90
1 Jahr			**365**	1 Jahr			**365**	1 Schaltjahr			**366**

Zone	Nr.	K	SK	Zone	Nr.	K	SK
Z 6	10	5	90	Z 15	15	6	90
Z 8	10	5	105	Z 18	15	6	126
Z 12	14	5	100	Z 19	15	6	138
Z 13	12	3	60				
12 synodische Monate			**355**	12 synodische Monate			**354**

Abb. 53: Berliner Goldhut. Grafische Darstellung der Zahl der Tage für ein Sonnen- bzw. ein Mondjahr mittels der Addition der Zonen mit Buckelscheiben aus jeweils 3, 5 und 6 konzentrischen Ringen in rhythmischer Abfolge der Zonen. Ein Ring gilt als Zähler für einen Tag!
Legende: **Z**: Zone. – **Nr.**: Scheibenbuckel Nr. (vgl. Abb. 22). – **A**: Anzahl der Symbole. – **K**: Zahl der Kreise pro Scheibenbuckel. – **SK**: Summe der Kreise pro Zone. – Rot unterlegt: solar. – Blau unterlegt: lunar. – Grün unterlegt: Schaltzone (**SZ)**.

Nr. 15 K6			**Nr. 12 K3**		
Z	A	SK	Z	A	SK
Z 15	15	90	Z 9	19	57
Z 18	21	126	Z 11	20	60
Z 19	23	138	Z 13	20	60
	59	**354**		59	**177**
12 synodische Monate			6 synodische Monate		

Nr. 10 K5/ K3/2			**Nr. 8 K5/ K2**		
Z	A	SK	Z	A	SK
Z 4	15	75	Z 3	14	42
Z 6	18	90	Z 20	54	162
Z 8	21	105			
	54	270		68	204
+ SZ 7	19	57	+ SZ 7	19	57
+ SZ 16	19	38	+ SZ 16	19	38
			+ SZ 17	33	66
	92	**365**		139	**365**
12 solare Monate			12 solare Monate		

Abb. 54: Berliner Goldhut. Grafische Darstellung lunarer Zeitzyklen im Ornament mittels der Addition der konzentrischen Ringe der stempelgleichen Muster Nr. 15 in den Zonen 15, 18 und 19. Dabei gilt ein Ring als Zähler für einen Tag!
Die Zahlen für ein Normaljahr bzw. ein Schaltjahr ergeben sich aus der Addition der Ringe des Stempels Nr. 10 in den Zonen 4, 6, 8 mit den Ringen der jeweils einmalig im Ornament vorkommenden Muster in den Schaltzonen SZ 7 und 16 bzw. mit dem Stempel Nr. 8 in den Zonen 3 und 20, ergänzt durch die Zahl der Ringe in allen drei Schaltzonen 7, 16 und 17 (grün) mit den jeweils nur einmal im Ornament vorkommenden Mustern.
Legende: **Z**: Zone. – **Nr.**: Scheibenbuckel Nr. (vgl. Abb. 22). – **A**: Anzahl der Symbole. – **K**: Zahl der Kreise pro Scheibenbuckel. – **SK**: Summe der Kreise pro Zone. – Rot unterlegt: solar. – Blau unterlegt: lunar. - Grün unterlegt: Schaltzone (**SZ**).

(38) gerechnet werden. **365** ergibt sich auch, wenn zur Summe der Ringe des Musters Nr. 8, das nur in Zone 3 unterhalb der Spitze und in Zone 20 auf der Krempe vorkommt (204), die Menge der Kreise der jeweils nur **1 x** im Ornamentkanon in Zone 7 (57), 16 (38) und 17 (66) auftretenden Muster Nr. 11, 13 und 9 hinzugezählt werden (Abb. 54).

Schließlich ist die Summe der Ringe der 47 Stempel Nr. 14 (mit fünf Ringen) in Zone 21 auf der Krempe **235**. Und weiterhin ergibt die Addition der 54 Stempel Nr. 8 mit drei Kreisen in Zone 20 (162) mit dem 33-mal gesetzten Muster

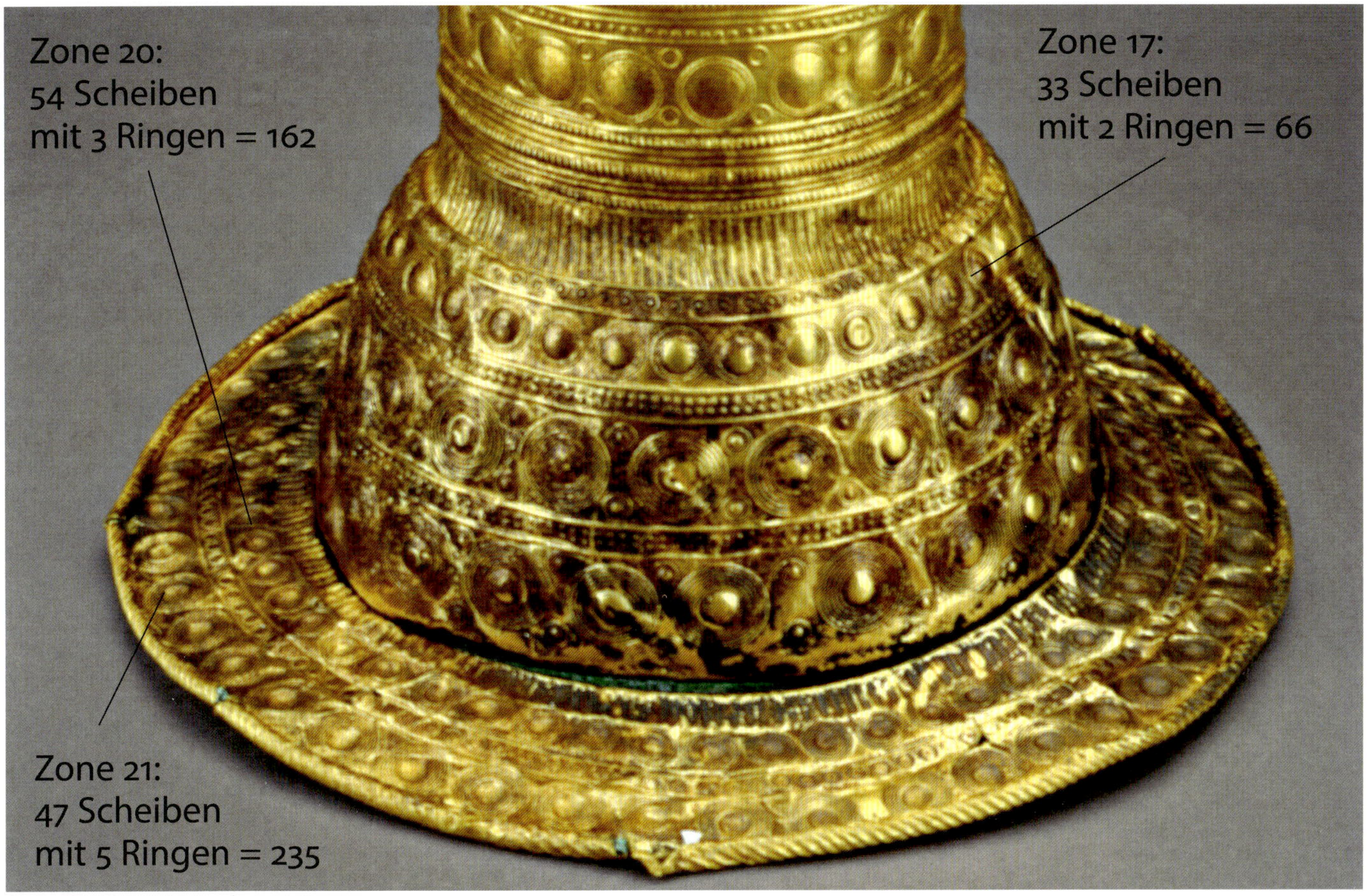

Abb. 55: Berliner Goldhut – Mondzyklus. Kalotte und Krempe des Goldhutes mit den Zonen 17, 20 und 21.

Nr. 9 mit zwei Ringen in Zone 17 auf der Kalotte (66) die Zahl **228** (Abb. 55).

Diese kalendarisch relevanten Zahlen sind nicht willkürlich ermittelt, sondern erschließen sich aus der merkmalbestimmten Ornamentik, die offensichtlich auf einem logisch durchdachten Zahlensystem aufbaut. Dieses funktioniert nur, wenn nicht die Buckelscheiben selbst, sondern deren konzentrische Kreise die Zähleinheiten sind. Nicht zufällig ergibt ihre Summierung, nach dem durch die Ornamentgliederung vorgegebenen Schema, in der Auflösung Werte, die mit den 365 oder 366 (Schaltjahr) Tagen des Sonnenjahres bzw. 354 und 355 Tagen des Mondjahres oder mit 177, die Tage von sechs Lunationen, in Verbindung gebracht werden können. Dabei ist beachtenswert, dass die nur einmal im Ornamentkanon vertretenen Muster Nr. 11, 13 und 9 in der Zone 7 im Oberteil des Schaftes bzw. in Zone 16 am Schaftfuß und 17 auf der Kalotte im System eine Sonderrolle als „Schaltzonen" einnehmen, wie weiter unten noch zu erläutern ist.

In der Ornamentik des Berliner Goldhutes mit seinen kosmischen Bezügen ist unter diesen Vorgaben ein Zahlenwerk zu vermuten, das in seiner einfachsten Nutzungsform die simple Auszählung lunarer und solarer Zeitabschnitte ermöglicht, wobei auf seine Komplexität die Zahlen 228 und 235 verweisen, die der Anzahl der Sonnenmonate (19 x 12 = 228) bzw. den 235 Lunationen des 19jährigen Mondzyklus mit seinen 6940 Tagen entsprechen.

Die Kalenderthese

Wie die auf der Horizontastronomie beruhenden „Sonnenobservatorien" und die als Kalenderbauten interpretierten Kreisgrabenanlagen des europäischen Neolithikums oder die bekannte „Himmelsscheibe von Nebra" aus der frühen Bronzezeit verdeutlichen, spielte die Kodifizierung von „Zeit" auch im prähistorischen Europa eine wesentliche Rolle. Es ist anzunehmen, dass auf der Grundlage systematischer Beobachtungen der zyklischen Auf- und Untergänge von Sonne, Mond und Sternen im Lauf von Generationen kulturspezifische kalendarische Konzepte entwickelt wurden, die das Leben in der jeweiligen Gesellschaft und in der interkulturellen Kommunikation regelten.

Über die Zählung der Tage hinaus war die einfachste Möglichkeit zur Kodifizierung der Zeit der „Monat": Die Erscheinung des Mondes von Neulicht zu Neulicht, der synodische oder Phasenmonat mit gerundet 29 ½ Tagen mit seinen vier sichtbaren Phasen – vom Neulicht über zunehmenden Halbmond, Vollmond und abnehmenden Halbmond bis zum Neumond – die jeweils ungefähr 7 Tage dauern, ist er der am einfachsten zu beobachtende Zyklus am Nachthimmel, der bei 12 Wiederholungen einen Zeitraum von ca. 354 (354 ⅓) Tage erfasst.

Das Jahr mit seinen 365 ¼ Tagen wurde im prähistorischen Europa, wie speziell die am Sonnenlauf orientierten neolithischen und frühbronzezeitlichen „Kalenderbauten" der bäuerlich strukturierten Gesellschaften offenbar machen, durch seine Kardinalpunkte Winter- und Sommersonnenwende sowie der gerade in den nördlichen Breiten signifikanten Tagundnachtgleichen im Frühjahr und Herbst in vier den Jahreszeiten annähernd entsprechende Abschnitte mit vermutlich dreimal 91 und einmal 92 Tagen geteilt.

Aus der (spekulativ) sinnvollen Teilung der (abgerundet) 91 Tage des Vierteljahres würden dann 13 Wochen zu 7 Tagen bzw. 52 Wochen plus 1 ¼ Tag für das Jahr folgen.

Der künstlichen Einteilung des Sonnenjahres mit 365 Tagen, dem alle vier Jahre ein Schalttag hinzugefügt werden musste, in 12 (Sonnen-)Monate mit 7 mal 30 und 5 mal 31 Tagen, steht das Mondjahr mit (gerundet) 354 Tagen aus 12 synodischen Monaten gegenüber, die vermutlich mit alternierend 29 und 30 Tagen zu rechnen waren.

Das Problem bei der Synchronisierung des Sonnen- mit dem Mondjahr, das sich aus der Notwendigkeit ergibt, eine dauerhaft verbindliche Zeiteinteilung und damit einen „Kalender" zu haben, war, dass das Mondjahr – vereinfacht – 11 Tage kürzer ist als das Sonnenjahr, woraus sich bei der kontinuierlichen Zählung der 12 synodischen Monate im jahreszeitlichen Ablauf Verschiebungen ergeben, die über längere Zeitabschnitte durch das Einfügen von Schaltmonaten ausgeglichen werden mussten, damit die „Zeit" nicht ins Chaos geriet. Dabei ist durch bloße Beobachtung des Laufs der Gestirne festzustellen, dass sich dieselben Konstellationen von Sonne und Mond, z. B. eine Erscheinung des Neulichtes am Tag der Frühjahrs-Tagundnachtgleiche, erst nach 19 Jahren, entsprechend (4 x 19) = 76 Vierteljahren [(76 x 91) = 6916 + (19 x 1 ¼) = 6939 ¾ bzw. (19 x 12) = 228 Sonnenmonate] oder 235 synodischen (Mond-)Monaten bzw. 19 Mondjahren plus 7 zugeschalteten synodischen Monaten wiederholen.

Wie die Menschen im vorgeschichtlichen Europa ihre auf langjährige Himmelsbeobachtungen basierenden Daten fixiert und tradiert haben, ist Thema zahlreicher Untersuchungen und Überlegungen, die aber auch nur Vermutungen bleiben. Man wird wohl davon ausgehen dürfen, dass in den schriftlosen Kulturen die Kenntnisse über den Lauf der Gestirne und das Kalenderwesen in bestimmten elitären „Kasten" weiterentwickelt und mündlich über Generationen weitergegeben wurde, so wie es beispielsweise bei Julius Cäsar noch im letzten vorchristlichen Jahrhundert für die gallischen Druiden überliefert ist. Das Merkvermögen und Auswendiglernen war in alter und vor allem schriftloser Zeit sicherlich ausgeprägter als heute, wobei in der Bronzezeit das Wissen um die kosmische Ordnung im Ornament der Goldenen Hüte festgehalten worden zu sein scheint.

Historische Kalender

Eine verbindlich genormte Zeiteinteilung ist für das geordnete Zusammenleben komplexer Gesellschaften unerlässlich, wobei die antiken Kulturen aus der Beobachtung des Laufs der Sonne, des Mondes und der Sterne unterschiedliche kalendarische Konzepte entwickelt haben.

A. Im Alten **Ägypten** mit seinen drei „Jahreszeiten" wurde der Jahreslauf durch die zyklisch wiederkehrenden Naturereignisse wie die Nilschwemme gegen Ende des Monats Juni (nach dem gregorianischen Kalender) bestimmt. Dieses ungefähre Datum fiel in altägyptischer Zeit mit dem Frühaufgang des Fixsterns Sirius (ägyptisch *Sothis*) zusammen, der auch von den Bauern, ohne astronomische Kenntnisse, mit bloßem Auge zu beobachten war. Die Phasen des Mondumlaufs dienten der Zeitmessung und der Terminierung religiöser Feste.

Das grundsätzliche Problem bei der frühen Zeitberechnung ergibt sich aus der unterschiedlichen Anzahl der im Durchschnitt 354 Tage des Mondjahres und der etwas weniger als 365 ¼ Tage des Sonnenjahres. Das „Ackerbaujahr" begann in Ägypten mit dem ersten Neumond nach der Nilschwelle bzw. dem Frühaufgang des *Sothis*, woraus sich, wegen der Verzögerung des Mondumlaufs gegenüber der Sonne um 11 Tage, automatisch die Schaltung eines zusätzlichen Monats ergab. Das Kalenderjahr oder Lunisolarjahr bestand daher zunächst in unregelmäßigem Wechsel aus 12 und 13 Monaten (Lunationen).

Auf Grundlage des Lunisolarjahres wurde schon um 2700 v. Chr. ein von der Beobachtung der Naturphänomene unabhängiger „administrativer" Kalender mit **360 Tagen** aus **12 Monaten** mit **30 Tagen** und **fünf Zusatztagen** eingeführt. Die **drei Jahreszeiten** beinhalteten jeweils **vier Monate** zu 30 Tagen. Dieser abstrakt vereinfachte Kalender ohne Schaltjahre wies alle vier Jahre ein Defizit von einem Tag auf, so dass der Kalender sich immer weiter von den natürlichen zyklischen Fixpunkten entfernte und erst nach 1460 Jahren der ursprüngliche Ausgangspunkt wieder erreicht wurde. Ohne wesentliche Verbesserung blieb dieser von der Priesterschaft geheiligte Kalender in den Tempeln Ägyptens bis in die Zeit des Augustus in Gebrauch (nach: Lexikon der Ägyptologie. Bd. III (1980), S. 297–298).

B. Die früheste hochentwickelte Astronomie ist in den Kulturen des **Alten Orients** nachzuweisen. Die Kalender wurden vom Mondlauf bestimmt und waren wohl eng mit Kulthandlungen verbunden, die in täglichem, monatlichem und jährlichem Zyklus abgehalten wurden. Der Termin der meisten Feste hing unmittelbar vom Mondlauf ab. Sie sind in

Altmesopotamien häufig mit dem Namen des Monats bezeichnet, in dem sie gefeiert wurden. Daneben gab es sicher Anlässe für Feiern, die mit den Jahreszeiten und damit in Zusammenhang mit der Sonne standen, worauf Monatsnamen aus dem Bereich des Ackerbaues hinweisen.

Der „Kultkalender" vereinigt die beiden astronomisch bestimmten Zyklen Monat und Jahr, indem Schaltmonate eingefügt wurden, um die Monate des Mondjahres möglichst immer in dieselben Jahreszeiten fallen zu lassen.

Der jährliche Zyklus, das Sonnenjahr, scheint auch in Mesopotamien durch Horizontbeobachtungen ermittelt worden zu sein. Keilschrifttexte des 11. Jahrhunderts v. Chr. beschreiben, wie sich der Aufgangspunkt der Sonne im Lauf eines Jahres bewegt und in welchem Monat und an welchem Tag die Sonnenwenden bzw. Tagundnachtgleichen idealerweise auftreten, wobei Letztere durch kontinuierliche Notierung der Tages- und Nachtlängen im Jahresverlauf ermittelt wurden. Aus der zunehmenden Abweichung der jeweiligen Monatsdaten von den **schematisch in einem geviertelten Kreis festgelegten Kardinalpunkten** des Sonnenlaufs ergibt sich dann der Hinweis, wann ein zusätzlicher Monat geschaltet werden muss.

Der babylonische **Lunisolarkalender** ist aus zahlreichen Keilschrifttexten aus der Zeit ab dem 7. Jahrhundert v. Chr. zu erschließen. Wie sich aus den Monatsnamen ergibt, die eng mit den Jahreszeiten und den kultischen Festen verbunden sind, reicht seine Entwicklung in Mesopotamien aber bis weit in das 3. Jahrtausend vor unserer Zeitrechnung zurück.

In **Babylonien** fing der Tag bei **Sonnenuntergang** an und dauerte bis zum nächsten Sonnenuntergang. Ein neuer Monat wurde durch das Erscheinen des Mondes am westlichen Horizont eingeleitet. Seine erste Sichtbarkeit als dünne Sichel (Neulicht) stand für den Monatsbeginn, und sein Wiedererscheinen als Neulicht nach dem Neumond bestimmte die Dauer des Monats mit alternierend 29 („hohler Monat") oder 30 („voller Monat") Tagen. Das Jahr wurde durch die zyklisch wiederkehrenden Jahreszeiten bestimmt und begann mit dem Frühlingsmonat Nisan (März/April nach dem gregorianischen Kalender).

Ein „normales" Mondjahr hat 354 Tage und ist damit rund 11 Tage kürzer als das Sonnenjahr, weshalb in jedem **dritten Mondjahr, d.h. zwischen dem 24. und 36. synodischen Monat**, ein zusätzlicher 13. Monat eingeschaltet werden musste, damit sich der Jahresbeginn nicht zu weit von einem natürlichem Datum wie z. B. dem Frühjahrsäquinoktium entfernte.

Trotz der Möglichkeiten, aufgrund von systematischen Beobachtungen und langjährigen schriftlichen Aufzeichnungen des Verlaufs der Bahnen von Sonne und Mond mit ihren Mondknoten, den **Saros** von **223 Monaten gleich 18 Jahren** und damit die regelmäßig wiederkehrenden **Mondfinsternisse** zu bestimmen, ist beim babylonischen Kalender bis in die Spätzeit keine verbindliche Schaltregel festzustellen. Wann der zusätzliche Monat eingefügt und welche Jahre Schaltjahre sein sollten, bestimmte, nach den Keilschrifttexten, der König, der sicher von seinen Astrologen bzw. Sterndeutern beraten war.

Die zeitlichen Schwankungen im System führten dazu, dass auch in Mesopotamien seit alter Zeit neben den astronomischen bzw. „kultischen" Kalendern auch „administrative Kalender" in Gebrauch waren, bei denen die Monate, mit demselben Effekt wie in Ägypten, unabhängig von den Mondphasen durchgängig mit 30 Tagen gerechnet wurden.

Erst ab 380 v. Chr. lässt sich in Babylonien ein 19-jähriger Zyklus belegen, in dem jeweils das I., III., VI., IX., XII., XIV. und XVII. Jahr Schaltjahre waren (nach: Reallexikon der Assyriologie und Vorderasiatischen Archäologie, Bd. 1 (1976–1980), S. 297).

Die Astronomen in Mesopotamien haben schon früh eine numerische Theorie zum Kalenderwesen entwickelt. Auf die aus der Analyse von Langzeitbeobachtungen gewonnenen Parameter der Babylonier griffen die griechischen Astronomen Hipparchos (2. Jahrhundert v. Chr.) und C. Ptolemeios (1. Jahrhundert n. Chr.) mit Sicherheit zurück. Ob allerdings der 19-Jahres-Zyklus erst von Meton in Athen errechnet wurde oder ob er aber schon lange vorher in Mesopotamien benutzt wurde, ist strittig. In den Keilschrifttexten des 11. vorchristlichen Jahrhunderts finden sich noch keine Hinweise auf dieses Schaltschema. Durch die Analyse astronomischer Keilschrifttexte aus der Zeit ab 750 v. Chr. meint jedoch John Britton nachweisen zu können, dass sich schon ab 584 v. Chr., neben anderen, die Schaltung nach dem 19-jährigen Zyklus (19 Jahre gleich 19 Mondjahren plus 7 Schaltmonate zu 30 Tagen) belegen lässt, bis dieser vom zweiten Regierungsjahr des Xerxes (484) an strikt eingehalten worden sein soll.

C. Der **Jüdische Kalender** ist ein an die **Mondphasen** gebundener **Lunisolarkalender** mit Schaltregeln nach dem 19-jährigen Zyklus, der in seiner Entstehung von der babylonischen Astronomie beeinflusst ist. Er kombiniert das Mond- mit dem Sonnenjahr so, dass die Feiertage stets in die gleiche Jahreszeit fallen. Diese haben in der Regel feste Daten.

Der Monat dauert von Neumond zu Neumond 29 oder 30 Tage. Das „reguläre" (Mond-)Jahr hat 354 Tage. Da es um einen Drittel Tag zu kurz ist, wird alle drei Jahre ein („übermäßiges") Mondjahr mit 355 Tagen angesetzt. In anderen Jahren wird einem Monat ein Tag abgezogen („vermindert"), so dass sich bei diesen, durch Sonnen- und Mondfinsternisse über lange Zeiträume ermittelten Schaltmaßnahmen exakte durchschnittliche Monatswerte ergeben.

Die Anpassung an das Sonnenjahr wird durch Schaltungen nach dem 19-Jahres-Zyklus bewerkstelligt. Zusätzliche (volle) Monate zu 30 Tagen werden jeweils im 3., 6., 8., 11., 14., 17. und 19. (Mond-)Jahr eingeschoben, die nach der Schaltregel des Mondjahres wiederum „regelmäßig", „übermäßig" und „vermindert" sein können.

Unter Berücksichtigung religiös bedingter Ausnahmeregelungen ergeben sich im jüdischen Kalender sechs verschiedene Jahreslängen: Ein Gemeinjahr (in diesem Fall Mondjahr) kann 353, 354 oder 355 Tage haben, ein Schaltjahr 383, 384 oder 385 Tage. Man unterscheidet nach den Regeln für das Mond- und Sonnenjahr deshalb nicht nur Gemein- und Schaltjahre, sondern auch verminderte (353/383 Tage), reguläre (354/384 Tage) und übermäßige (355/385 Tage) Jahre.

Durch diese Maßnahmen wird der Kalender dem Lauf der Sonne und den Jahreszeiten optimal angepasst, so dass das durchschnittliche Kalenderjahr mit 365,24 Tagen mit der Numerik des tropischen Jahres nahezu identisch ist.

Das jüdische Neue Jahr beginnt mit dem Neulicht des 7. Monats, wobei der Frühlingsmonat *Nisan* in biblischer Tradition als 1. Monat benannt ist (nach dem gregorianischen Kalender September/Oktober bzw. März/April).

D. Wie in allen antiken Kulturen bestand auch in **Griechenland** lange vor der Archaischen Zeit das Bestreben, einen brauchbaren Kalender durch die Vereinigung des Sonnenjahres mit dem Mondjahr zu schaffen. Bekannt ist die delphische **Oktaetris**, das „Große Jahr", bei dem 8 Mondjahre (8 x 354) durch die Zuschaltung von drei synodischen Monaten mit 30 Tagen den 8 Jahren mit 2922 Tagen angeglichen wurden. In diesem **lunisolaren Kalender** hatten drei Jahre nicht 12, sondern 13 Monate, was bei zyklischer Fortschaltung der Monate zu Ungenauigkeiten führte. Versuche, diesem Problem durch Verdoppelung des Zyklus zu begegnen, brachten keine Fortschritte. Diese erzielten erst griechische Astronomen aus der Schule des Euktemon im 5. Jahrhundert, die aufgrund langjähriger Himmelsbeobachtungen und vermutlich in Kenntnis der babylonischen Astronomie einen 19-jährigen Schaltzyklus entwickelten: 19 Jahre haben 6940 Tage und entsprechen numerisch 19 Mondjahren plus 7 Monaten. Unter den 235 synodischen Monaten setzten sie 110 als „hohle Monate" mit 29 und 125 als „volle Monate" mit 30 Tagen an, woraus sich 3190 (110 x 29) + 3750 (125 x 30) = 6940 Tage ergaben.

In diesem Zyklus sind die alternierenden Monatswerte richtig verteilt und mit den Himmelserscheinungen in Übereinstimmung zu bringen. Damit war es Meton von Athen möglich, die Sommersonnenwende für das Jahr 432 v. Chr. exakt zu berechnen und den Kalender zu verbessern. Er ließ Säulen zu astronomischen Beobachtungen aufstellen und erfand einen **Steckkalender.**

Anders als in den Großreichen des Vorderen Orients ist es den griechischen Stadtstaaten, trotz aller Bemühungen, nicht gelungen, sich auf einen einheitlichen Kalender zu einigen. Die Jahresanfänge verteilten sich über das ganze Jahr, namentlich auf die Tage der Kardinalpunkte, wobei das Frühjahrsäquinoktium seltener belegt ist. Die Datierung der Jahre erfolgte individuell nach dem Amtsantritt der höchsten Beamten oder der Priester der Hauptgottheiten des jeweiligen Gemeinwesens. Der Schaltmonat erschien an verschiedenen Stellen des Jahres und noch dazu waren die Kalendersysteme unterschiedlich. Erwiesenermaßen stimmten nur die Kalender Athens und Delphis überein. Jahresanfang war die Sommersonnenwende, zum Schalten wurde jeweils der 6. Monat benutzt und ab 330 v. Chr. übernahm Delphi auch den Metonschen Zyklus. Ansonsten mussten die Verträge zwischen mehreren griechischen Städten oft mit drei oder mehr unterschiedlichen Datierungen unterzeichnet werden (nach: Paulys Realenzyklopädie der Classischen Altertumswissenschaften 20 [1919] s. v. „Kalender". – Ebd. 1. Halbband [1932] s. v. „Meton").

E. Vor Einführung des **julianischen Kalenders** war in der Römischen Republik ein **Mondkalender** mit einem **Solarkalender** kombiniert. Das Normaljahr wurde mit 355 Tagen gerechnet, dem in regelmäßigem Wechsel ein Schaltjahr mit 377 oder 378 Tagen folgte, so dass sich für einen Zyklus von vier Jahren insgesamt eine Länge von 355 + 378 +355 + 377 = 1465 ergab, was einen Überschuss von vier Tagen gegenüber der Länge von vier tropischen Jahren mit 1461 Tagen ergab. Die Monatslängen im Normaljahr mit 355 Tagen betrugen 7 x 29 oder 4 x 31 und im 2. Monat (*Februarius*) 28 Tage. In den Schaltjahren betrug die Länge des Februars nur 23 Tage, dem ein zusätzlicher Monat (*Intercalaris*) mit 27/28 Tagen hinzugefügt wurde. Der erste Tag eines jeden Monats hieß *Kalendae*, der 5., in den Monaten mit 31 Tagen, *Nonae* und der 13. bzw. 15. Tag in der Monatsmitte waren die *Idae.*

Da das Jahr nach diesem Kalendersystem um einen Tag zu lang war und zudem durch die Einschübe der Schaltmonate mit 27/28 Tagen auch die Übereinstimmung mit den Mondphasen verloren ging, legten die Priester (*Pontifices*) Schaltungen fest, die, da ohne astronomische Regelung, ins kalendarische Chaos führten. Vor Einführung des julianischen Kalenders im Jahre 46. v. Chr. war der republikanische Kalender, trotz mehrerer Reformversuche, den Jahreszeiten somit um 90 Tage voraus.

Der von dem alexandrinischen Astronomen Sosigenes im Auftrag von Julius Cäsar erarbeitete Kalender ist ein reiner **Solarkalender**, bei dem die Mondphasen keine Berücksichtigung finden. Er hat, in der Tradition des altägyptischen Kalenders, 12 auf den Tierkreis bezogene Monate und korreliert mit den Jahreszeiten, da das Jahr durch den Lauf der Sonne zwischen zwei Kardinalpunkten, etwa dem Frühlingsäquinoktium, bestimmt wird. Es umfasst 365 ¼ Tage, so dass jedes vierte Jahr ein Schaltjahr mit 366 Tagen sein muss und der Zyklus von vier Jahren damit **1461 Tage** beinhaltet.

Bei der Terminierung „beweglicher", an die Mondphasen gebundener Feste, wie zum Beispiel Ostern und den damit zusammenhängenden Feiertagen, musste man auch im Rahmen des solaren julianischen Kalenders auf einen Mondkalender mit seinen Schaltungen zurückgreifen.

Das hier nur stark vereinfacht und auszugsweise dargestellte antike Kalenderwesen mit seinen divergierenden Zyklen von Mond- und Sonnenumläufen sowie die künstliche Einteilung in Sonnenmonate und Wochen, das in allen Kulturen, je nach Entwicklungsstand, auch astronomiosch mit

Sternauf- und Sternuntergängen, etwa des Sirius und der Venus, kombiniert war, bedurfte der ständigen Überprüfung durch Kundige. Zugleich zeigen diese historischen Beispiele aber auch, dass die Kalender in den verschiedenen Kulturen durch Konventionen bestimmt waren und relativ häufig, vor allem wenn längere Zeiträume betroffen waren, im System Mängel aufwiesen. Ob und vor allem wie sich im Ornament der Goldhüte ein alteuropäisches Kalendersystem verbirgt, ist im Folgenden zu untersuchen.

Der Mondzyklus im System des Berliner Goldhutes

Spätestens in der klassischen Antike war bekannt, dass übereinstimmende Erscheinungen im Lauf von Sonne und Mond nach 19 Jahren mit rund 6940 Tagen entsprechend 228 Sonnenmonaten bzw. 235 Lunationen auftreten. Dieser „Mondzyklus" wurde im späten 5. Jahrhundert v. Chr. (432 v. Chr.) durch Meton von Athen aufgrund astronomischer Beobachtungen erstmals mathematisch errechnet, wobei erwiesen scheint, dass das Phänomen zumindest den mesopotamischen Astrologen schon lange vorher bekannt war und auch Eingang in das Kalenderwesen verschiedener Kulturen gefunden hatte (siehe oben).

Die Annahme, dass im Ornament des Berliner Goldhutes aus der Zeit um 1000 v. Chr. das digitale Zahlensystem eines auf der Kenntnis des 19-jährigen Mondzyklus basierenden lunisolaren Kalenderwerkes verschlüsselt ist, gewinnt durch die Interpretation der beiden Zonen auf der Krempe des Kultgegenstandes zusätzlich an Plausibilität: Die Zone 21 mit 47 Buckeln zu je 5 Ringen gibt in der Summe 235 (in diesem Fall werden die Ringe der Buckelscheiben nicht als Tage [siehe unten], sondern als Zähler für Monate gedeutet) und damit exakt die Anzahl der synodischen Monate im 19jährigen Mondzyklus wieder. Die Zone 20 mit 54 Buckeln zu 3 Ringen gleich 162 Zähleinheiten stellt, ergänzt durch die Schaltzone 17 auf der Kalotte des Goldhutes mit 33 Buckeln mit je 2 konzentrischen Ringen gleich 66 Zählern, die 19 Jahre mit (modern) 228 (Sonnen-)Monaten (3 x 19 x 4 = 76 Vierteljahre) oder 6939/40 Tagen dar.

Zweck eines „gebundenen" oder lunisolaren Kalenders ist die Synchronisierung des Mondjahres mit 354 Tagen mit dem Sonnenjahr mit 365 ¼ Tagen durch den Einschub von 7 Schaltmonaten im Verlauf von 19 Jahren. Der Jahreslauf wird (vgl. S. 49f.), entsprechend der Gliederung durch die Kardinalpunkte (s. o.) in 4 Vierteljahre mit dreimal 91 und einmal 92 Tagen geteilt. Nach jedem 16. Vierteljahr wird ein zusätzlicher Tag eingeschoben.

A. Aus der Autopsie der drei als relevant angesehenen Zonen ergibt sich, dass die Zähleinheiten auf dem Goldhut so angelegt sind, dass sie in logische Bedeutung gesetzt werden können. Wenn die 1739 (astronomisch 1735) Zeichen 19 Vierteljahre (modern: 57 Monate) bzw. 4 ¾ Jahre und damit ein Viertel des 19-jährigen Mondzyklus bzw. 59 synodische Monate (astronomisch 1742/43 d) bedeuten, ist generell eine Aufteilung in 10 und 9 Vierteljahre (bzw. 30 und 27 Monate) vorgegeben, d. h. die Zahlenwerte für 19 Jahre aus der Schaltzone 17 und Zone 20 sind so zusammenzufassen, dass sich alternierend vier Sektoren mit 10 Vierteljahren (30 Sonnen-Monate) und 4 Sektoren mit 9 Vierteljahren (27 Sonnen-Monate) ergeben, denen in Zone 21 dann 7 Abschnitte mit 7 x 6 und ein Abschnitt mit 1 x 5 Buckeln mit jeweils fünf Ringen für die synodischen Monate gegenüber stehen (Abb. 56):

a. Innerer Kreis (Schaltzone 17) mit **33** Buckeln zu 2 Ringen ergibt:

3 Sektoren mit 6 Symbolen = 18
5 Sektoren mit 3 Symbolen = 15
33 Symbole = **66 Ringe**

b. Mittlerer Kreis (Zone 20) mit **54** Buckeln zu 3 Ringen ergibt:

3 Sektoren mit 8 Symbolen = 24
2 Sektoren mit 7 Symbolen = 14
1 Sektor mit 6 Symbolen = 6
2 Sektoren mit 5 Symbolen = 10
54 Symbole = **162 Ringe**
(für die Grafik relevant)

c. Äußerer Kreis (Zone 21) mit **47** Buckeln zu 5 Ringen ergibt:

7 Sektoren mit 6 Symbolen = 42
1 Sektor mit 5 Symbolen = 5
47 Symbole = **235 Ringe**

B. Im Vergleich mit den Zählungen der synodischen Monate in Zone 21 stellt sich dabei heraus, dass die 30 Mondmonate mit (15 x 29) + (15 x 30) = 885 Tagen gegenüber den 10 Vierteljahren [(10 x 91) + 2 ½ = 912 ½ Tage] um 27 ½ Tage hinter den Jahreszeiten zurückbleiben. Daher ist der Einschub eines Schaltmonats spätestens nach der 30. Lunation erforderlich, damit die synodischen Monate sich nicht zu weit von den Kardinalpunkten des Jahreslaufs entfernen, sondern mit den natürlichen Jahreszeiten Frühling, Sommer, Herbst und Winter konform bleiben.

Nach der Schaltung entsprechen dann 31 Lunationen [(16 x 29) + (15 x 30)] mit 914 Tagen den 10 Vierteljahren [(10 x 91) + 2 ½ Tage = 912 ½] mit 2 ½ Tagen Überschuss. Eine fast ausgeglichene Bilanz ergäbe sich beim Vergleich von 32 synodischen Monaten (944 Tage) mit 31 Sonnenmonaten bzw. 10 Vierteljahren + 31 Tagen [(10 x 91) + 2 ½ = 912 ½ + 31 = 943,5 Tage], was im System des Goldhutes jedoch nicht darstellbar ist.

Die zweite Schaltung erfolgt nach 19 Vierteljahren (modern: 57 Monaten). Dieser Schaltrhythmus wiederholt sich

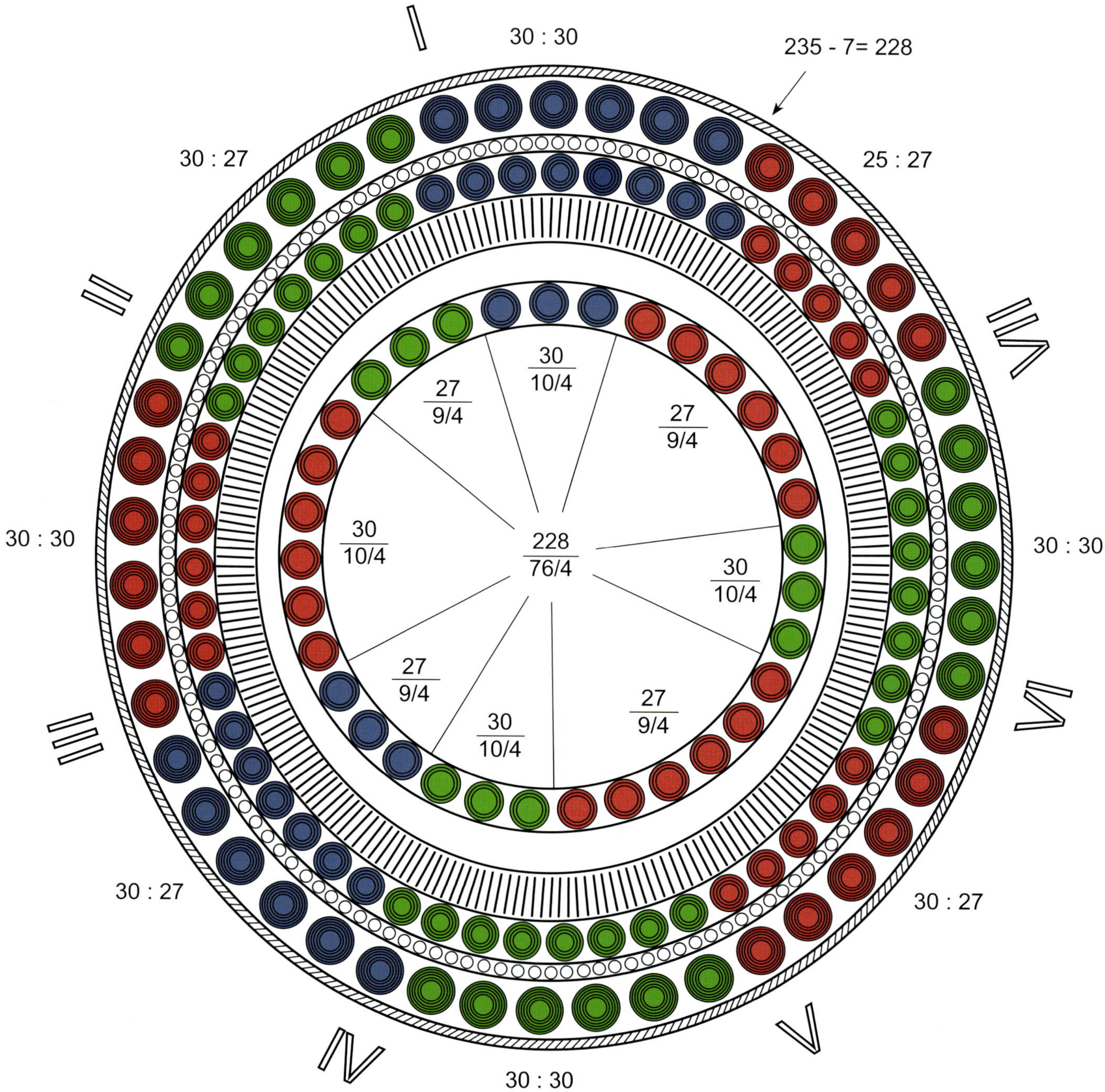

Abb. 56: Berliner Goldhut – Mondzyklus. Grafische Umsetzung der Schaltzone 17 mit 33 Buckeln mit 2 Kreisen auf der Kalotte, der Zone 20 mit 54 Buckeln zu 3 und Zone 21 mit 47 Buckeln mit 5 konzentrischen Kreisen auf der Krempe des Berliner Goldhutes (vgl. Abb. 55). Bei achtfacher Teilung der drei imaginären konzentrischen Kreise und der farblichen Kennung der für die kalendarischen Werte in den 8 Segmenten zusammengefassten Buckelscheiben lässt sich der Schaltrhythmus im 19-jährigen Zyklus demonstrieren.

siebenmal, wobei sich in der lunaren Zählung im Vergleich mit der solaren Zählung bei 19, 38, 57 und 76 Vierteljahren ein Überschuss (astronomisch: 1735 zu 1742 ¼) von jeweils 7 ¼ Tagen ergibt. Dieser Überschuss summiert sich dabei auf 29 Tage, die bei der Vervierfachung der 1742 ¼ Tage für 59 synodische Monate (6969) abgezogen werden müssen (6969 – 29), so dass sich in der lunaren und solaren Zählung nach sieben Schaltungen gerundet 6940 Tage ergeben. Zugleich erklärt sich aus diesem Zusammenhang, dass die Vervierfachung der angenommenen 59 Lunationen im System des Berliner Goldhutes nicht 236, sondern 236 - 1 also 235 synodische Monate bedeutet (siehe unten).

C. Zuweisung der Zahlenwerte für die 8 Sektoren in der Schaltzone 17, Zone 20 und Zone 21 alternierend im Verhältnis 10 zu 9 Vierteljahren (30 : 27 Sonnenmonate) mit dem Schaltrhythmus. In der Praxis zeigt sich im Berliner Goldhut somit ein Schaltsystem, bei dem alternierend alle 2 ½ oder 2 ¼ Jahre, bzw. nach zehnmaligem oder neunmaligem Durchlaufen der Kardinalpunkte vom Beginn der Zählung an, ein zusätzlicher (Mond-)Monat eingeschoben werden muss. Auf die Mondumläufe bezogen heißt das, dass jeweils (spätestens) nach dem 30. und vor dem 59. Monat geschaltet werden muss, damit nach siebenmaligem Einschub eines zusätzlichen Monats die Zahl der Tage für 19 Jahre oder 235 synodische Monate übereinstimmt: (30 + 1) + (27 + 1) + (30 + 1) + (27 + 1) + (30 + 1) + (27 + 1) + (30 + 1) = 208 + 27 = 235.

Entsprechend dem 19-Jahreszyklus wird im System des Goldhutes nach dem 2. Viertel des 3.–, dem 3. Viertel des 5.–, dem 1. Viertel des 8.–, dem 2. Viertel des 10.–, dem 4. Viertel des 12.–, dem 1. Viertel des 15.– und nach dem 3. Viertel des 17. Jahres ein zusätzlicher Monat eingeschoben (Abb. 57).

Beginnt die Zählung z. B. mit dem Neulicht zum Zeitpunkt der Frühjahrs-Tagundnachtgleiche, so muss spätestens im Herbst des 3. Jahres nach der Tagundnachtgleiche ein 13. Monat eingeschoben werden. Im 5. Jahr nach Beginn der Zählung erfolgt die Schaltung des 13. Monats nach der Wintersonnenwende usw. Dabei ist der Schaltrhythmus in Bezug auf die lunaren Zyklen in Zone 21 mit 7 x 6 und 1 x 5 Scheibenbuckeln am einfachsten über die „Schaltzone 17“ zu ermitteln: gemäß den 8 Sektoren, zeigen die Buckel mit zwei Kreisen gegenüber denjenigen mit fünf Kreisen in Zone 21 im Rhythmus 3:6 – 3:6 – 6:6 – 3:6 – 3:6 – 6:6 – 3:6 – 6:5 an, wann in Zone 21 geschaltet werden muss. Der genaue Zeitpunkt der Schaltung dürfte dabei über die sichtbaren, jeweils 7 Tage dauernden Phasen des Mondes (vom Neulicht bis zum Neumond) festgelegt worden sein. Im vorgegebenen Fall würde das Neulicht dann nach 19 Jahren oder 76 Vierteljahren wieder mit der Frühjahrs-Tagundnachtgleiche korrelieren (vgl. Abb. 56).

1. (3 x 2) + (8 x 3) =	6 + 24 = 30	(10 Vierteljahre)	1, 2, 3, 4. – 1, 2, 3, 4.– 1, 2, *,
2. (3 x 2) + (7 x 3) =	6 + 21 = 27	(9 /)	3, 4. – 1, 2, 3, 4. – 1, 2, 3, *,
3. (6 x 2) + (6 x 3) =	12 + 18 = 30	(10 /)	4. – 1, 2, 3, 4. – 1, 2, 3, 4. – 1, *,
4. (3 x 2) + (7 x 3) =	6 + 21 = 27	(9 /)	2, 3, 4. – 1, 2, 3, 4. – 1, 2, *,
5. (3 x 2) + (8 x 3) =	6 + 24 = 30	(10 /)	3, 4. – 1, 2, 3, 4. – 1, 2, 3, 4, *,
6. (6 x 2) + (5 x 3) =	12 + 15 = 27	(9 /)	1, 2, 3, 4. – 1, 2, 3, 4. – 1, *,
7. (3 x 2) + (8 x 3) =	6 + 24 = 30	(10 /)	2, 3, 4. – 1, 2, 3, 4. – 1, 2, 3, *,
8. (6 x 2) + (5 x 3) =	12 + 15 = 27	(9 /)	4. – 1, 2, 3, 4, – 1, 2, 3, 4.
	66 + 162 = 228	(76 Vierteljahre)	19 Jahre
			*Schaltmonat

Abb. 57: Der Schaltrhythmus im System des Berliner Goldhutes

Das Zahlenwerk und seine Entschlüsselung

Die primäre Funktion des Berliner Goldhutes hat sakralen Charakter. Dies verdeutlichen seine Form, das Material und die in das Ornament integrierten kosmischen Piktogramme als Zeichen für die Sonne, den Mond und den Venusstern. Zugleich war die goldene Tiara aber offenbar auch ein Medium für kalendarische Berechnungen. Hierauf weisen die im System der Ornamentik verschlüsselten Zahlen wie 365, 366 oder 354, 355 und 177 für die Tageszählung solarer und lunarer Zyklen bzw. mit 235 auf die Monate des neunzehnjährigen Mondzyklus hin. Diese werden erkennbar, wenn nicht die Anzahl der Buckelscheiben mit ihren jeweils zwei, drei, fünf und sechs konzentrischen Kreisen als Prinzip des Zahlenwerkes angesehen werden, sondern die Summen der Kreisringe in den zu Zeitabschnitten zusammengefassten Zonen bzw. der 2 x 19 Sondersymbole.

Die Dechiffrierung des vermutlich absichtlich verschlüsselten Systems ergibt sich aus der empirisch ermittelten, für die Darstellung kalendarischer Zyklen relevanten Summe der Ringe und Zeichen unmittelbar aufeinanderfolgender Zonen, die jeweils einen Block bilden. Von den 10 unterschiedlichen Buckelmustern (vgl. Abb. 21, Nr. 8–17) definieren dabei diejenigen, die nur einmal im Kanon vertreten sind (Abb. 21, Nr. 9, 11, 13), die drei Schaltzonen 7, 16 und 17 auf dem Schaft und der Kalotte des Goldhutes (vgl. Abb. 23). Ihre Berücksichtigung oder Negierung ermöglicht erst die durchgängige Synchronisierung der Mondzyklen mit dem Jahreslauf im vierteljährlichen Rhythmus von 12 bis 57 Lunationen. Dabei sind bei diesem „gebundenen Kalender“, anders als bei den oben erläuterten historischen lunisolaren Kalendern, nicht die synodischen Mondphasen, sondern, wie bei einem solaren Kalender, der Jahreslauf mit seiner Vierfachteilung durch die Kardinalpunkte dominant.

Abb. 58: Berliner Goldhut – solar. Grafische Darstellung des Systems in den 19 Zonen des Ornaments für die Zählung der Tage im Abstand von 4 bis 19 Vierteljahren (4 ¾ Jahre bzw. 57 Monate) im Vergleich mit den kalendarischen Zielwerten. Rote Punkte: erfasste Zonen. – Grüne Punkte: abzüglich Schaltzone. – Kalendarische Zielwerte: auf- bzw. abgerundet +/– 0,5. Sternchen (*): absolute Übereinstimmung der Tageszählung.

Berlin solar — ● Symbole ○ - Schaltzone

	Vierteljahre, solar																
	19	18	17	16	15	14	13	12	11	10	9	8	7	6	5	4	Anzahl der Ringe
Zone 3	●	●				●											42
Zone 4	●	●				●				●						●	75
Zone 5	●	●	●			●				●						●	38
Zone 6	●	●	●	●		●	●			●	●					●	90
Zone 7	●	○	●	○		●	●	●		○	●		●			●	57
Zone 8	●	●	●	●	●	●	●	●	●	●	●		●			●	105
Zone 9	●	●	●	●	●	●	●	●	●	●	●	●	●				57
Zone 10	●	●	●	●	●	●	●	●	●	●	●	●	●	●			95
Zone 11	●	●	●	●	●	●	●	●	●	●	●	●	●	●			60
Zone 12	●	●	●	●	●	●	●	●	●	●	●	●	●	●			100
Zone 13	●	●	●	●	●	●	●	●	●	●	●	●	●	●			60
Zone 14	●	●	●	●	●	●	●	●	●	●	●	●	●	●			105
Zone 15	●	●	●	●	●	●	●	●	●	●	●	●		●	●		90
Zone 16	●	○	●	●	●	●	●	●	○	●		●		●	●		38
Zone 17	●	●	○	○	○	○	●	●	●			○			●		66
Zone 18	●	●	●	●	●	●	●	●	●			●			●		126
Zone 19	●	●	●	●	●	●	●	●	●						●		138
Zone 20	●	●	●	●	●												162
Zone 21	●	●	●	●	●												235
Summe der Ringe	1739	1644	1556	1461	1371	1276	1187	1097	1002	913	819	731	639	548	458	365	1739
kalendarische Zielwerte	1735	1644	1552	1461	1370	1278	1187	1096	1005	913	822	731	639	548	457	365	
Differenz	+4	*	+4	*	+1	-2	*	+1	-3	*	-3	*	*	*	+1	*	

Der Berliner Goldhut weist in den 19 für die kalendarischen Berechnungen relevanten Zonen 3 bis 21 auf dem Schaft, der Kalotte und der Krempe 418 Scheibensymbole mit 1701 Ringen und zweimal 19 Sondersymbolen insgesamt 1739 Zähler auf, die hypothetisch als Tage (d) gerechnet werden (siehe oben). Die Zahl entspricht, bis auf ein Plus von 4, den 1735 Tagen von 3 x 19 = 57 Sonnenmonaten oder 19 Vierteljahren und damit einem Viertel des neunzehnjährigen Mondzyklus von 4 x 57 = 228 Sonnenmonaten. Zugleich können die 1739 Zähler für 59 Mondmonate mit (abgerundet) 1742 (astronomisch 1742 ⅓) Tagen bei einem Minus von 3 ⅓ Tagen stehen.

Weshalb die Schöpfer des Zahlenwerkes auf dem Berliner Goldhut nicht mit 1735 Zeichen für 57 solare Monate gerechnet haben, kann damit erklärt werden, dass auf dem Kultgegenstand ein lunisolares Kalendersystem zur Abbildung kommen sollte: Die Zahl 1739 stellt unter dieser Vorgabe den Mittelwert zwischen den absolut 1735 Tagen für 57 Sonnenmonate und absolut (abgerundet) 1742 Tagen für 59 lunare Monate dar.

Dass das System in sich geschlossen ist, erweist sich in der Aufschlüsselung der 19 Zonen 3 bis 21: In Blöcke von fünf bis 19 aufeinanderfolgenden Zonen zusammengefasst, erfolgt die Zählung der Tage (d) der solaren und lunaren Zeitabschnitte synchron im vierteljährlichen (J) bzw. im dreimonatigen Rhythmus von 12 bis 57 Monaten (L). Die Zahl der Tage für die astronomischen Zielwerte sind festgelegt auf der Basis 30,44 d für den durchschnittlichen Sonnenmonat bzw. 29,53 d für die durchschnittliche Dauer eines synodischen Monats, wobei eine Auf- oder Abrundung der Zahlen bei +/–0,5 er-

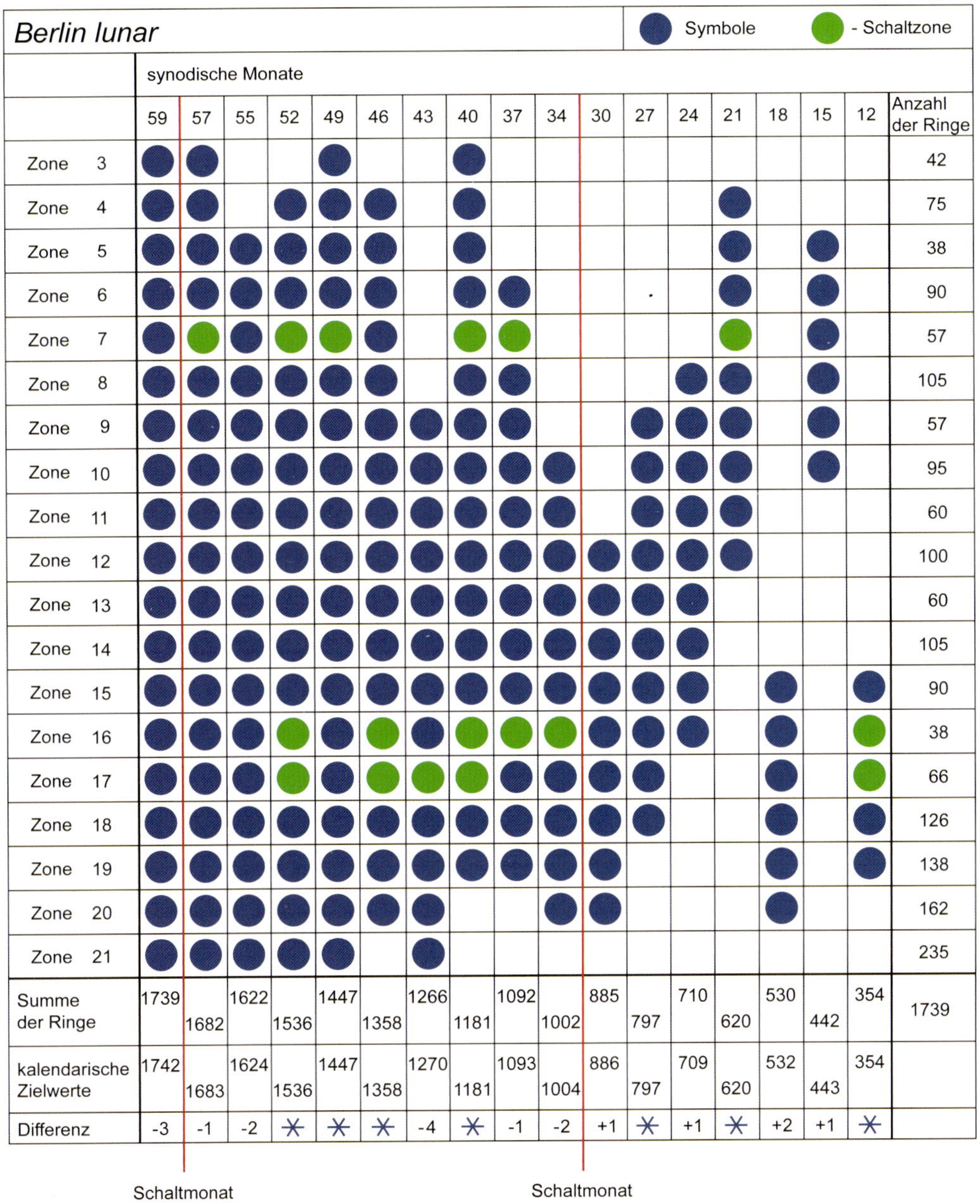

Abb. 59: Berliner Goldhut – lunar. Grafische Darstellung des Systems. Aufsteigende Zählung der Tage im dreimonatigen Rhythmus von 12 bis 59 synodischen Monaten, entsprechend 4 ¾ Jahren, mit den Schaltungen nach der 30. und 57. Lunation im Vergleich mit den astronomischen Zielwerten. Blaue Punkte: erfasste Zonen. – Grüne Punkte: abzüglich Schaltzone. – Kalendarische Zielwerte: auf- bzw. abgerundet +/– 0,5. – Blaue Sternchen (*): absolute Übereinstimmung der Tageszählung. – Rote Vertikalen: Zeitpunkt der Schaltung eines zusätzlichen Monats.

folgt. In Brüchen heißt das für das Sonnenjahr 365 ¼ d und für das Mondjahr 354 ⅓ d.

Die Zusammenfassung der Zonen zu 16 relevanten Zeitabschnitten mit der größtmöglichen Annährung an die kalendarische Anzahl von Tagen erfolgt im rechnerischen Ausschlussverfahren, das zugleich zeigt, dass im vorgegebenen System die statistischen Möglichkeiten auf die vorgelegten Zahlen beschränkt sind. Dabei spielen die Zonen 7, 16 und 17 durch ihre solitären Buckelscheiben, ihre Abfolge im Ornamentkanon und aufgrund der Ergebnisse der angestellten Berechnungen, die sie als **„Schaltzonen“** definieren, eine ausschlaggebende Rolle. Erst durch die Berücksichtigung oder Negierung ihrer Zähler innerhalb des empirisch im Ornament definierten Zeitabschnitts werden die Monatswerte erfasst und die Synchronisierung der solaren und lunaren Zyklen im vierteljährlichen Rhythmus möglich.

Berliner Goldhut – solar

In der grafischen Darstellung des Systems stimmt die Zahl der Ringe in den definierten Zonen bis auf wenige Ausnahmen mit den kalendarischen Daten im solaren Bereich für die aufsteigenden Vierteljahresabschnitte von 1 bis zu 4 ¾ Jahren überein. Die „Ausreißer“ bei 9 Vierteljahren (27 Sonnenmonate), 11 Vierteljahren (33 Sonnenmonate), 14 Vierteljahren (42 Sonnenmonate) und 17 Vierteljahren (51 Sonnenmonate) mit Abweichungen von zwei bis vier Zählern relativieren sich vor dem Hintergrund, dass von den Schöpfern des Systems das Jahr nach den Kardinalpunkten in drei Viertel mit 91 und ein Viertel mit 92 Tagen geteilt wurde. Um bei der aufsteigenden Zählung im System bleiben zu können, ist deshalb nach jeweils drei Dreimonatsphasen bzw. einem Dreivierteljahr ein zusätzlicher Ring, gleich einem Tag, im Ornament vorhanden. Diese summieren sich im neunmonatigen Ablauf von 4 Vierteljahren (12 Sonnenmonate) bis 18 Vierteljahre (54 Sonnenmonate) auf fünf Zähler, so dass ihr Aufschlag auf die vierzehnmalige Addition von 91 (14 x 91 = 1274) auf die 365 Tage (365 + 1274 = 1639) im System des Goldhutes die für die Darstellung kalendarischer Zyklen relevante Zahl 1644 (1639 + 5) ergibt. Werden hierzu wieder 91 Tage oder Zähler hinzugefügt, entsteht mit 1735 die kalendarische Zahl für 57 Sonnenmonate, von der die Zählung auf dem Goldhut mit 1739 allerdings um +4 Zähler abweicht, was wiederum mit der systemimmanenten Absicht der Darstellung eines lunisolaren Kalenderwerks in Zusammenhang steht. Die Quersumme der Differenzen ist +3 (Abb. 58).

Berliner Goldhut – lunar

Bei der Zusammenfassung der synodischen Zeitabschnitte (L) im dreimonatigen Rhythmus von 12 bis 57 bzw. 59 Lunationen entsteht ein, gegenüber der tabellarischen Darstellung der solaren Berechnungen, ähnlich dichtes Bild. Drei Lunationen bestehen aus 88,5 Tagen, weshalb die Zählung im dreimonatigen Rhythmus in alter Zeit sicher alternierend jeweils mit vollen 88 und 89 Tagen vorgenommen wurde.

Auch bei der Erfassung der Lunationen im dreimonatigen Intervall stimmen die Zahlen in den definierten Zonen weitgehend mit den kalendarischen Daten überein, wobei die Stimmigkeit sich durch den Einschub eines zusätzlichen Monats nach der 30. und vor der 59. Lunation ergibt. Abweichungen um mehr als einen Tag in der Tabelle erklären sich aus dem Rechnen mit abwechselnd 29 und 30 Tagen für den Monat, die je nach Zählschema Toleranzen von +/– 1 Tag aufweisen. Die Quersumme der Differenzen ist -7 (Abb. 59).

Das lunisolare Konzept

In der Abfolge der Vierteljahresabschnitte im Vergleich zu den numerisch entsprechenden drei Mondphasen (synodische Monate) zeigt sich keine augenscheinliche Systematik. Der Nutzer wusste offenbar, welche Zonen für den Abgleich der solaren und lunaren Zyklen relevant sind und wann mit den „Schaltzonen" operiert werden musste. Dabei war zu berücksichtigen, dass nach zehnmaligem Durchlaufen der Jahreszeiten bzw. mit der 10. Wiederkehr desselben Kardinalpunkts und spätestens nach der 30. Lunation das erste Mal und nach weiteren 9 Durchläufen oder vor der 59. Lunation das zweite Mal ein synodischer Monat mit 30 Tagen eingeschoben, das heißt zugeschaltet werden musste (vgl. Abb. 52 und Abb. 56).

Aus der tabellarischen Gegenüberstellung der Daten ist die praktische Nutzung des Goldhutes als Rechenhilfe für die Synchronisierung der Mondphasen mit dem durch die Äquinoktien und Sonnenwenden bestimmten vier Jahreszeiten abzuleiten. Die ungefähr 11 Tage Differenz zwischen dem (Sonnen-)Jahr mit 365 ¼ und dem Mondjahr mit 354 ⅓ Tagen sowie das Fortschreiten der Differenz im Lauf von 19 Vierteljahren oder viereinhalb Jahren ist dabei im wahrsten Sinn des Wortes digital (lat. *digitus*, Finger) im Ornament des Goldhutes ablesbar.

Die insgesamt zu vernachlässigenden Ungenauigkeiten resultieren aus der Unschärfe einiger Zahlenwerte (in den Ta-

Berliner Goldhut

4/4 J	365	-	354	12 L	= 11 d
5/4 J	458	-	442	15 L	= 16 d
6/4 J	548	-	530	18 L	= 18 d
7/4 J	639	-	620	21 L	= 19 d
8/4 J	731	-	710	24 L	= 21 d
9/4 J	819	-	797	27 L	= 22 d
10/4.J	913	-	885	30 L	= 28 d
					Schalten +1
11/4 J	1002	-	1002	34 L	= 0 d
12/4 J	1097	-	1092	37 L	= 5 d
13/4 J	1187	-	1181	40 L	= 6 d
14/4 J	1276	-	1266	43 L	= 10 d
15/4 J	1371	-	1358	46 L	= 13 d
16/4 J	1461	-.	1447	49 L	= 14 d
17/4 J	1556	-	1536	52 L	= 20 d
18/4 J	1644	-	1622	55 L	= 22 d
19/4 J	1739	-	1713	58 L	= 26 d
					Schalten +2
19/4 J	1739		1739	59 L	= 0 d
					Summe = 54 d

Abb. 60: Berliner Goldhut, lunisolar. Die Zahlenwerte der solaren Vierteljahresabschnitte im Vergleich mit den Vierteln des Mondjahres bzw. der Mondumläufe im dreimonatigen Rhythmus und der Tagesdifferenzen (d) im synchronen Verlauf. Nach der Schaltung werden die Monate plus 1 gezählt. Der Unterschied an Tagen in der Zählung im System des Goldhutes stimmt mit 54 d annähernd mit den kalendarischen Daten (51 d) überein.
J: Jahre. – **L**: (synodische) Monate. – **d**: Tage. – Rot: Annäherung an die exakten kalendarischen Werte 0 bis +/– ½. – Blau: Annäherung bis +/–1. – Grün: Annäherung an die kalendarisch relevante Differenz an Tagen (d). – Grau unterlegt: im System des Goldhutes nicht darstellbar.

bellen schwarz) und der Notwendigkeit von zwei Schaltungen im vorgegebenen Zeitraum, das heißt der Einfügung von einem zusätzlichen synodischen Monat nach der 30. und vor der 59. Lunation, damit die Tageszahlen der solaren und lunaren Zyklen systemkonform wieder übereinstimmen. Die Verschiebungen in den absoluten Differenzen an Tagen zwischen den solaren und lunaren Zyklen erklären sich aus dem Umstand, dass der exakte Schalttermin für einen zusätzlichen Monat mit den jeweiligen Erscheinungen des Mondes übereinstimmen muss (Abb. 60).

Wenn der Beginn der Zählung festliegt – besonders bei der Verbindung eines Kardinalpunktes mit einer markanten Mondphase – können anhand des „Rechners“ im Ornament des Goldhutes nicht nur die solaren und lunaren Zyklen gezählt, sondern es kann vor allem auch vorausberechnet und -gesagt werden, wie sich diese im Jahreslauf und damit die an die Mondmonate gebundenen Feste im Zeitraum von 4 ¾ Jahren verschieben:

Ist beispielsweise ein Fest X im religiösen Mondkalender auf den 7. Tag nach dem ersten Vollmond im Frühlingsmonat Y zum Zeitpunkt der Tagundnachtgleiche festgelegt, so verschiebt sich dieser Termin und alle davon unmittelbar abhängigen Feste im darauffolgenden Jahr um 11 Tage nach hinten. Nach zwei Jahren sind es bereits 22 Tage, so dass spätestens nach zwei weiteren Vierteljahren ein zusätzlicher (Mond-) Monat eingeschoben werden muss, damit das Fest X im Mondkalender jahreszeitlich gebunden bleibt. Diese „Schaltung“ ist im Rechenwerk des Goldhutes zweimal angelegt und kann, da das System zyklisch funktioniert, in vier Durchläufen insgesamt siebenmal in den vorgegebenen Abständen erfolgen, bis nach 19 Jahren oder 235 (Mond-) Monaten die Konstellationen von Sonnen- und Mondumlauf wieder so übereinstimmen wie am Ausgangspunkt der Zählung.

Abgesehen von reinen Solar-Kalendern, in denen die Kardinalpunkte den Jahresanfang festlegen, gilt dieses System für alle sogenannten Lunisolar-Kalender, in denen der Umlauf des Mondes und die daraus abgeleiteten „Monate“ das kalendarische Grundprinzip sind (siehe oben: Historische Kalender).

Die praktische Anwendung

Bei der theoretisch möglichen praktischen Handhabung des „Rechners“ war sicher die Oberflächenstruktur mit ihren unterschiedlich gestalteten Trennbändern sowie den verschieden großen Buckelscheiben in den Zierzonen ausschlaggebend. Dass der bronzezeitliche Nutzer sowohl das verschlüsselte System im Kanon des Ornaments als auch dessen astronomische Grundlagen kannte und damit umzugehen wusste, ist dabei vorauszusetzen.

Im Prinzip, so nach der Vorstellung des Autors, funktionierte das System ähnlich einem zylindrischen Rechenschieber bzw. wie ein in einen Konus übertragener Abakus. Dabei sind wiederum nicht die einzelnen Scheibensymbole, sondern die zu Zeitabschnitten zusammengefassten Zonen Grundlage des Vergleichs der solaren mit den lunaren Perioden. Es musste also nicht ein x-beliebiges Scheibensymbol als Beginn einer wie auch immer gearteten Zählung irgendwie markiert werden, sondern man musste nur wissen, welche „Zonenblöcke“ die kalendarisch relevante Zahl von Tagen für die jeweiligen Vierteljahre oder drei Mondmonate enthalten. Die Differenzen konnten dann durch die Gegenüberstellung der Menge der Zonen für die solaren und lunaren Zeitabschnitte ermittelt, das heißt ausgezählt werden.

Die Goldhüte dürfen dementsprechend auch nicht als Kalendarien im modernen Sinn aufgefasst werden, in denen Kalenderdaten für das Jahr, die Monate, Wochen und Tage zur Einteilung zeitlicher Abläufe zusammengestellt sind und die zudem einen Anfang und ein Ende haben. Vielmehr handelt es sich um rechnerische Hilfsmittel für die Erstellung und Pflege eines lunisolaren Kalendersystems, dessen kulturelle Inhalte und soziologische Parameter uns mangels schriftlicher Überlieferung unbekannt sind.

Eine – mögliche – praktische Verwendung des Berliner Goldhutes als Rechengerät für ein lunisolares Kalendersystem lässt sich mit zeichnerischen Mitteln am Beispiel der Zählung der Zonen für die Tagesdifferenzen bei numerisch einander entsprechenden solaren und lunaren Zeitabschnitten von vier bis 19 Vierteljahren (J) oder 12 bis 57 (Sonnen-)Monaten (M) bzw. 12 bis 59 (Mond-)Monaten (L) demonstrieren (vgl. Abb. 61–64).

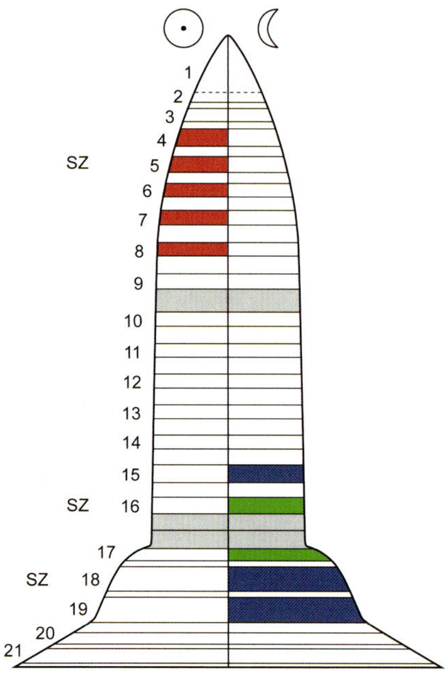

4/4 J, 12 L

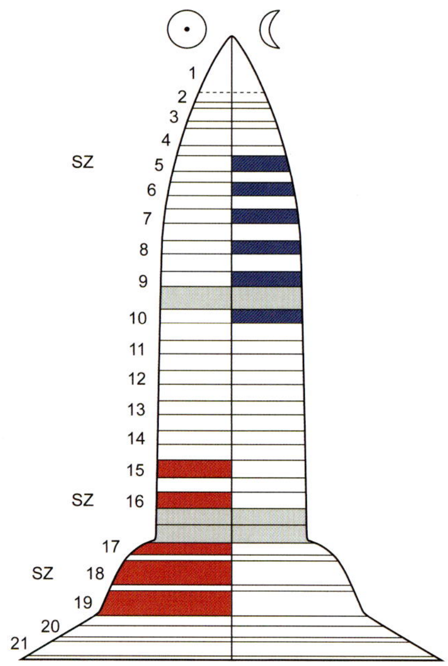

5/4 J, 15 L

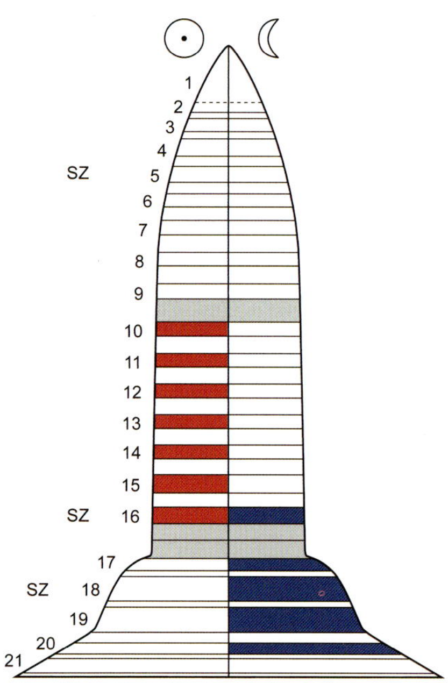

6/4 J, 18 L

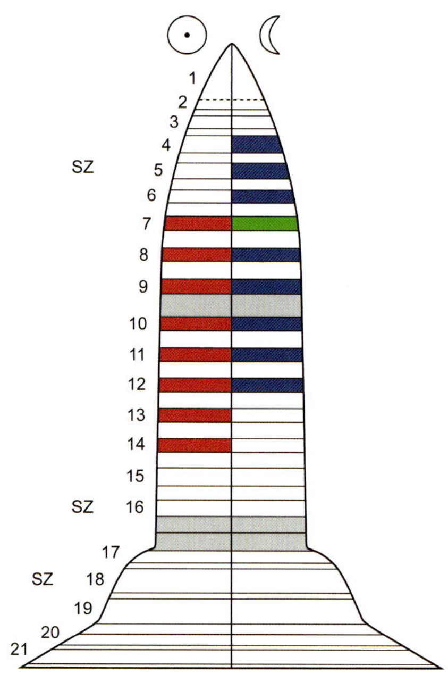

7/4 J, 21 L

Abb. 61,1: 1 Jahr (12 Sonnenmonate: M) mit 365 Tagen wird mit den fünf Zonen 4–8 im Oberteil des Schaftes „abgegriffen" oder sonst irgendwie haptisch erfasst (rot). Der obere Teil des Schaftes weist noch weitere spezifische Merkmale, wie die Sonderzeichen in Zone 5, die Schaltzone 7 und das dreimalige ausschließliche Vorkommen des Stempels Nr. 10 auf.
Die 12 synodischen Monate (blau) sind in den Zonen 15 bis 19 im Unterteil des Schaftes und der Kalotte abgebildet, von denen die Schaltzonen 16 und 17 (grün) zu eliminieren sind. Das Erkennen des lunaren Zeitabschnitts ergibt sich daraus, dass die 354 Tage in den Zonen 15, 18 und 19 mit dem Stempel Nr. 15 dargestellt werden, der als einziger sechs Ringe aufweist. Die Differenz zwischen den erfassten Zonen für die solaren und lunaren Zeitabschnitte beträgt 11 (Tage = d).

Abb. 61,2: In der nächsten Phase findet sich der solare Block im Unterteil des Schaftes und der Kalotte. Die entsprechenden 15 synodischen Monate werden im Oberteil des Schaftes erfasst. Die Differenz beträgt 16 und weicht damit um 2 Tage von den absoluten kalendarischen Daten ab.

Abb. 61,3: Bei 18 Lunationen nimmt der solare Zonenblock den unteren Teil des Schaftes ein, während die Lunationen hauptsächlich mit den Zonen auf der Kalotte dargestellt sind. Die Differenz 18 folgt aus dem Abgleich der Zonen 10 bis 15 mit den Zonen 17 bis 20.

Abb. 61,4: Die Blöcke mit 8 Zonen für 7 Vierteljahre bzw. 9 Zonen für 21 Lunationen, von denen eine die Schaltzone 7 ist, erfassen den Mittel- und Oberteil des Schaftes. Der Unterschied in der Anzahl der Tage ergibt sich aus den Summen der Zähler aus den Zonen 4 bis 6 abzüglich der Schaltzone 7 (146 d), von denen der Zonen 13 und 14 (165 d).
Die Differenz ist 19. Sie zeigt an, dass ab Beginn X der Zählung die Mondphasen im Vergleich zum Jahreslauf um **19** Tage zurückliegen.

Abb. 62,1: Die haptische Zählung der solaren und lunaren Zyklen für 8 bis 10 Vierteljahre bzw. 24 bis 30 Lunationen setzt sich nach demselben Schema fort. Bei 2 Jahren (24 Monaten) steht auf der solaren Seite die Zone 18 (126) der Zone 8 (105) auf der lunaren Seite gegenüber. Oder anders gezählt: Die Differenz von 21 Tagen ergibt sich aus dem Abgleich der Zonen 9 bis 18 abzüglich der Schaltzone 17 mit den für die lunare Zählung relevanten Zonen 8 bis 16.

Abb. 62,2: Bei 2 ¼ Jahren, entsprechend 27 Lunationen, umfasst der solare Block die Zonen 6 bis 15 (es wären auch die Zonen 12 bis 20 ohne die Schaltzone 17 möglich). Die Zahl der Tage für 27 synodische Monate wird in den Zonen 9 bis 18 erfasst. Die Verschiebung des lunaren Zyklus gegenüber der solaren Zählung um 22 Tage ist aus dem Vergleich der Summen aus den Zonen 6 bis 8 (252) mit denjenigen der Zonen 16, 17 und 18 (230) abzulesen.

Abb. 62,3: Nach 2 ½ Jahren (30 Monaten), die mit den Zonen 4 bis 16 (rot) ausschließlich der Schaltzone 7 (grün) abgegriffen werden, wird systemtypisch erstmals der gesamte Schaft ab Zone 4 mit dem ersten von Punkten konturierten Trennband erfasst. Den 913 Tagen aus 12 Zonen für 10 Vierteljahre stehen 885 Tage für 30 synodische Monate aus den Zonen 12 bis 20 (blau) gegenüber. Die Differenz von 28 Tagen ergibt sich aus dem Abgleich zwischen den Zonen 4 bis 11, abzüglich der Schaltzone 7 (520) und den Zonen 17 bis 20 (492). Das heißt, dass im dritten Jahr der Zählung, spätestens nach der 30. Lunation, ein zusätzlicher (Mond-)Monat eingeschoben werden muss, damit im weiteren Verlauf die Mondphasen mit den Jahreszeiten wieder annähernd übereinstimmen.

Abb. 62,4: Die Zählung wird fortgesetzt mit 33 + 1 = 34 (Einschub des Schaltmonats), wobei die Zonenblöcke für 33 Monate (1¼ Jahren) die Zonen 8 bis 19 auf der Kalotte (möglich ist auch die Zusammenfassung der Zonen 10 bis 20 auf der Krempe) bzw. die 34 Lunationen den unteren Bereich des Schaftes ab Zone 10, auch ohne Schaltzone 16, bis Zone 20 beanspruchen. Das Konto ist mit jeweils 1002 Tagen ausgeglichen.

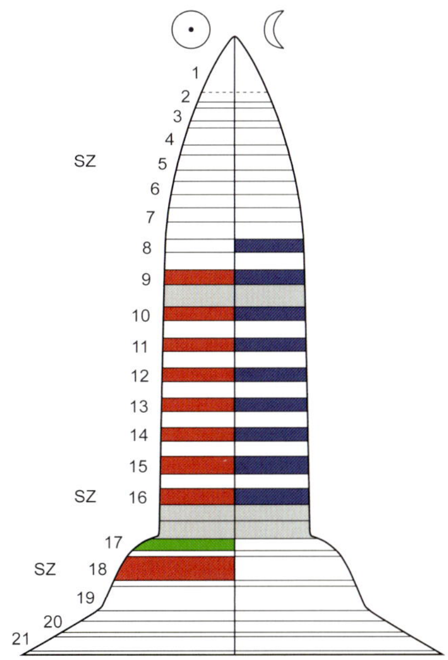

8/4 J, 24 L

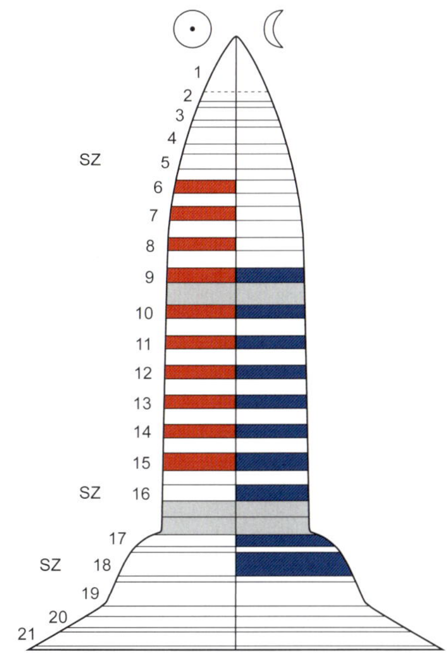

9/4 J, 27 L

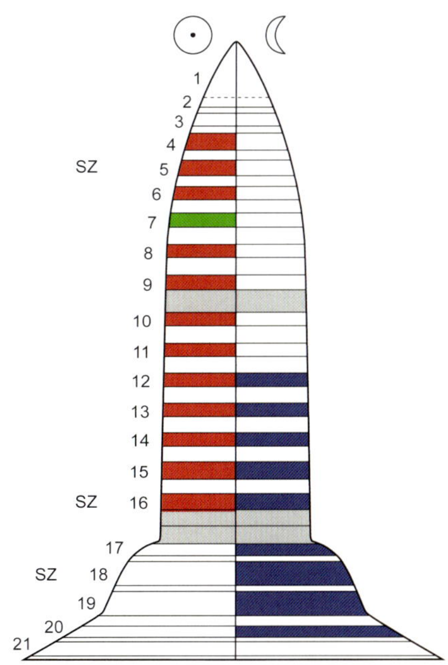

10/4 J, 30 L

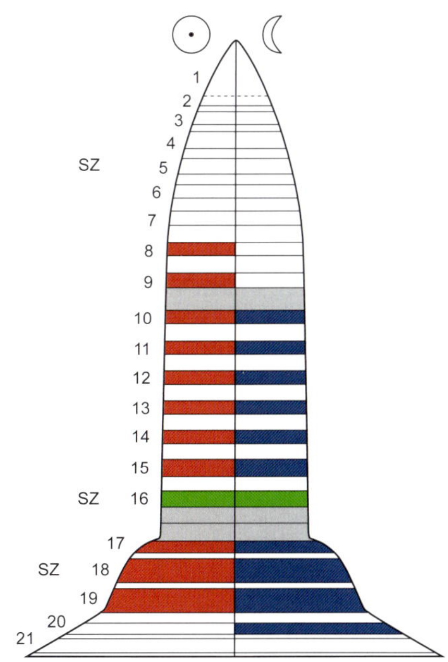

11/4 J, 34 L

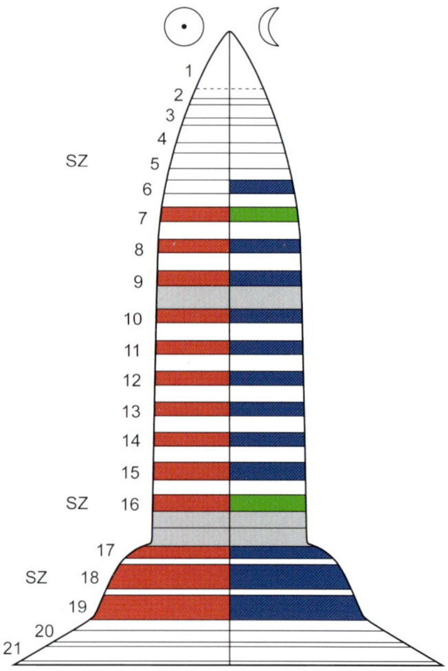

12/4 J, 37 L

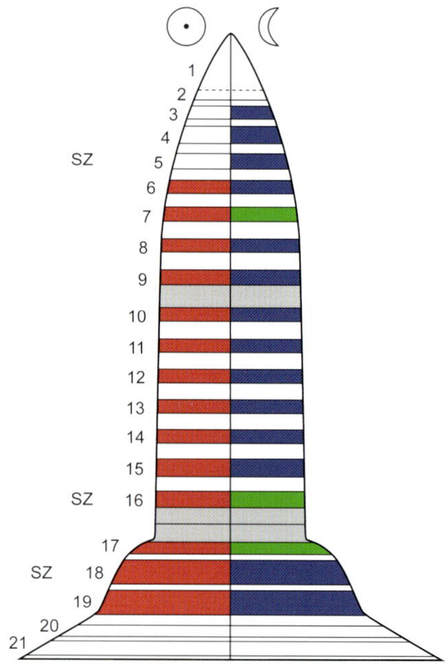

13/4 J, 40 L

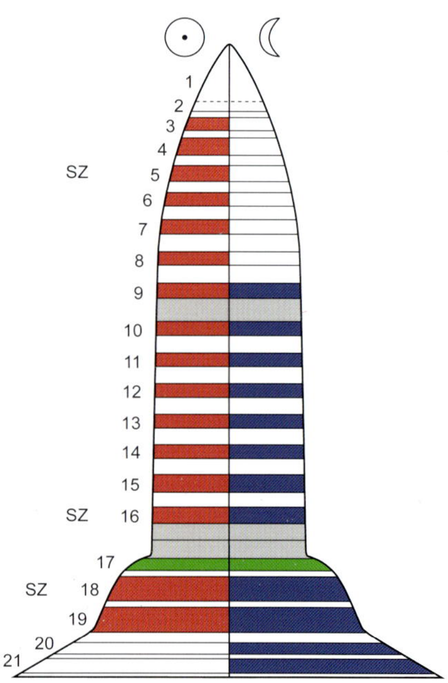

14/4 J, 43 L

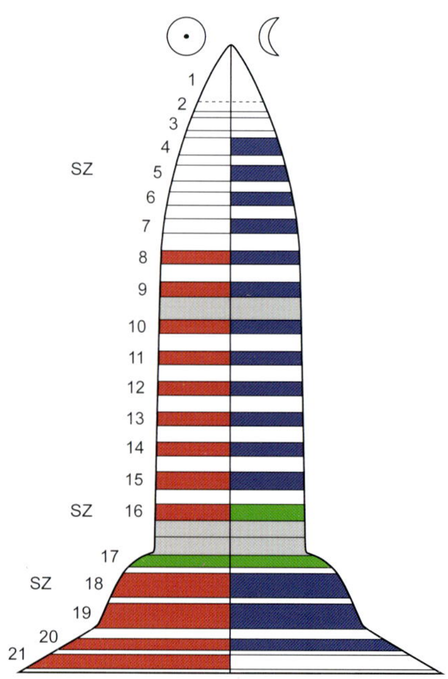

15/4 J, 46 L

Abb. 63,1: Drei Jahre (12/4 Jahre/36 m) mit 1097 Tagen aus den 12 Zonen 7 bis 19 auf der Kalotte (rot) (rechnerisch können auch die Zonen 9 bis 20 herangezogen werden) entsprechen systemkonform in der Zählung 37 (36 + 1) Lunationen, die in den 12 Zonen 6 bis 19 (blau), ohne die Schaltzonen 7 und 16 (grün), dargestellt sind. Infolge der Schaltung eines zusätzlichen Monats nach der 30. Lunation ist ein Defizit von **5** Tagen festzustellen, das sich aus dem Abgleich der Zonen 6 (90) mit der Summe der Zähler in den Schaltzonen 7 und 16 (95) ergibt.

Abb. 63,2: 13 Vierteljahre (39 Sonnenmonate) ergeben sich aus der Summierung der Ringe in den 12 Zonen 6 bis 19 (1187). 40 Lunationen werden in den 17 Zonen 3 bis 19 ohne die Schaltzonen 7, 16 und 17 dargestellt (1181). Der Rückstand der lunaren auf die solare Zählung beträgt 6 Tage.

Abb. 63,3: Der Unterschied von 10 Tagen zwischen 14 Vierteljahren und 43 Lunationen ergibt sich aus der Differenz der Tage aus den Zonen 20 und 21 (397 im lunaren Bereich) mit denen der Zonen 3 bis 8 (407 im solaren Bereich).

Abb. 63,4: 3 ¾ Jahre (15/4 Jahre) mit 1371 Zeichen können durch die 14 Zonen 8–21 (rot), ohne die Schaltzone 17 (grün), erfasst werden.Die numerisch entsprechenden 46 (45 + 1) Lunationen mit 1358 Tagen (Zeichen) sind in den, ohne die Schaltzonen 16 und 17 (grün), 15 Zonen 4 bis 20 (blau) enthalten und bedeuten eine negative Differenz von **13** Tagen der Mondphasen gegenüber dem solaren Kalender.

Abb. 64,1: Nach 4 Jahren (16 Vierteljahren bzw. 48 Monate M) mit 1461 Zählern/ Tagen aus den Zonen 6 bis 21 (rot), abzüglich der Schaltzonen 7 und 17 (grün), zeigt sich zu den 1447 Zeichen für 49 Lunationen aus den Zonen 3 bis 20 (blau), ohne die Schaltzone 7 (grün)., ein Unterschied von **14** Tagen.
Abb. 64,2: Für 17 Vierteljahre (4 ¼ Jahre) sind im Vergleich zu den 52 Lunationen die Zonen 4 (75) und die Schaltzonen 7 (57) und 16 (38) maßgeblich. Die Mondphasen bleiben 20 Tage (95–75) hinter dem Jahreslauf zurück.
Abb. 64,3: Bei der Synchronisierung von 4 ½ (18 Vierteljahre/54 Monate) Jahren mit der gleichen Zahl von synodischen Monaten plus ein Schaltmonat (54 + 1) im Ornament des Goldhutes stehen im solaren Bereich in den Zonen 3 bis 21 (rot), ohne die Schaltzone 7 und 16 (grün), 1644 Zeichen den 55 Lunationen mit 1622 Zeichen aus Zone 5 bis 21 (blau) gegenüber. Das Defizit von **22** Tagen ergibt sich durch den Vergleich der Summen aus den Zonen 3 bis 4 (117) mit denjenigen der Schaltzonen 7 und 16 (95).
Abb. 64,4: 4 ¾ (19 Vierteljahre) Jahre sind auf dem Goldhut in den 19 Zonen 3 bis 21 (rot) mit 1739 Zeichen dargestellt. Sie stehen 59 Lunationen aus den Zonen 3 bis 21 (blau), ohne die Schaltzone 7 (grün) gegenüber, was heißt, dass spätestens nach ¹⁹⁄₄ Jahren oder nach der 58 Lunation und vor der 59. Lunation zum 2. Mal ein Monat mit 30 Tagen geschaltet werden muss (57 + 2), damit die Werte in den Zonen 3 bis 21 für 4 ¾ Jahre und 59 Lunationen bis auf eine Differenz von drei Tagen ausgeglichen ist.

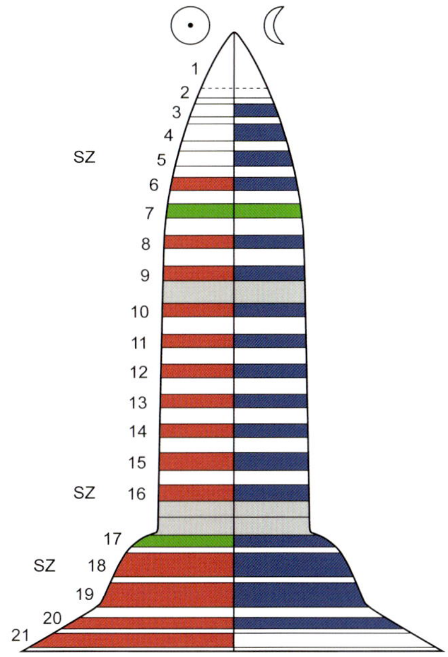

16/4 J, 49 L

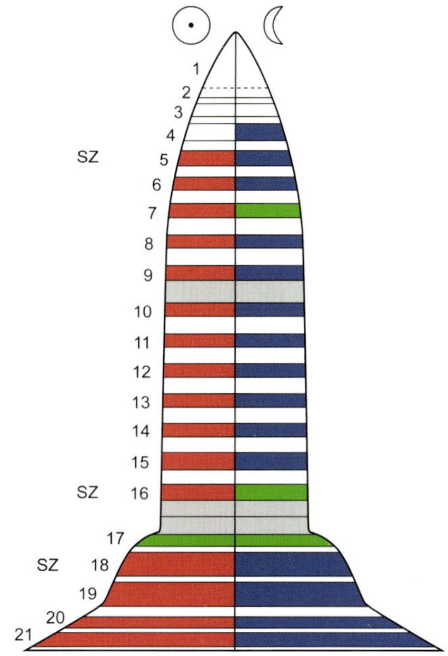

17/4 J, 52 L

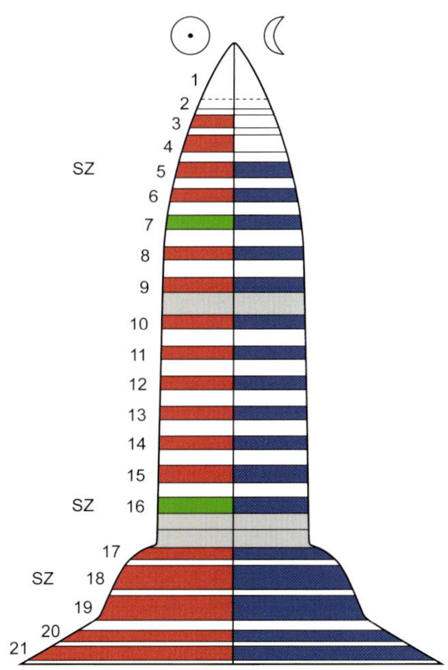

18/4 J, 55 L

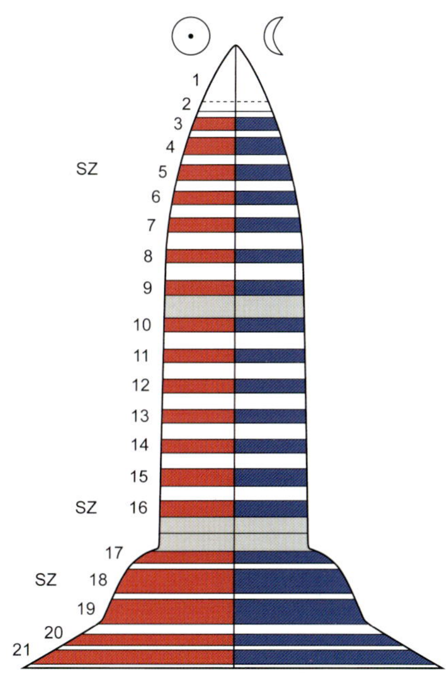

19/4 J, 59 L

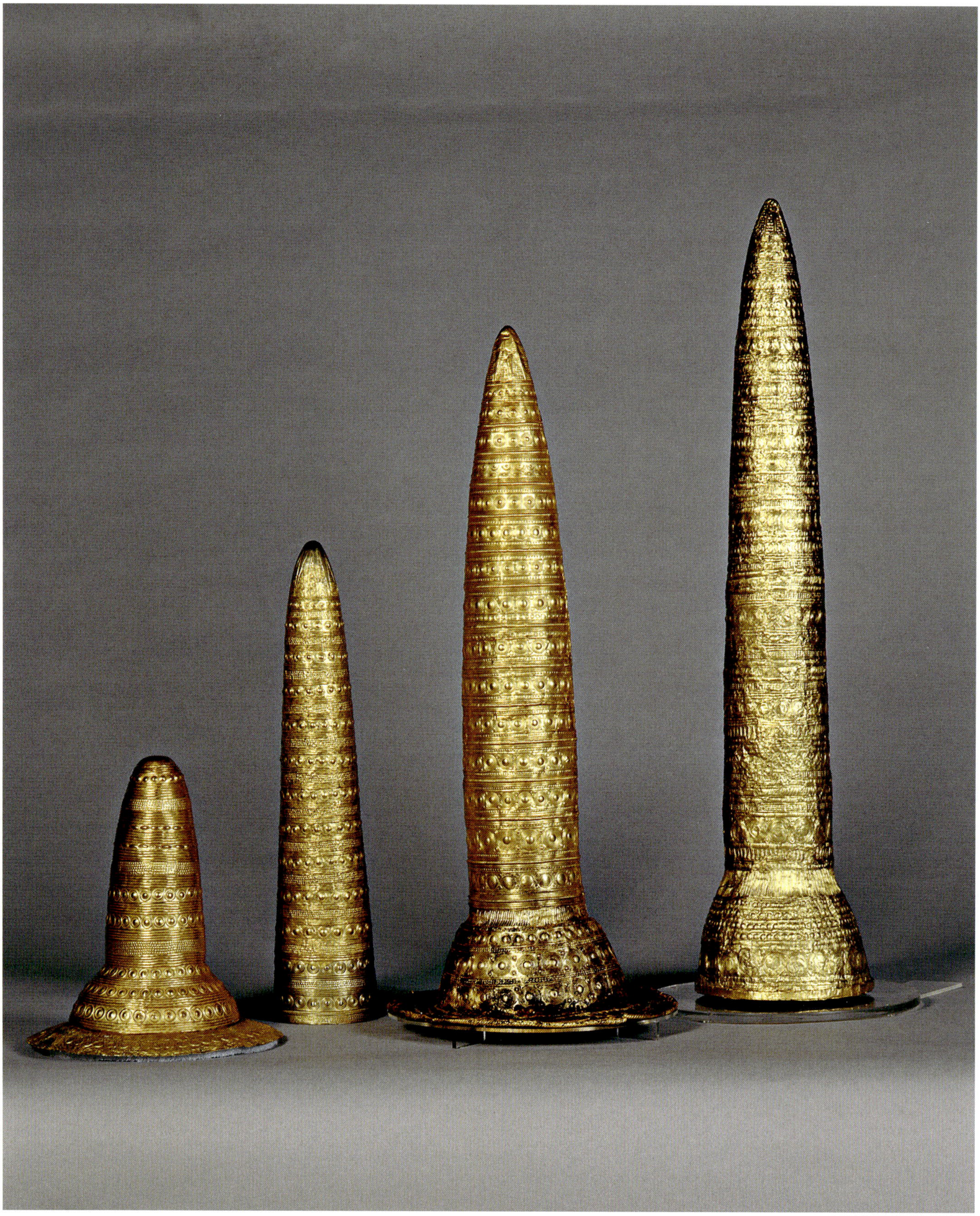

Abb. 65: Die vier goldenen Hüte im Vergleich. Von links nach rechts: Der goldene Hut von Schifferstadt, der Cône d'Avanton, der Berliner Goldhut und der Goldkegel von Ezelsdorf-Buch.

Der Vergleich

Die Interpretation des Zahlenwerks in der Ornamentik des Berliner Goldhutes hinsichtlich eines lunisolaren kalendarischen Konzeptes oder eines sogenannten „gebundenen Kalenders“ lässt sich partiell auf seine drei Vergleichsstücke übertragen. Allerdings sind beim Goldenen Hut von Schifferstadt durch das Auszählen der Ringe und mandelförmigen Muster nur wenige kalendarisch annähernd verwertbare Zahlen wie **355**, **266** und **272** zu ermitteln (vgl. Abb. 8).

Ähnlich verhält es sich beim Schaft des Cône d'Avanton. Auch hier stimmen nur wenige Zahlen mit den astronomisch bedingten Vorgaben überein. Die **364** Ringe in Zone 6 bis 13 könnten ein Sonnenjahr bedeuten, folgerichtig vertreten die **182** Ringe in Zone 3 bis 7 dann ein halbes Jahr. Lunare Daten ergeben sich mit **355** Ringen aus den Zonen 8 bis 14, 9 Lunationen könnten mit **268** Ringen in Zone 3 bis 9 gemeint sein, während die Zonen 12 bis 14 mit **177** Zählern exakt sechs lunare Monate erfassen. Dennoch ist, trotz der numerischen Ungenauigkeiten, wegen der Ornamentgliederung ein auf Zyklenmessung ausgerichtetes System zu erahnen (vgl. Abb. 11).

Mehr als nur erahnen lässt dies die Systematik im Ornament des Goldkegels von Ezelsdorf-Buch. Die Verzierung ist aufwendig und mutet gegenüber den Beispielen von Schifferstadt und Avanton überreich an. Zur Ornamentierung des Objektes wurden insgesamt 21 unterschiedliche Musterstempel verwendet, die scheinbar mit wenig Sorgfalt in den 20 Zierzonen in das Goldblech eingeprägt wurden (vgl. Abb. 66).

Im Vergleich mit dem Berliner Goldhut weisen Schaft und Kalotte dieses am abwechslungsreichsten „verzierten“ Exemplaren der kleinen Gruppe, ohne die Spitze mit dem zehnzackigen Stern und die verlorene Krempe, 18 Zierzonen auf, von denen sich 16 auf dem Schaft und zwei auf der Kalotte befinden. Von diesen sind 16 mit Buckelscheiben und Kreisringen verziert, die Zone 15 zeigt das Augenmuster und die Zone 17 die Radsymbole. Identische Stempel kommen mit Nr. 11 in den Zonen 3 und 6 bzw. mit Nr. 15 in den Zonen 4 und 9 sowie Nr. 18 in den Zonen 18 und 20 vor. Als „Schaltzonen“ sind aufgrund ihrer Merkmale die Zonen 5, 6 und 19 sowie die Zonen 15 und 17 mit den Sonderzeichen Nr. 19 und Nr. 20 definiert (Abb. 67 a–b).

Der Schaft wird durch 7 manschettenartige Trennbänder in 8 Zierbereiche gegliedert, die wiederum durch Kerbwülste in 17 Zierfriese unterteilt sind. Ein auffälliges Element bilden zwei Bänder aus einem quer profilierten Kegelmuster, gleichsam Goldkegel en miniature, die den unteren Teil des Schaftes mit der Zierzone aus achtspeichigen Rädern vor dem Übergang zur Kalotte als besonderen Bereich des Ornamentkanons definieren (vgl. Abb. 73).

Bei den Mustern der übrigen Zierzonen auf dem Schaft und der Kalotte handelt es sich um Buckel, die von einem

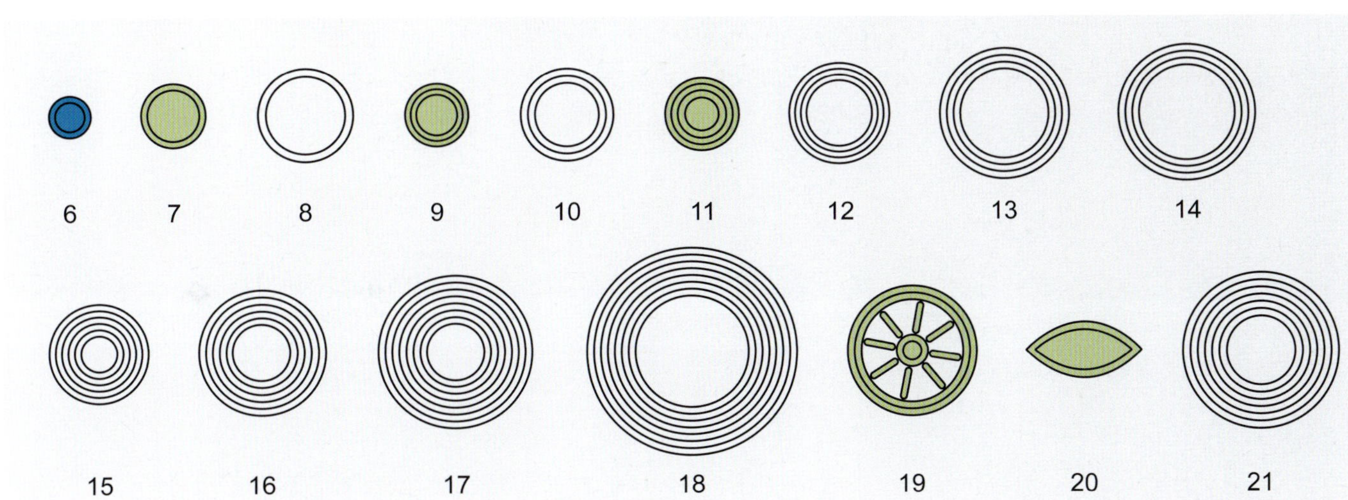

Abb. 66: Goldkegel von Ezelsdorf-Buch. Die Scheiben- und Sondersymbole im Ornament von Nr. 6 bis 21 mit einem bis sieben konzentrischen Ringen. M. 1:1. Blau: Punze Nr. 6 als Punktreihe oder Zwickelmuster. – Kreise: Scheibensymbole rot, Schaltzonen grün. – Dreiecke grün: Sondersymbole als Schaltzonen. – Hellblau: rechnerisch rekonstruierte Krempe mit 33 Scheibensymbolen mit sieben Kreisen Nr. 17.

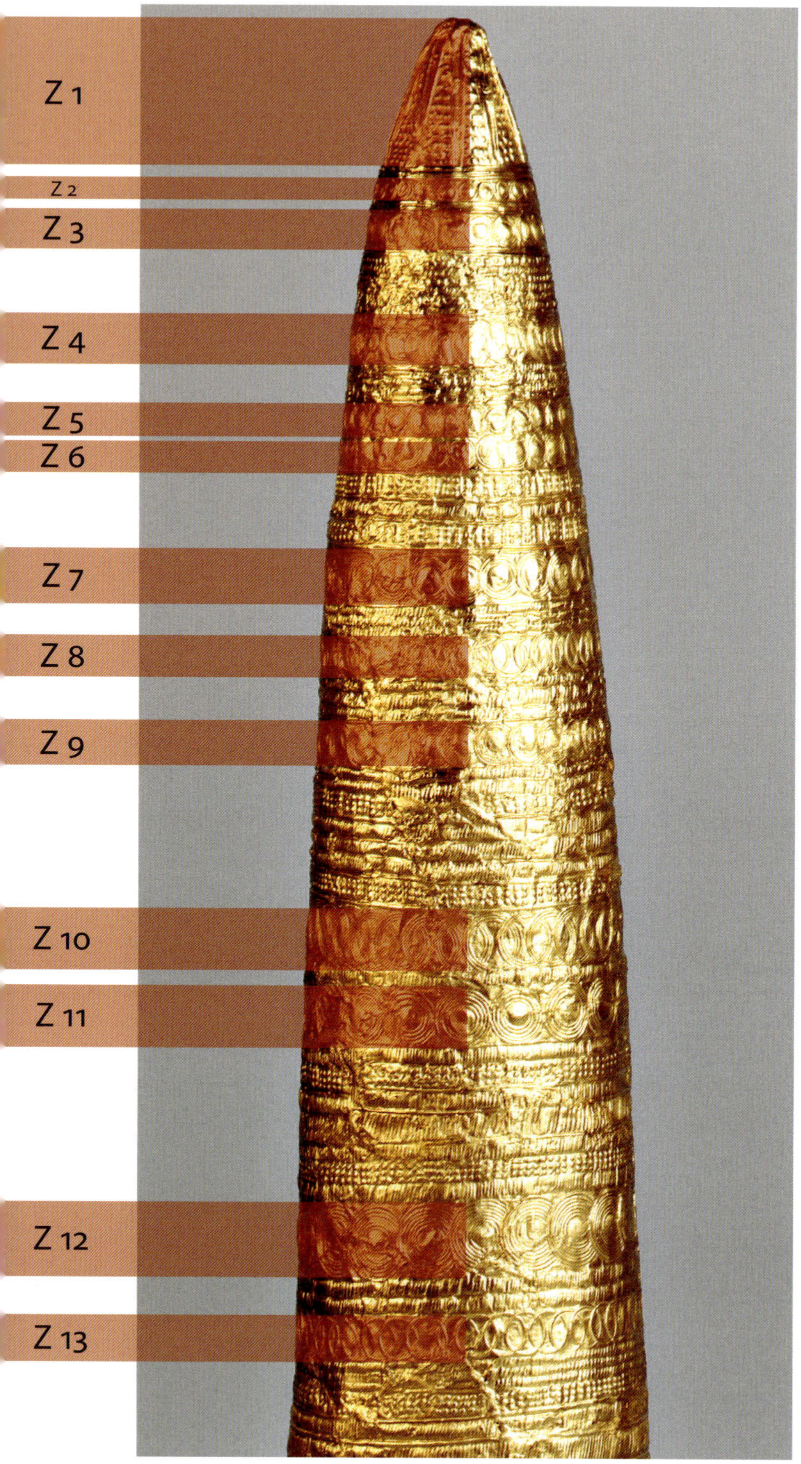

Abb. 67 a: Goldkegel von Ezelsdorf-Buch. Spitze mit achtstrahligem Stern (Zone 1) und Zone 2 mit dem Punktkreismuster (Nr. 6). Oberer Teil des Schaftes mit den Zonen 3 bis 13 (vgl. dazu Abb. 66 und Abb. 68).

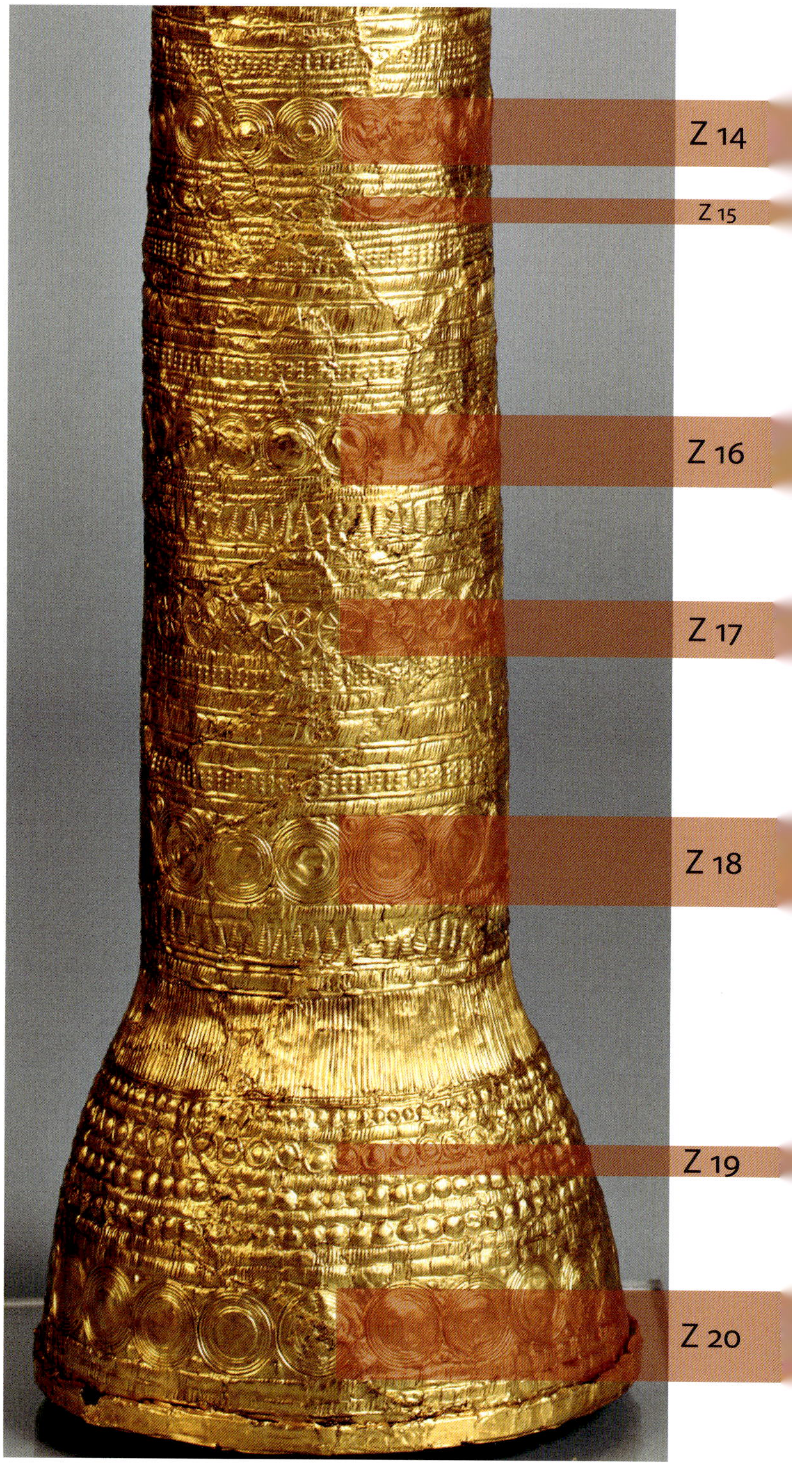

Abb. 67 b: Goldkegel von Ezelsdorf-Buch. Unterer Teil des Schaftes mit dem Augenmotiv (Zone 15) sowie die Zonen 17 und 18 mit den achtspeichigen Rädern (Abb. 66 Nr. 19) und der großen Buckelscheibe (Abb. 66 Nr. 18) mit sieben konzentrischen Ringen und Zwickelmuster Nr. 6, das sonst nur in Zone 2 vorkommt, zwischen den Bändern mit quer gerieften Kegelmustern, den „Goldkegeln en miniature“. Kalotte mit den Zonen 19 und 20 und dem – fälschlich – nach innen um den Standreif gebörtelten Rest der verlorenen Krempe (Zone 21).

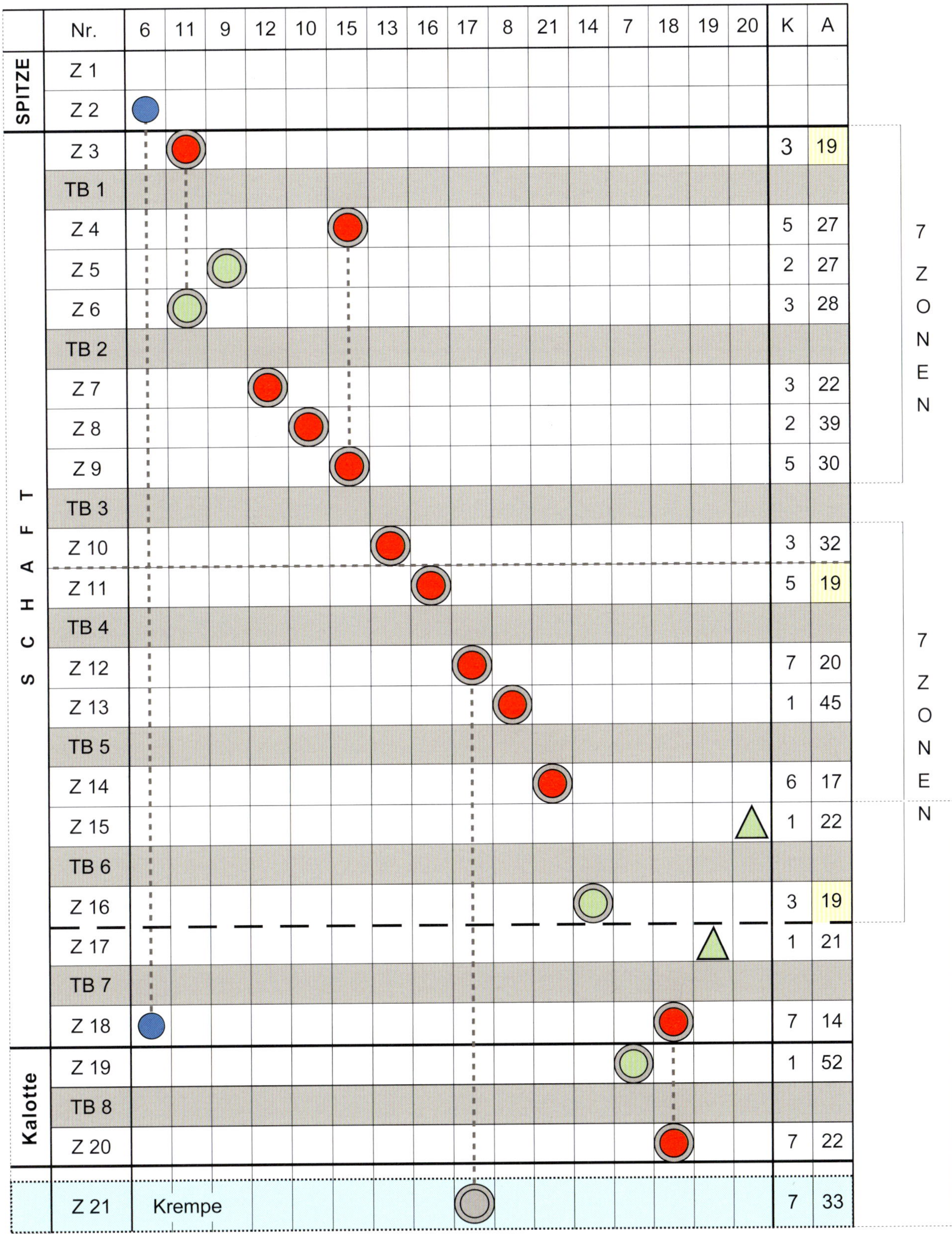

Abb. 68: **Goldkegel von Ezelsdorf-Buch.** Der Ornamentkanon in grafischer Darstellung nach der Zonenabfolge in Kombination mit der Verteilung identischer Muster und rechnerisch rekonstruierter Krempe mit der Zone 21 (hellblau unterlegt).
Erläuterung: Blau: Buckelmuster als Trennband- oder Zwickelmuster. – Rot: Scheibensymbole. – Grün: Scheibensymbole in Schaltzonen. – Dreiecke grün: Sonderzeichen. – **Z**: Zone. – **TB**: Trennbänder, hellbraun hinterlegt. – **Nr.**: Stempel Nr. – **K**: Anzahl der Kreise im Symbol. – **A**: Zahl der Symbole pro Zone.

Ezelsdorf-Buch				
I	II	III	IV	
Zone 1				
Zone 2				Spitze
Zone 3	19	3	57	
Zone 4	27	5	135	
Zone 5	27	2	**54**	Schaltzone
Zone 6	28	3	**84**	Schaltzone
Zone 7	22	3	66	
Zone 8	40	2	78	
Zone 9	30	5	150	
Zone 10	32	3	96	Schaft
Zone 11	19	5	95	
Zone 12	20	7	140	
Zone 13	45	1	45	
Zone 14	17	6	102	
Zone 15	22	1	**22**	Schaltzone
Zone 16	19	3	**57**	Schaltzone
Zone 17	21	1	**21**	Schaltzone
Zone 18	14	7	98	
Zone 19	52	1	**52**	Schaltzone
Zone 20	22	7	154	Kalotte
			1.506	**Summe**
+				
Zone (21)	(+33)	(7)	(+231)	Krempe
21 - 2 = 19	**476**	(+33)	**1.737**	**Summe**

Abb. 69: Goldkegel von Ezelsdorf-Buch. Das Zahlen- und Zählsystem. **I**: Nummer der Zone. – **II**: Anzahl der Symbole pro Zone. – **III**: Zahl der konzentrischen Ringe/Zeichen pro Symbol. – **IV**: Summe der Ringe/Zeichen pro Zone. – Grün: Schaltzone. – Gelb: die Zahl 19. – Blau: rechnerisch rekonstruierte Zone 21 auf der verlorenen Krempe.

oder bis zu sieben konzentrischen Ringen eingefasst werden sowie, im mittleren Abschnitt des Schaftes, um eine schmale Zone mit einem Augenmuster. Die Spitze ziert ein zehnstrahliger Stern vor gepunktetem Hintergrund (Abb. 67 a–b).

Die Systematik in der Ornamentabfolge und damit der Symbolkanon werden in der grafischen Darstellung erkennbar. Klar ersichtlich ist die vertikale Gliederung des Ezelsdorfer Goldkegels durch die manschettenartigen Trennbänder und die Strukturierung der Abschnitte mittels der Kerbwülste. Eine besondere Bedeutung für die Interpretation der Gesamtsystematik haben die Zonen 5 und 6, 16 und 19 sowie die beiden Sonderzeichen „Augenmuster“ und „Speichenräder“ als Schaltzonen, wobei letzteres gleichsam als „Logo“ des Goldhutes gelten kann (Abb. 68).

Die Summe der Kreisringe von Zonen 3 – 14, 16 und 18–20 aus 433 Buckelscheiben beträgt **1463**, zuzüglich der Sonderzeichen in den Zonen 15 und 17 (Nr. 19 und Nr. 20) insgesamt **1506**, Zahlen, die bis auf eine Differenz von +2 Zählern den Werten für 4 Jahre (48 Sonnenmonate) bzw. 51 Lunationen auf dem Berliner Goldhut entsprechen. Markante manschettenartige Trennbänder gliedern das Ornament in 9 Abschnitte mit drei oder zwei Symbolfriesen. Trotz der Unterschiede in der formalen und ornamentalen Gliederung der beiden Goldhüte – Ezelsdorf-Buch mit 18 gegenüber 16 Zonen auf dem Schaft bzw. zwei anstatt drei Zonen auf der Kalotte, den zwei separaten Zonen mit Sondermustern im Gegensatz zum Doppelfries in Zone 5 des Berliner Exemplars und sechs statt drei „Schaltzonen“ – sowie der stark differierenden Menge der Scheibensymbole ist das Zahlensystem im Wesentlichen kongruent und kann nach dem Muster des Berliner Goldhutes dechiffriert werden. Umso erstaunlicher ist es, dass sich etwa aus der Addition identischer Stempel oder deren zonenweiser rhythmischer Abfolge, wie im Fall des Berliner Beispiels, im Ornamentkanon des Goldkegels von Ezelsdorf-Buch keine direkten kalendarische Werte ermitteln lassen (Abb. 69). Dennoch können auf dieser Grundlage, analog zum Berliner Goldhut, auch auf dem Goldkegel von Ezelsdorf-Buch aufeinanderfolgende Zeitabschnitte von Vierteljahren bzw. drei synodischen Monaten in einem lunisolaren System errechnet werden. Es hat den Anschein, als ob bei diesem wahrscheinlich jüngsten Zeremonialhut von Ezelsdorf-Buch ein, im Vergleich mit dem Berliner Goldhut, noch ausgeklügelteres mathematisches Wissen ornamental umgesetzt worden ist. Dies zeigt sich im Besonderen bei hypothetischer Ergänzung der fehlenden Krempe mit einer Zone 21 mit 33 Buckelscheiben Nr. 17 mit 7 Kreisen, wodurch sich die Gesamtzahl der Zeichen auf **1737** erhöht (Menghin, APA 32, 2000, 83ff.; T. Springer, Gold und Kult, S. 244 Abb. 9,4). Die Quersumme der Differenzen beträgt unter diesen Vorgaben +1 (Abb. 71).

Die Kongruenz der Zahlen in den definierten Zonenblöcken mit den entsprechenden kalendarischen Daten ist sowohl für die solaren als auch die lunaren Zyklen gegeben. Die Unschärfen in den längeren Zeitabschnitten, vor allem bei den synodischen Monaten, können wiederum durch die unterschiedliche Zählung der Monate mit abwechselnd 29 und 30 Tagen entstehen. Insgesamt aber beinhaltet das „Ornament“ des Goldkegels von Ezelsdorf-Buch in der vertikalen Zählung der Zonen – auch ohne die rekonstruierte Krempe – ein lunares und solares Zahlensystem von erstaunlicher Präzision. Die Quersumme der Differenzen beträgt im lunaren Bereich –4 (Abb. 72).

Der Wert für 59 lunare Monate ist mit 1737 statt 1742 zwar schlechter als beim Berliner Goldhut, was allerdings durch die Übereinstimmung mit exakt 1683 Zählern aus den Zonen 3 bis 21, ohne den Inhalt der „Schaltzone 5“ (–54), für die Tage von 57 synodischen Monaten ausgeglichen wird. Die Zahlen in den beiden Tabellen zeigen, dass das System einerseits auch ohne die ergänzte Zone funktioniert und andererseits die rechnerische Rekonstruktion der Krempe schlüssig ist, was sich aus der allerdings rekonstruierten Zahl an Tagen für 57 synodische und 48 solare Monate ergibt.

Die Schaltungen erfolgen im selben Rhythmus wie beim Berliner Goldhut nach dem 10. Vierteljahr und vor dem 19. Vierteljahr durch den Einschub eines zusätzlichen Monats, so dass die Zählung der Differenzen an Tagen zwischen den solaren und lunaren Zyklen mit der 31. und nach der 59. Luna-

Ezelsdorf- Buch

4/4 J	365	zu	354	12 L	11 d
5/4 J	458	zu	442	15 L	16 d
6/4 J	???	zu	528	18 L	??
7/4 J	639	zu	620	21 L	19 d
8/4 J	731	zu	709	24 L	22 d
9/4 J	821	zu	798	27 L	23 d
10/4 J	913	zu	883	30 L	**30 d**
					Schalten +1
11/4 J	1003	zu	1004	34 L	-1 d
12/4 J	1097	zu	1091	37 L	6 d
13/4 J	1187	zu	1181	40 L	6 d
14/4 J	1278	zu	1268	43 L	10 d
15/4 J	1370	zu	1360	46 L	10 d
16/4 J	1463	zu	1449	49 L	14 d
16/4 J	1461	zu	1449	49 L	12 d
17/4 J	1553	zu	????	52 L	?? d
18/4 J	1642	zu	1623	55 L	19 d
19/4 J	1737	zu	1715	58 L	22 d
					Schalten +2
19/4 J	1737	zu	1737	59 L	**0** d
			Summe		52 d

Abb. 70: Ezelsdorf-Buch, lunisolar. Differenzen in der Tageszählung zwischen solaren und lunaren Zyklen im Rechensystem des Goldkegels unter Berücksichtigung der Schaltungen.
J: Jahr. – **L**: Lunation. – **d**: Tage – Rot/ Blau: Toleranz der Zahlen zu den kalendarischen Daten 0 bis +/– 1. – Grün: Differenz an Tagen (d) zwischen solaren und lunaren Zyklen. – Grau unterlegt: rechnerisch rekonstruiertes Programm des Ornamentsystems.

tion jeweils neu begonnen werden kann. Im System von Ezelsdorf-Buch summieren sich die Differenzen im Verlauf von 4 ¾ Jahren auf 52 Tage. Dies bedeutet eine Verbesserung um zwei Tage gegenüber dem Berliner Goldhut und eine Annäherung von +1 auf die absoluten kalendarischen Daten (Abb. 70).

Im Vergleich mit dem Berliner Goldhut, bei dem die Stempel sorgfältig ohne Überschneidungen gesetzt sind, wird beim Goldkegel von Ezelsdorf-Buch deutlich, dass es den „Konstrukteuren" des „digitalen Rechners" nicht so sehr auf die Präzision der Muster, sondern vielmehr darauf ankam, dass die Buckelscheiben und Muster in numerisch richtiger Zahl in den entsprechenden Zonen angebracht wurden. Das mag umgekehrt auch erklären, weshalb sich die Scheiben und Kreise in den Friesen zum Teil völlig unregelmäßig tangieren und überschneiden. Resultat ist jedenfalls, dass im System des Goldkegels von Ezelsdorf-Buch ähnlich viele mit den kalendarischen Daten übereinstimmende Rechenwerte auftreten wie beim handwerklich sauberer ausgeführten Berliner Goldhut.

Als Quintessenz der Ausführungen darf konstatiert werden, dass im Ornament der Goldhüte von Berlin und Ezelsdorf-Buch ein Zahlenwerk verschlüsselt ist, das in der vertikalen Zählung der eindeutig und exklusiv definierbaren Zonen wechselweise Zeitabschnitte erfasst, die in der Kombination als „Gebundener Kalender" die Synchronisierung der Mondphasen mit dem Sonnenlauf für den Zeitraum von 4 ¾ Jahren ermöglicht. Dieses geistige Konzept und seine materielle Umsetzung beruhen auf der Kenntnis des neunzehnjährigen Mondzyklus, der sich mittels der drei Zonen 17, 20 und 21 auf der Krempe und der Kalotte des Berliner Goldhutes darstellen lässt. Offen bleibt allerdings, ob das Zahlensystem im Ornament der Goldhüte im Gesamten vollständig dechiffriert ist und die Interpretationsmöglichkeiten gänzlich ausgeschöpft sind. Möglicherweise lassen sich über andere Zahlenkombinationen im Ornament und einer Methodik, die mit dem hier vorgelegten System nicht kompatibel ist – so die Zählungen nach siderischen Monaten oder Sothis-Perioden und den Nachweis von zyklisch wiederkehrenden Mondfinsternissen, wie dies in jüngster Zeit von anderen Autoren (Rahlf Hansen und Christine Rink) vorgeschlagen wurde, oder im Rückgriff auf Sternzeiten (Schmidt-Kaler) –, Theorien entwickeln, die das bis hier Dargelegte korrigieren, ergänzen oder bereichern.

Abb. 71: Goldkegel von Ezelsdorf-Buch – solar. Zusammenfassung der Zonenblöcke mit kalendarisch relevanten Summen an Zeichen (Ringen) für die aufsteigende Zählung der Tage von 4 bis 19 Vierteljahren für 4 ¾ Jahre (57 Sonnenmonate) im Vergleich mit den astronomischen Zielwerten. Rote Punkte: zu Zeitabschnitten in der Vertikalen zusammengefasste Zonen. – Grüne Punkte: abzüglich Schaltzonen. – Sternchen (*): absolute Übereinstimmung der Werte. – Hellrosa und hellgrün: rechnerisch rekonstruierte Werte.

Ezelsdorf-Buch solar — (hellgrün, rosa) rechnerisch ergänzt — (rot) Symbole — (grün) - Schaltzone

	Vierteljahre, solar																
	19	18	17	16	15	14	13	12	11	10	9	8	7	6	5	4	Anzahl der Ringe
Zone 3	rosa	rosa		rot		rot		rot				rot					57
Zone 4	rosa	rosa	rosa	rot	rot	rot		rot				rot					135
Zone 5	rosa	rosa	rosa	rot	rot	rot	rot	rot	rot			rot					54
Zone 6	rosa	rosa	hellgrün	rot	grün	rot	grün	grün	grün			grün					84
Zone 7	rosa	rosa	rosa	rot	rot	rot	rot	rot	rot			rot					66
Zone 8	rosa	rosa	rosa	rot	rot	rot	rot	rot	rot	rot		rot					78
Zone 9	rosa	rosa	rosa	rot	rot	rot	rot	rot	rot	rot	rot	rot					150
Zone 10	rosa	rosa	rosa	rot	rot	rot	rot	rot	rot	rot	rot	rot					96
Zone 11	rosa	rosa	rosa	rot	rot	rot	rot	rot	rot	rot	rot	rot					95
Zone 12	rosa	rosa	rosa	rot	rot	rot	rot	rot	rot	rot	rot		rot		rot	rot	140
Zone 13	rosa	rosa	rosa	rot	rot	rot	rot	rot	rot	rot	rot		rot	rot	rot	rot	45
Zone 14	rosa	rosa	rosa	rot	rot	rot	rot	rot	rot	rot	rot		rot	rot	rot	rot	102
Zone 15	rosa	hellgrün	hellgrün	grün	rot	grün	grün	rot	rot	grün	rot		rot	rot	grün	grün	22
Zone 16	rosa	rosa	rosa	rot	rot	rot	rot	rot	rot	rot	grün		rot	rot	grün	rot	57
Zone 17	rosa	hellgrün	hellgrün	grün	rot	rot	grün		grün	grün	rot		rot	rot	rot	rot	21
Zone 18	rosa	rosa	rosa	rot	rot	rot	rot		rot	rot	rot		rot	rot	rot		98
Zone 19	rosa	hellgrün	rosa	rot	grün		rot			rot	rot		grün	rot	rot		52
Zone 20	rosa	rosa	rosa	rot	rot		rot						rot	rot			154
Zone 21	rosa	rosa	rosa														231
Summe der Ringe	1737	1642	1553	1463	1370	1278	1187	1097	1003	913	821	731	639	551	458	365	1737
kalendarische Zielwerte	1735	1644	1552	1461	1370	1278	1187	1096	1005	913	822	731	639	548	457	365	
Differenz	-2	-2	+1	+2	*	*	*	+1	-2	*	-1	*	*	+3	+1	*	

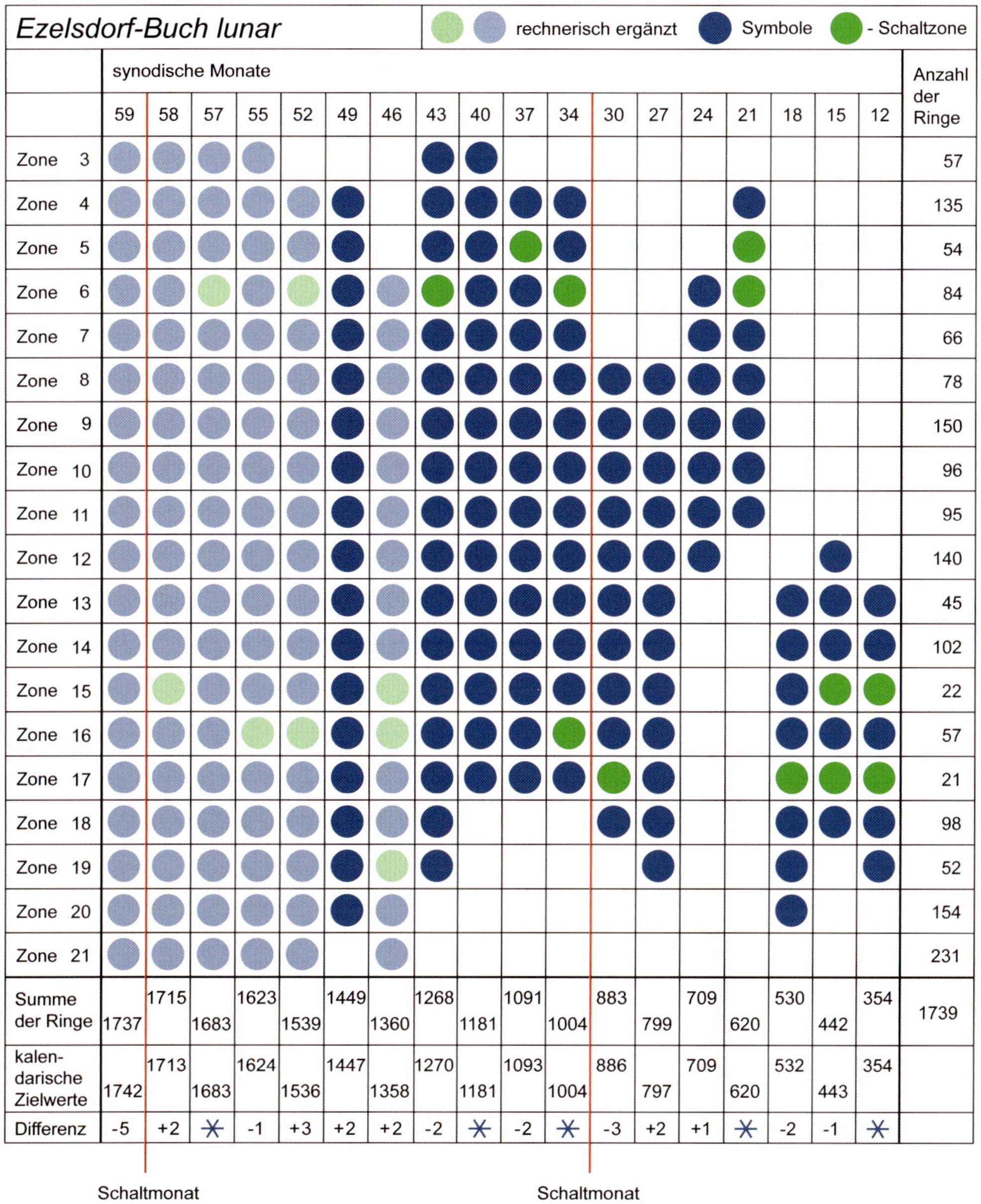

Abb. 72: Goldkegel von Ezelsdorf-Buch – lunar. Zusammenfassung der Zonen für die aufsteigende Zählung der Tage für 59 synodische Monate im dreimonatigen Rhythmus für 4 ¾ Jahre mit den Schaltungen nach der 30. und 57. Lunation im Vergleich mit den astronomischen Zielwerten.
Blau: zu Zeitzonen zusammengefasste Zeitabschnitte. – Grün: abzüglich Schaltzone. – Rote Vertikalen: Einschub eines zusätzlichen synodischen Monats. – Sternchen (*): absolute Übereinstimmung mit den kalendarischen Werten. – Hellblau und hellgrün: rechnerisch rekonstruierte Werte.

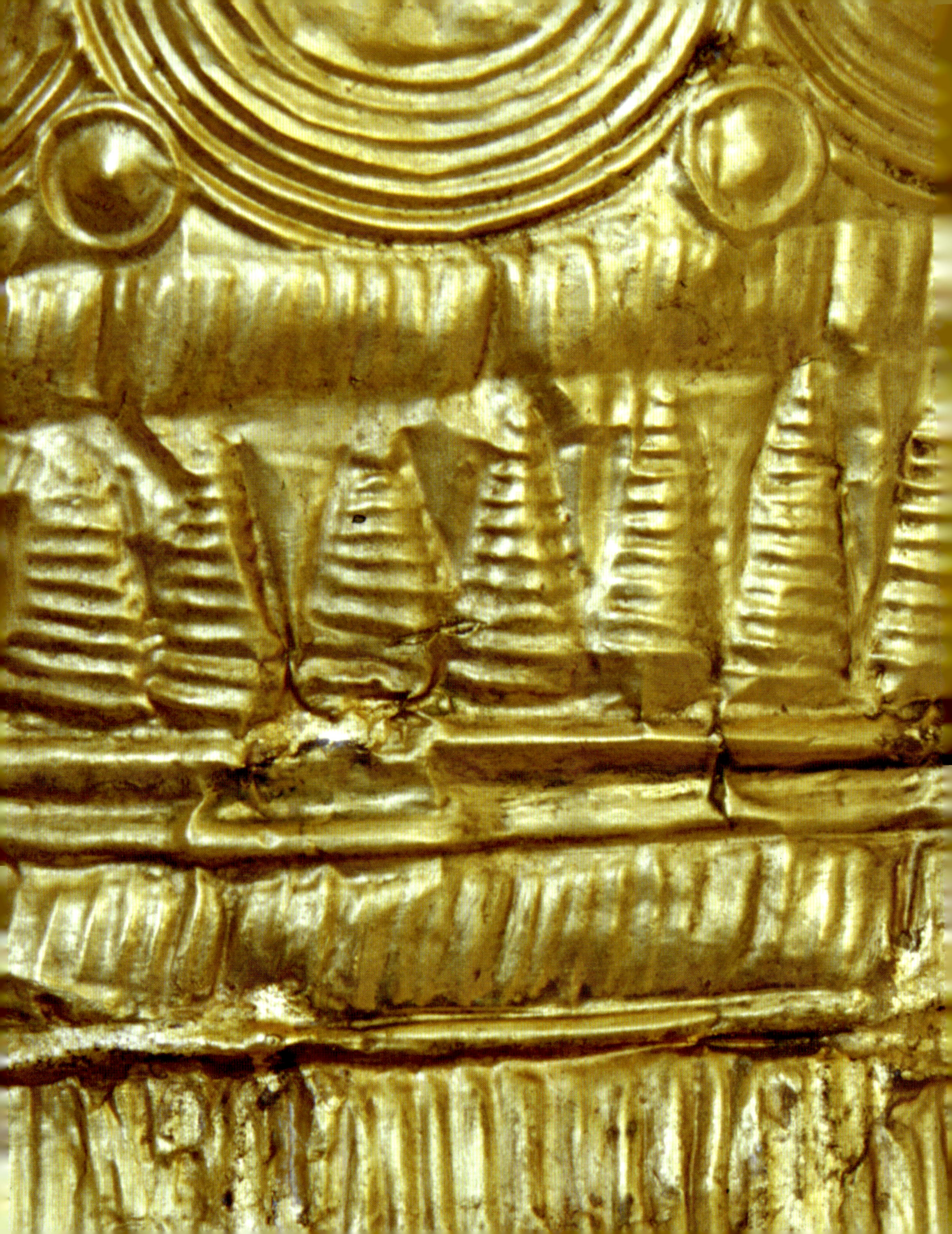

Die goldenen Kalenderhüte

Die auf empirischem Weg dechiffrierten kalendarischen Systeme im Ornamentkanon des Berliner Goldhutes sind auf dem Goldenen Hut von Schifferstadt und dem Cône d'Avanton in der Grundkonzeption nur ansatzweise nachzuweisen. Das volle Programm ist auf den Goldhüten von Berlin und Ezelsdorf-Buch vorhanden, wobei die Übereinstimmungen in den Zahlenrelationen und kalendarischen Daten überraschen, da sich diese im Ornamentaufbau deutlich voneinander unterscheiden.

Die Auftraggeber und Benutzer dieser beiden Kalenderhüte wussten aus langjährigen Beobachtungen der Auf- und Untergangspunkte mittels der Horizontastronomie und einfacher Sonnenobservatorien, dass der Umlauf der Sonne 365 ¼ Tage dauert. Ebenso müssen sie das Jahr mit den Frühjahrs- und Herbstnachtgleichheiten sowie Winter- und Sommersonnenwenden nach den Kardinalpunkten in vier Viertel und diese gedrittelt in 12 Sonnenmonate mit abwechselnd 30 und 31 Tagen (willkürlich) geteilt haben. Sie wussten auch, dass 12 synodische Monate etwas mehr als 354 Tage dauern und das Mondjahr damit gegenüber dem Sonnenjahr um 11 Tage kürzer ist. Ebenso scheint ihnen bekannt gewesen sein, dass 19 Sonnenjahre mit rund 6940 Tagen vergehen, ehe bestimmte Konstellationen von Mond- und Sonnenständen wieder übereinstimmen. Darüber hinaus wussten sie ganz augenscheinlich, dass in bestimmten Zeitabständen Mondmonate „geschaltet" werden mussten, damit ihre Zeitrechnung nicht ins Chaos geriet.

Das lunisolare kalendarische Rechensystem im Ornament des Berliner Goldhutes weicht in einem Zeitraum 19 Jahren – im Vergleich mit manch anderem antiken Kalendersystem – um nur +16 Tage von den astronomischen Vorgaben ab und ist dabei in sich stimmig: **59** Lunationen beinhalten 1742 Tage. In der Vervierfachung auf den Neunzehnjahreszyklus sind es 6968 Tage. Abzüglich der 4 x 3 Tage in der Minderzählung im System des Goldhutes (1739) bedeutet das 6968 – 12 = **6956** Tage. Demgegenüber zählen **57** Sonnenmonate (19 Vierteljahre) 1735 Tage, die in der Vervierfachung 6940 ergeben. Zuzüglich der 4 x 4 Tage Überzählung im System des Berliner Goldhutes ist die Summe 6940 + 16 = **6956** (1739 x 4) Tage, womit das Konto solar/lunar sozusagen ausgeglichen ist. Die Abweichung von den realen Daten um +16 Tage für eine Periode von 19 Jahren oder 235 Mondumläufen ist für prähistorische Zeiten unerheblich.

Im Rückschluss belegen der Berliner Goldhut und sein nächstes Vergleichsstück, der Goldkegel von Ezelsdorf-Buch, mit hoher Wahrscheinlichkeit – wenn man der Beweisführung des Autors folgen mag –, dass in den prähistorischen Kulturen Mitteleuropas in der Zeit um 1000 v. Chr. bereits lunisolare, auf dem Prinzip des neunzehnjährigen Mondzyklus beruhende Kalenderkonzepte bekannt waren und umgesetzt wurden, lange bevor dies die Schriftquellen für Mesopotamien und noch später für die griechische Welt überliefern.

Das Frappierende aber ist, abgesehen vom handwerklichen Können der Goldschmiede, dass die Schöpfer der Kalenderwerke offensichtlich die Fähigkeiten hatten, das über Generationen erworbene Wissen über den Lauf der Gestirne in ein abstraktes Rechensystem umzusetzen und auf die goldenen Zeremonialhüte zu projizieren, um ihre Kenntnisse damit nicht nur zu dokumentieren, sondern auch zu konservieren und tradieren. Denn bevor der Handwerker das Gold austrieb und die Ornamente setzte, musste der eigentliche Autor des Werkes seine astronomischen und arithmetischen Kenntnisse sozusagen digitalisiert nach genauen Vorausberechnungen der Zahl und des Umfangs der Zonen, der Anzahl und Auswahl der Punzstempel sowie der Breite der Ornamentfriese auf dem dreifach gegliederten, konischen Hohlkörper als Programm zur Verfügung stellen.

Wie das im Einzelnen in einer schriftlosen Kultur zu bewerkstelligen war, bleibt der Phantasie überlassen. Nachgewiesen sind Anrisse auf dem Goldkegel von Ezelsdorf-Buch und dem Berliner Goldhut, die zeigen, dass die Verzierung von einer wie auch immer gearteten Vorlage oder einem Muster auf das Goldblech übertragen wurde. Wie diese aussahen, ob es sich um plastisches Modelle, plane Ritzzeichnungen im Sand oder auf Holz handelte, ist nur spekulativ zu beantworten (Fecht/Born).

Für die Berechnung des Zahlenwerkes, speziell beim Berliner Goldhut, könnte man sich als Vorstufe aber durchaus eine Art Abakus mit 19 Phasen, 8 unterschiedlichen Kugel- oder Perlentypen mit 2, 3, 5 und 6 Kennungen sowie zwei Kugeln für die astralen Zeichen vorstellen, die der „Programmierer" aufgrund seiner speziellen Kenntnisse als mechanische Rechenhilfe benutzte.

Das vermutlich geheime Wissen um das Kalenderwesen wurde über Generationen erworben, oral tradiert und weiter-

Abb. 73: Goldkegel von Ezelsdorf-Buch. Ausschnitt aus dem Ornamentkanon mit den Goldkegeln en miniature und sich überschneidenden Ornamenten.

entwickelt. Ein Endprodukt dieser elitären Wissensbildung sind die Kalenderhüte der späten Bronzezeit, in denen sich in Buckeln und Kreisen die kosmische Ordnung manifestiert. Es handelt sich dabei nicht um Kalender im modernen Sinn, sondern um in die Sphäre des Kults entrückte Medien für kalendarische Berechnungen.

Egal, ob die Goldhüte von Berlin und Ezelsdorf-Buch tatsächlich händisch benutzt wurden oder nicht, die Zeichen symbolisieren nicht nur gespeichertes Wissen, sondern waren für den Kundigen auch praktisch verwendbare digitale Rechner der besonderen Art. Der Nutzer musste nur den geheimen Schlüssel kennen, welche Zeichen und Zonen für bestimmte lunare und solare Zyklen „abzugreifen“ bzw. abzuzählen waren, um die Verschiebung der an Mondphasen und Jahreszeiten gebundenen Feste im Jahresablauf zu berechnen (siehe oben).

Trotz der grundlegenden Gemeinsamkeiten, in denen sich auch die ideellen Zusammenhänge der alteuropäischen Bronzezeit widerspiegeln, zeigen sich in der Abfolge der Friese, im Musterschatz, der Zahlenrhythmik und in den handwerklichen Details der Goldhüte Eigenarten, die hinsichtlich unterschiedlicher Zeitstellung oder geografischer Herkunft interpretiert werden können. Dass beispielsweise die im Vergleich mit dem Berliner Goldhut wenig sorgfältige Ausführung der Verzierung des Ezelsdorf-Bucher Goldkegels werkstatt- oder zeitbedingt ist, oder dass sich hinter den divergierenden ornamentkonstruktionen gar unterschiedliche Kulturkreise vermuten lassen, scheint wahrscheinlich. Die Überschneidungen der Muster beim Goldkegel von Ezelsdorf-Buch belegen aber eindringlich, dass es bei der Herstellung der Muster in erster Linie nicht auf ein sauber angelegtes Ornament ankam, sondern vielmehr auf die Anbringung der vorher theoretisch berechneten richtigen Anzahl der Symbole in den jeweiligen Zierzonen.

Während die beiden Goldhüte von Schifferstadt und Avanton mit einiger Sicherheit in das 14. bzw. 13./12. Jahrhundert v. Chr. zu verweisen sind, gestaltet sich die absolute Datierung der Beispiele von Ezelsdorf-Buch und Berlin dagegen schwierig. Chronologische Anhaltspunkte ergeben sich nur über die in der späten Bronzezeit allgemein auf goldenem Kultgerät beinahe stereotyp auftretenden Buckel mit konzentrischen Kreisen sowie über die mehrstrahligen Sterne, wie einer vergleichbar auf der größten Schale des Goldfundes von Eberswalde auftritt, der aufgrund der Form seines tönernen Verwahrungsgefäßes in das 10. bis 9. Jahrhundert v. Chr. datiert wird, oder über die achtspeichigen Räder des Goldkegels von Ezelsdorf-Buch, die, im weit gespannten Vergleich, zu den ebenfalls achtspeichigen Rädern der Streitwagendarstellungen auf neuassyrischen Reliefs der ersten Hälfte des 1. Jahrtausends v. Chr. führen, aber noch einfacher mit den achtspeichigen Sonnenrädern im Vogelbarkenmotiv der bronzenen Großgefäße der späten Urnenfelderzeit zu verbinden sind.

Auch die Augensymbole, die außer im Fall von Avanton auf allen anderen Goldhüten vorkommen, gehören nicht zum allgemein in der Bronzezeit verbreiteten Symbolgut und, noch weniger die, mit Ausnahme von zwei früheisenzeitlichen Belegen aus Etrurien, nur auf dem Berliner Goldhut auftretenden liegenden Mondsicheln mit zentralem Punkt. Für Datierungsfragen sind sie wenig relevant, wobei zu bemerken ist, dass alle Zeichen in der gegebenen Form seltene Erscheinungen im Musterschatz der mitteleuropäischen Bronzezeit sind.

Festgehalten werden kann, dass Goldhüte vom 14. Jahrhundert v. Chr. bis ans Ende der Bronzezeit in Zusammenhang mit einem uns unbekannten Kult in Verwendung waren, in dieser langen Periode die Rechensysteme bis hin zu den Beispielen von Berlin und Ezelsdorf-Buch weiterentwickelt wurden und dass der Goldene Hut von Schifferstadt irgendwann in dieser Zeit, aus welchen Gründen auch immer, umgearbeitet wurde, so als ob mit der Erweiterung um die zwei Zonen auf der Krempe fortschrittlichere Rechenmöglichkeiten erreicht werden sollten.

Spekulativ bleibt auch die Beantwortung der Fragen, wie lange die Kultgegenstände in Gebrauch waren sowie wann und aus welchen Gründen die Goldhüte schließlich rituell vergraben wurden. Sicher scheint nur, dass der Kult, mit denen sie in Verbindung zu bringen sind, mit dem Ende der Bronzezeit abbricht.

Der Kult

In der späten Bronzezeit bilden die Goldhüte und Goldschalen aufgrund der Gleichartigkeit des Materials, der systematischen Verzierung mit Kreisbuckelscheiben und der jeweiligen Fundumstände eine archäologische Fundgruppe, die in einem gemeinsamen religiösen Zusammenhang zu sehen ist.

Von mehr als 20 Fundorten in Mittel-, West- und Nordeuropa sind kleine getriebene Goldgefäße bekannt, die einzeln oder zu mehreren in gut klassifizierbaren Horten gefunden wurden und untereinander typologisch und funktional in engem Zusammenhang stehen.

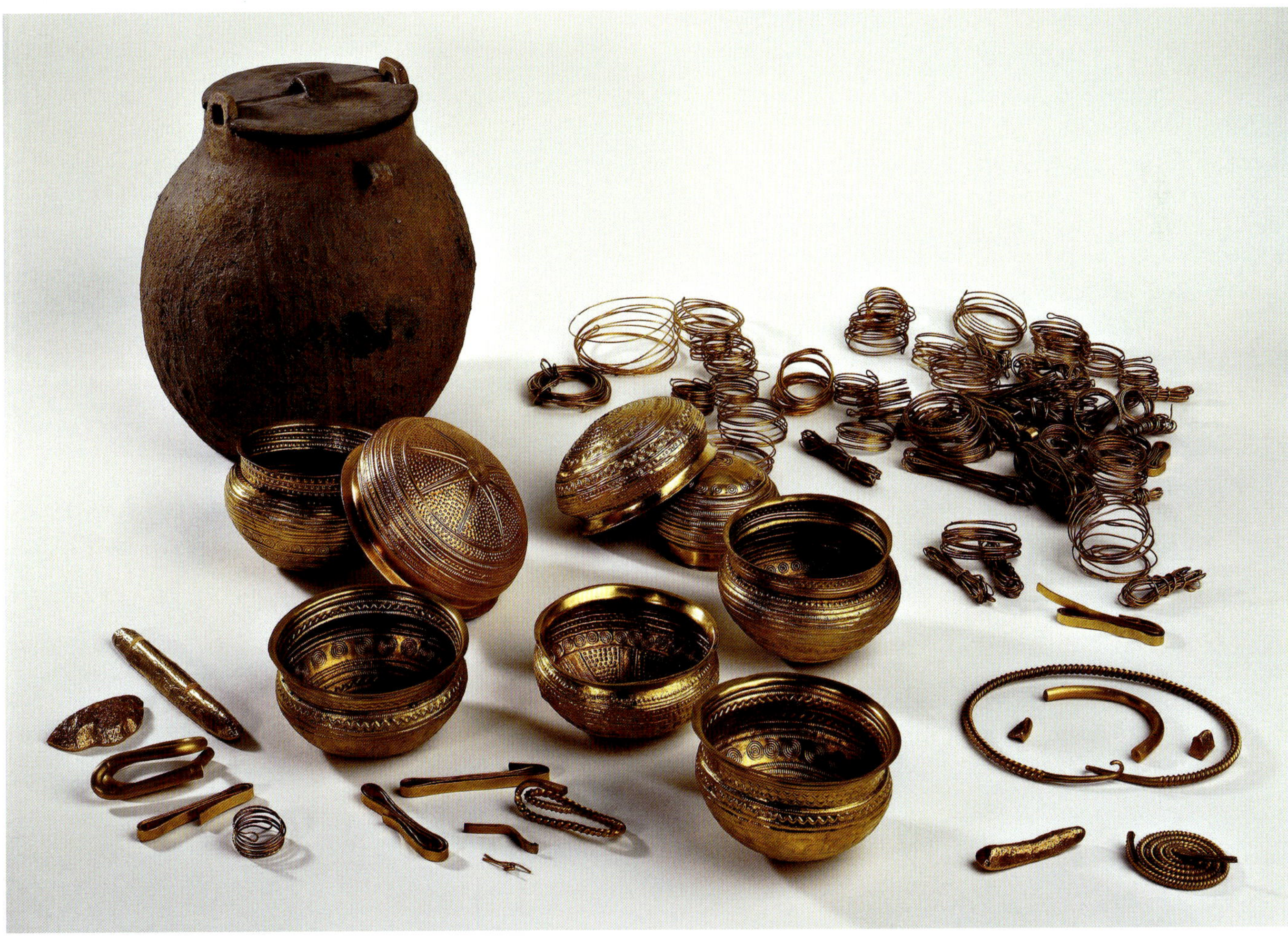

Abb. 74: Schatzfund von Eberswalde. 1913 beim Bau eines Wohnhauses im Messingwerk bei Eberswalde nahe dem Bach Finow am Rande einer sandigen flachen Erhebung in 1 m Tiefe beim Ausschachten in einem mit einem Deckel verschlossenen Tongefäß (H. 22 cm; Dm. 13,5 cm) gefunden. Darin säuberlich eingeschichtet acht Becher aus dünnem Goldblech mit Punzverzierung in Form von Scheibensymbolen und Mustern, wie sie auch bei den Goldhüten und beim Goldornat auftreten, zwei goldene Halsringe und Schmuckfragmente aus Gold, spiralig aufgewickelte Golddrähte und zusammengefaltete Goldstreifen, goldene Gusskuchen und Goldbarren im Gesamtgewicht von fast 3 kg. Es handelt sich dabei um den größten Goldschatz der Bronzezeit, der jemals in Deutschland gefunden wurde. 9.–8.Jahrhundert v. Chr. Eberswalde, Kr. Barnim, Brandenburg. Tongefäß original (MVF Inv. Nr. 11935), ornamentierte Becher Galvanoplastiken und übrige Funde nach Fotografien in vergoldetem Kupfer nachgebildet. Originale seit 1945 als Kriegsbeute im Staatlichen Museum der Schönen Künste A. S. Puschkin in Moskau.

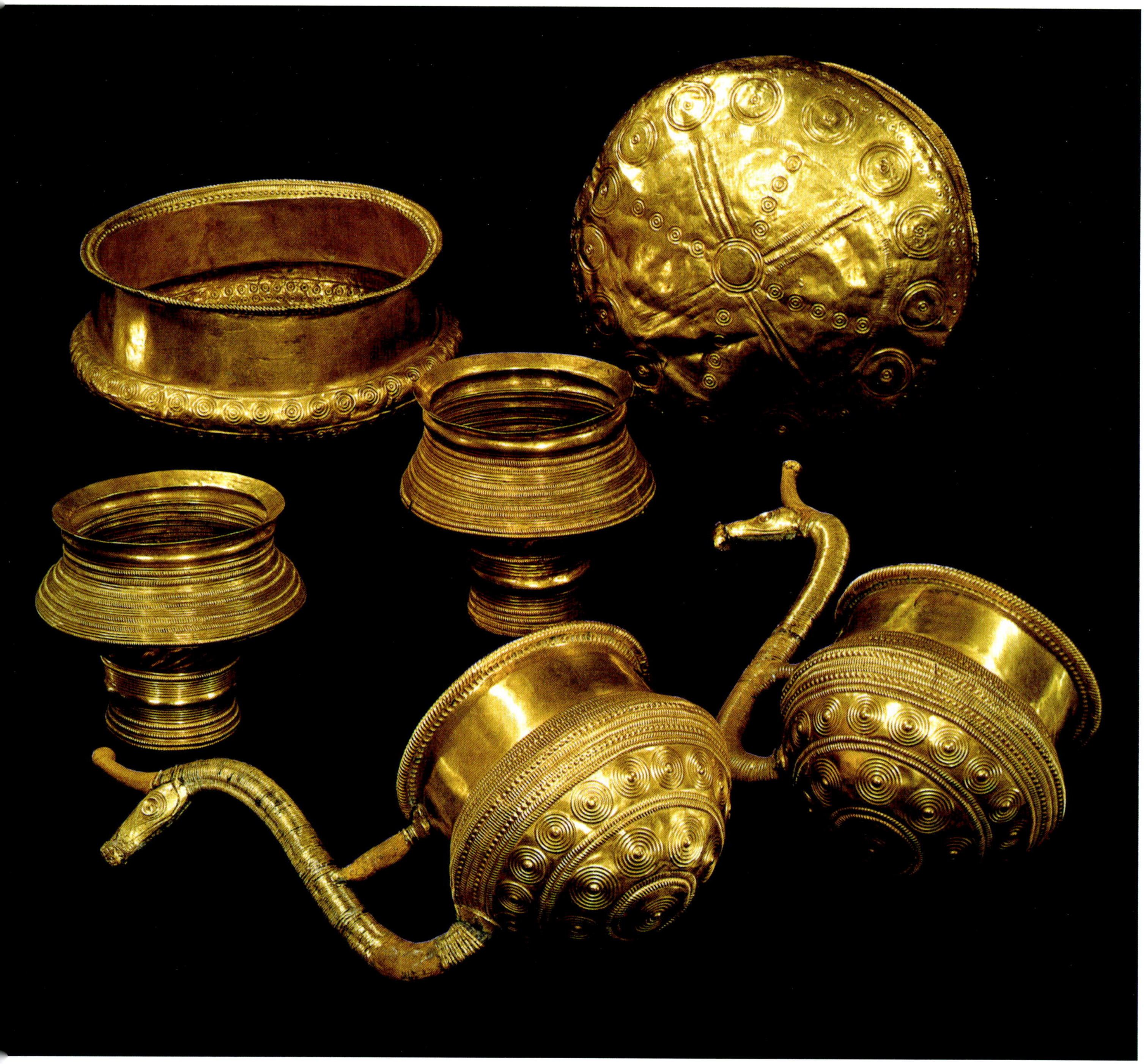

Abb. 75: Goldgefäße der Nordischen Bronzezeit. Die zwei Schüsseln aus getriebenem dünnem Goldblech mit glattem Zylinderhals, punktverzierter Randlippe und konzentrischen Kreisornamenten auf dem Schulterumbruch wurden 1842 zusammen auf dem Hügel Borgbjerg gefunden. Der Boden der Schalen zeigt in einem Ring aus Kreisornamenten ein sternförmiges Muster aus kleinen Ringpunzen und gekerbten Linien (H. 9,4 cm; Dm. 19,2 cm). Ein zusammengehöriger Satz von jeweils zwei identischen Bechern und Schöpfgefäßen kam 1874 am selben Fundplatz, einem „merkwürdig terrassierten Hügel", zu Tage. Die beiden Fußbecher sind atypisch durch horizontale Kerbwülste und Grate verziert. Die planen Standböden zeigen ein achtspeichiges Rad (H. 10,2 cm; Dm. max. 12,2 cm; Randdm. 10,2 cm).
Bei den beiden „Schöpfgefäßen" handelt es sich um zwei identische Becher mit glattem Zylinderhals und quer geriefter Randlippe. Schulter und Schulterumbruch sind mit Punktbändern und Kerbwülsten verziert. Der sphärische Gefäßboden weist in drei Zonen ein Ornament aus Buckelscheiben mit jeweils fünf bzw. sechs konzentrischen Ringen zwischen doppelten Kerbwülsten auf (H. 10,3 cm; Dm. 11,5 cm). Die nachträglich an die dünnwandigen Goldschalen mittels Nietung applizierten, hohen rundstabigen Griffe aus Bronze (H. 15,0 cm) enden in Pferdeköpfen und sind mit Golddraht umwickelt. 11. bis 9. Jahrhundert v. Chr. Borgbjerg, Gem. Boeslunde, Sorø, Dänemark. Nationalmuseum Kopenhagen.

Der reichste und bekannteste Schatz dieser Art kam 1913 beim Messingwerk von Eberswalde zutage. An einer äußerlich durch nichts hervorgehobenen Stelle stieß ein Arbeiter in 1 m Tiefe auf ein 22 cm hohes Tongefäß mit verschließbarem Deckel, das acht getriebene, dünnwandige Goldbecher und weitere 73 Goldgegenstände – Drahtringe, Bänder, Barren und zerbrochener Goldschmuck – im Gesamtgewicht von 2543 g enthielt. Die Gefäße sind aus einem Stück getrieben und zeigen in horizontalen Zierbändern Scheibenmuster der Art, wie sie entsprechend für die Goldhüte typisch sind. Die kalottenförmigen Böden sind in zwei Fällen sternförmig ornamentiert (vgl. Abb. 38; Abb. 39). Nach Form und Abmessung bilden die Gefäße einen Satz von drei paarigen Bechern, einer größeren Schale mit einem achtzackigen Stern als Bodenmuster (Dm. 12 cm; H. 6,0 cm) und einem kleinen Becher. Die Datierung des „Tempelschatzes" in das 10.–9. Jahrhundert v. Chr. erschließt sich aus den Schmuckbruchstücken und der Form des Tongefäßes (Abb. 74).

Ähnliche Umstände führten auch zur Bergung der meisten anderen Funde entsprechender Zusammensetzung. Entweder in Tongefäßen oder, wie in Unterglauheim, Bayern, bzw. Mariesminde Mose, Fünen, Dänemark (vgl. Abb. 43), in großen, mit dem Vogelbarkenmotiv verzierten Bronzeblechgefäßen niedergelegt oder auf freiem Felde ungeschützt vergraben, handelt es sich in allen Fällen um reine Zufallsfunde ohne kleinräumigen Bezug zu anderen archäologischen Fundstätten und Denkmälern.

Im Material, in den Abmessungen und im Zierstil zeigt sich, trotz formaler Unterschiede, eine typologisch-zeitliche Verbindung aller spätbronzezeitlichen Goldgefäße. Neben einfachen steilwandigen und halbkugeligen Formen kommen solche mit Schulterumbruch und mehr oder minder hohen Kegel- oder Trichterhälsen vor. Gemeinsam ist ihnen ein halbkugeliges bis spitzkonisches Unterteil ohne Standboden. Die Abmessungen bewegen sich zwischen 5,2 cm in der Höhe und 7,5 bis 12,0 cm im Mündungsdurchmesser. Das Goldgewicht variiert von 26 g bis 94,5 g.

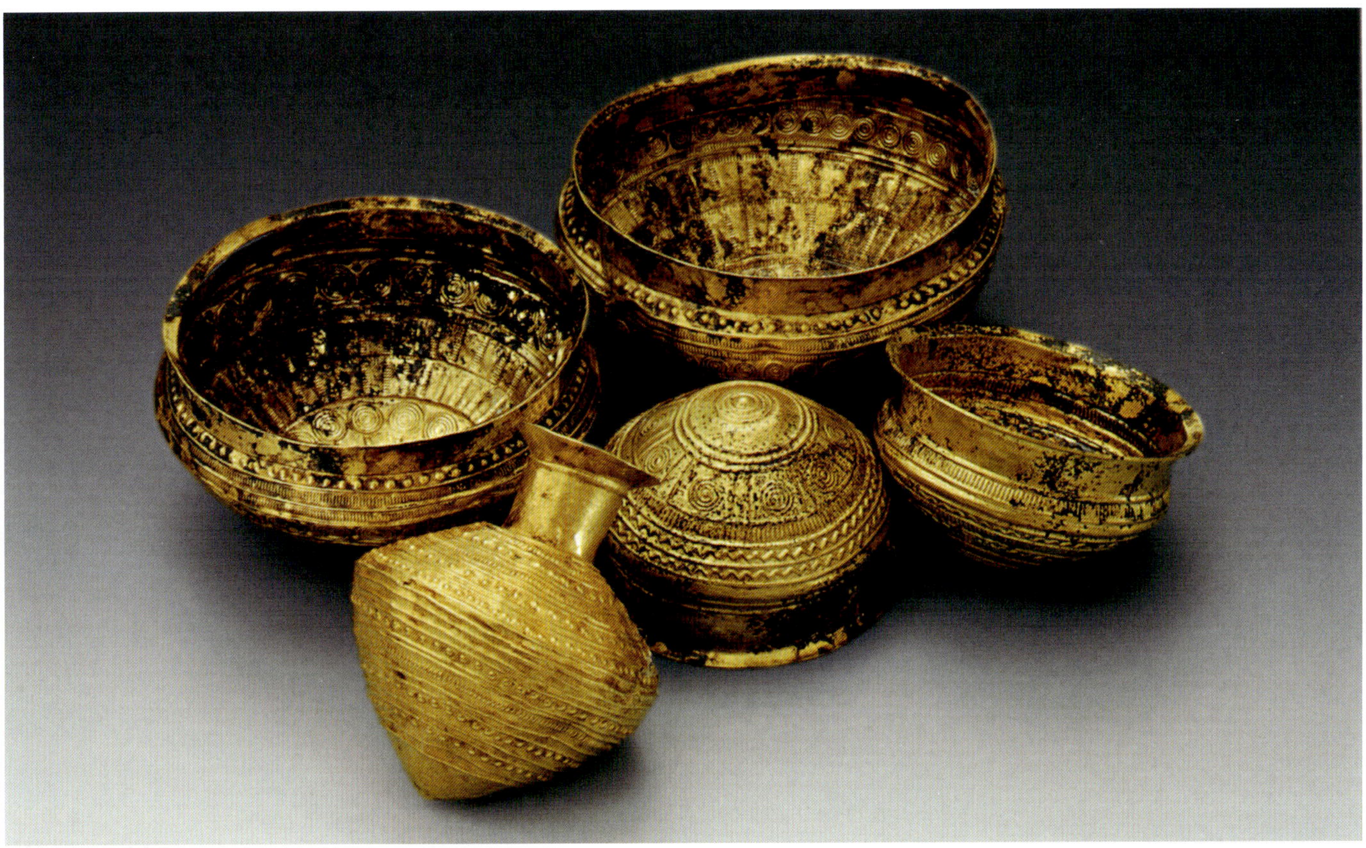

Abb. 76: Gefäßdepot. Die fünf Gefäße, von denen zwei weitmündige Schalen und zwei Becher mit konischem Unterteil jeweils ein Paar bilden, sowie eine Flasche mit stumpf-kegelförmigem Unterteil wurden angeblich in der Nähe einer befestigten bronzezeitlichen Siedlung am Rand des Nördlinger Rieses gefunden und über den Kunsthandel von der Archäologischen Staatssammlung in München erworben. Aus den Korrosionseigenarten zu schließen, waren die Gefäße ineinandergesteckt verborgen worden. Es handelt sich möglicherweise um den kompletten Satz eines Ritualgeschirrs. Die Verzierung der Schalen (Randdm. 12,5 cm; H. 7,4 bzw. 6,9 cm) und Tassen (Randdm. 8,9 bzw. 9,2 cm; H. 6,1 cm bzw. 5,9 cm) mit dreifach gefassten Scheiben zwischen horizontalen und vertikalen Kerbwulstrippen ist grafisch gegliedert, die Randlippen sind glatt. Die Flasche (H. 9,9 cm) weist in horizontaler Reihung Buckelmuster und einfach gefasste Buckel auf. Hals und Trichterrand sind glatt. Gesamtgewicht: 320,5 g. 10.–9. Jahrhundert v. Chr. Heroldingen-Huisheim, Kreis Donau-Ries, Bayern. Archäologische Staatssammlung München.

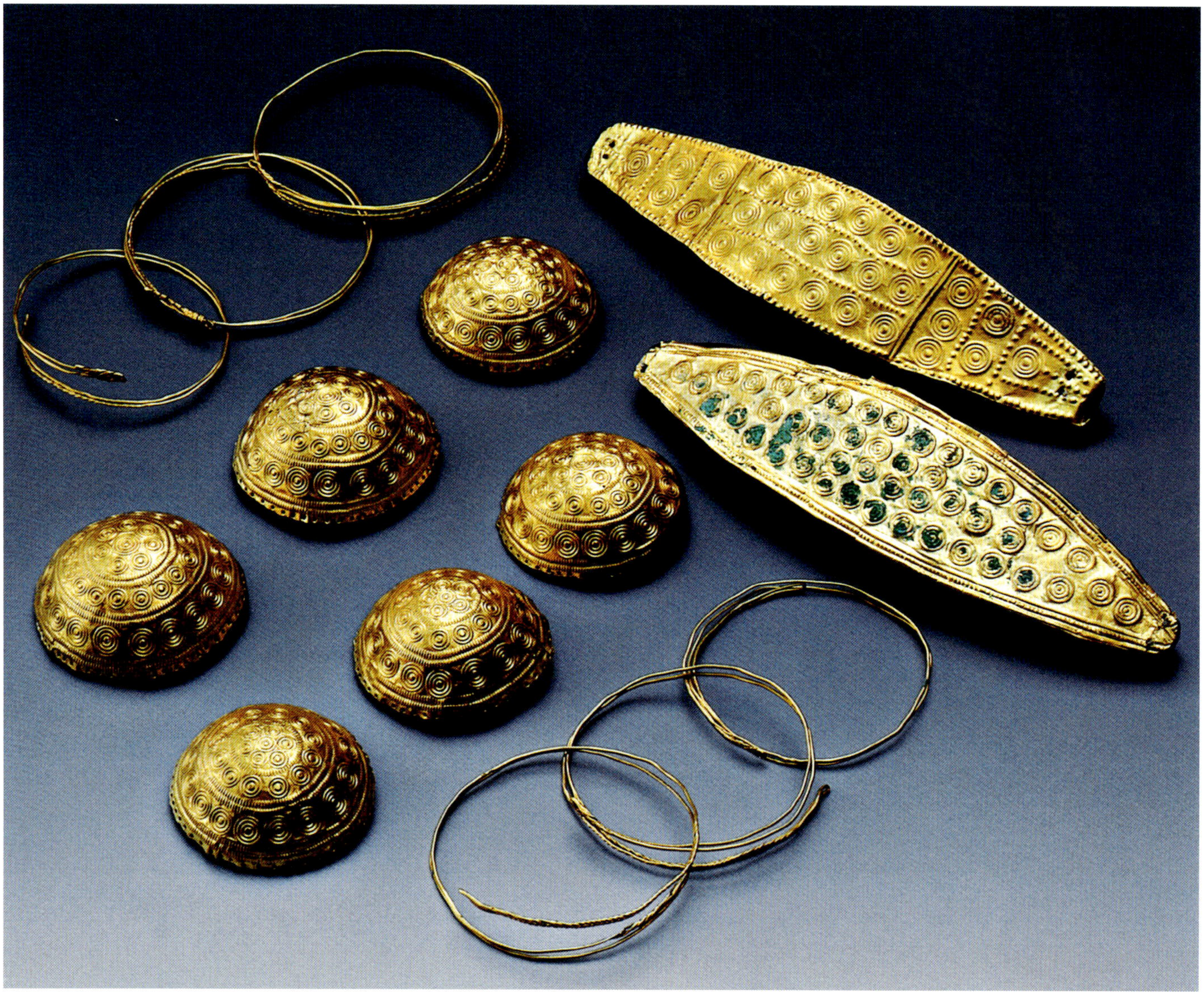

Abb. 77: Goldornat. Die beiden mit Goldfolie belegten Gürtelbleche, die sechs Goldschälchen mit regelmäßig perforiertem Rand und die sechs Golddrahtringe wurden, zusammen mit Bronzebeilen unterschiedlichen Typs, Bronzesicheln sowie bronzenen Arm- und Fußringen in einem Tongefäß auf dem Bullenheimer Berg, einer urnenfelderzeitlichen Höhensiedlung, im 10. oder 9. Jahrhundert v. Chr. dem Boden übergeben. Von Sondengängern illegal ausgegraben, im Kunsthandel auseinandergerissen und 1990 in der Prähistorischen Staatssammlung wieder zusammengeführt, ist dieser Hort relativ eindeutig datierbar, wobei die Intention, die seiner Zusammensetzung zugrunde liegt, offen bleiben muss. Die Teile des kultischen Ornats, das heißt die beiden goldenen Gürtelbleche mit bronzenem Korpus und die kleinen Goldblechkalotten, sind mit Kreisornamenten der Art verziert, wie sie für die Goldhüte, Goldschalen und Goldscheiben typisch sind. Länge des größeren Gürtelblechs 19,9 cm. Bullenheimer Berg, Landkreis Neustadt a. d. Aisch-Bad Windsheim/Landkreis Kitzingen, Bayern. Archäologische Staatssammlung München.

Die dünnwandigen Becher sind mit horizontal umlaufenden Ornamentzonen und Konturbändern verziert. Markantestes Motiv sind mehrfach von konzentrischen Kreisrippen gefasste Buckel, die von Horizontalrippen und gerieften Treibwülsten sowie vereinzelten Wellenbändern gerahmt sind. Das Bodenornament ist von der Wandung abgesetzt und zeigt in der Regel kreuzförmig angeordnete Kreismotive um einen Zentralpunkt. Bisweilen treten als Bodenzier kreuz- bis sternförmige Radialmuster auf. Eine Besonderheit der skandinavischen Goldgefäße sind angenietete, mit Golddraht umwickelte hoch aufschwingende Bronzehenkel mit Pferdekopfenden. Manchmal zeigen nur noch die ausgebrochenen Nietlöcher, dass die Goldgefäße ehemals Henkel besaßen (Abb. 75–76).

Abgesehen von den häufig wiederkehrenden und weit verbreiteten, aber langlebigen Stilelementen in Form und Toreutik, welche die Funde ganz allgemein der Urnenfelderzeit oder, in anderer Terminologie, der späten Bronzezeit, d. h. der Periode zwischen dem 13. und 8. Jahrhundert v. Chr. zuweisen, ergeben sich chronologische Anhaltspunkte nur über die Analyse der wenigen erhaltenen Fundbehältnisse. So ist das eiförmige Tongefäß, das den Goldschatz von Eberswalde enthielt, mit Keramikformen der jüngsten Bronzezeit zu vergleichen, worauf auch die Reste des tordierten Halsreifes hinweisen. In diese späte Phase gehören auch die beiden Becher von Unterglauheim, die zusammen mit zwei bronzenen Hängebecken in einer großen Bronzesitula mit Vogelbarkenmotiv gefunden wurden, wobei hier allerdings festzuhalten ist, dass es sich nicht um einen Hort-, sondern einen Grabfund aus dem Übergang von der Bronze- in die Eisenzeit handelt (Stefan Wirth). Wie bei den Goldhüten ist auch für die Goldgefäße festzuhalten, dass ihre Verbergung nicht auf einen Horizont der jüngeren Bronzezeit beschränkt war, sondern während des gesamten Zeitraums stattgefunden hat, wobei die religiöse Motivation im Dunkeln bleibt. Ob sich in der Ornamentik der Becher, vor allem wenn sie als Sätze überliefert sind, möglicherweise kalendarische Bezüge verbergen, scheint unwahrscheinlich. Aber als sicher darf die Verbindung mit einer Symbolik gelten, die mit kosmischen Erscheinungen zu tun hat, bei der die Sonne als Gottheitssymbol eine zentrale Rolle innehatte (H. Müller-Karpe).

In den kultischen Bereich gehören auch die entsprechend mit Kreisornamenten verzierten Schmuck- und Kleiderbesätze aus Deponierungen, die vermutlich dem Ornat elitärer Persönlichkeiten im Sinn von Priesterkönigen zugewiesen werden können.

Aus einem der zahlreichen Hort- oder Schatzfunde von der urnenfelderzeitlichen Höhensiedlung auf dem Bullenheimer Berg in Nordbayern stammen zwei goldene Gürtel- oder Brustbleche mit Kreisaugenzier auf bronzener Unterlage, sechs ebenso verzierte kleine, am Rand perforierte Goldblechkalotten und sechs Goldspiralringe mit eineinhalb Windungen. Der Kleiderschmuck ist, zusammen mit bronzenen Arm- und Fußringen, Knopfsicheln, Meißeln und Beilen, in einem Tongefäß zwischen dem 11. und 9. Jahrhundert v. Chr. vergraben worden (Abb. 77).

Von unbekanntem Fundort im nördlichen Niederösterreich oder Südmähren stammt ein vom Museum für Vor- und Frühgeschichte Berlin aus dem Kunsthandel erworbenes Konglomerat aus drei Fundkomplexen mit goldenen Halskragen, aufwendigen Perlenkolliers, goldenen Lockenringen und paillettenartigen, winzigen sphärischen Bronzeknöpfen. Angeblich sind die drei „Schmuckhorte", in denen die Perlenkolliers um die Halskragen gewickelt waren, beim Rigolen in einem Weinberg irgendwo an der Thaya zusammen mit Tonscherben entdeckt worden.

Der Korpus der Halskragen – ihre Interpretation als „Diademe" ist aufgrund der Form und der Abmessungen unwahrscheinlich – mit perforierten abgerundeten Enden besteht aus einem dünnen Bronzeblech. Auf der Schauseite weisen sie ein

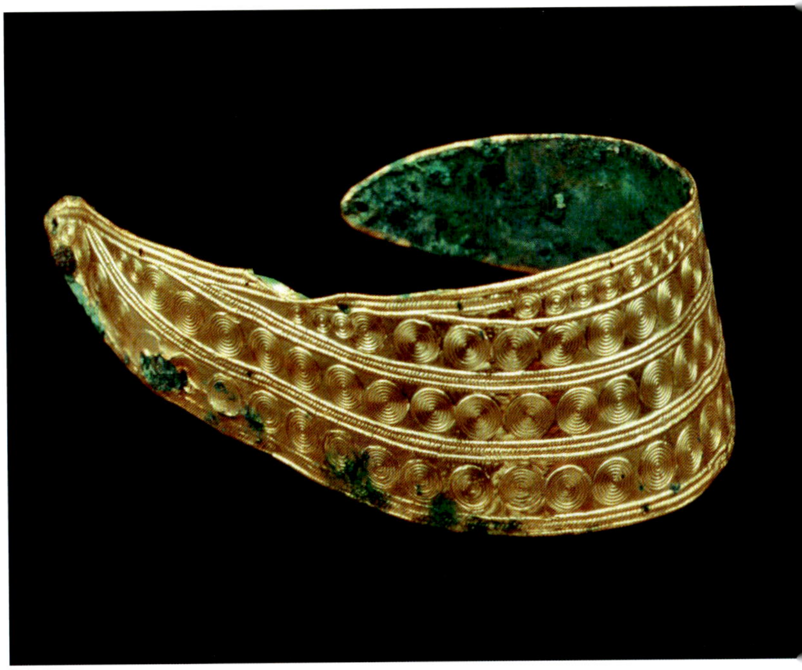

Abb. 78: Goldkragen. Halsberge. Korpus aus dünnem Bronzeblech, erhabenes Ornament mitgegossen. Verzierung aus Kreisscheiben zwischen horizontal gliedernden dreifachen Perlbändern. Auf der Schauseite mit dünner Goldfolie (0,02 mm) so kaschiert, dass der Eindruck eines Goldkragens entsteht. Goldfolie um den Rand des Bronzekorpus gebörtelt, zungenförmige Enden perforiert. Der ursprünglich ergometrisch geformte Goldkragen wurde bei der Verbergung verformt. Umfang oben: 27,8 cm; unten: 28,6 cm; größte Br. 4,8 cm. Fundort unbekannt, „von der Thaya". Museum für Vor- und Frühgeschichte Berlin. Aus „Komplex C", Inv. Nr. IV f 3374.

erhaben mitgegossenes, feines Ornament aus Scheiben mit konzentrischen Kreisen zwischen gliedernden Kerbwülsten auf, das mit einer dünnen Goldfolie so kaschiert ist, als ob der Schmuck gänzlich aus Gold bestünde (Abb. 78).

Das aufwendigste, wohl zusammengehörige Ensemble setzt sich aus einem derartigen Goldkragen, goldenen Lockenringen, einem siebensträhnigem Brustgehänge mit Bernstein- und Knochenschiebern sowie 178 Bernstein- und 14 Glasperlen zusammen. 267 kleine, gegossene sphärische Bronzeknöpfe mit winziger rückseitiger Öse bildeten einen Gewandbesatz (Abb. 79).

Den beiden anderen, entsprechend mit Kreismustern in zonaler Gliederung verzierten Halskragen sind ebenfalls aufwendige Perlenkolliers mit Bernstein-, Muschelkalk-, Glas- und Augenperlen zuzuweisen, die im antiquarischen Vergleich mit Horten vom Westrand des Karpatenbeckens eine Datierung des kulturmorphologisch eng zusammengehörigen Komplexes von „an der Thaya" in das 10. bis 9. Jahrhundert v. Chr. wahrscheinlich machen (Alix Hänsel).

Ob Schmuck und Kleiderbesätze dieser Art auch für die Träger der Goldhüte anzunehmen sind, bleibt der Spekulation überlassen. Die Kreismuster auf den Goldkragen, Gürtelplatten und kleinen Goldkalotten sind zwar wie bei den Goldhüten und Goldgefäßen in Zonen angeordnet, dabei aber viel feiner gearbeitet und haben keine ausgeprägten Mittelbuckel. Diese Muster stehen ganz in donauländischer Tradition und kommen aus einem Raum, aus dem, trotz einer Vielzahl von Goldhorten, bislang keine Goldhüte und vergleichbaren Goldschalen bekannt sind. Dennoch ist die Vorstellung sicher nicht ganz verfehlt, dass im „Kult mit den Goldhüten" die Ausführenden mit einem ähnlich prunkvollen Zeremoniengewand angetan waren, wie es sich in den Funden vom Bullenheimer Berg und von der Thaya rudimentär widerspiegelt.

Das Kultgeschehen und seine religiösen Inhalte sind nur zu erahnen. Der Priester oder Priesterkönig, als Inkarnation oder Vertreter astraler Gottheiten und zentrale Figur einer kultischen und politischen Gemeinschaft, feierte zu bestimmten Anlässen im Tempel oder – wahrscheinlicher – an naturheiligen Plätzen die im Ritus festgelegten Feste. Zum liturgischen Gerät gehörten die goldenen Gefäße für das Trankopfer, welches der Kultherr, auf erhabenem Platz thronend, in goldgeschmücktem Gewand und mit dem Goldhut bekrönt, im Kreis seiner Kultgenossen den astralen Mächten darbrachte.

Das Ordnende und zugleich Magische im Kult verkörperte dabei der goldene „Zauberhut". Für den Gläubigen stellte sich mit der Reihung astraler Muster und göttlicher Embleme auf der himmelwärts ragenden Tiara die kosmisch bedingte Ordnung ihrer Welt dar. Der Eingeweihte aber wusste um das darin verschlüsselte Kalenderwerk. Mit seiner Kenntnis konnte er nicht nur die Feste und damit das Leben im sakralen Jahresablauf verbindlich regeln, sondern vor allem auch, zumindest für den schlichten Gläubigen, in orakelhaft geheimnisvoller Weise den richtigen Zeitpunkt für Aussaat, Pflanzung und Ernte sowie die Termine für die Ablieferung der Abgaben an die Herrschenden und interkulturelle Verabredungen verlässlich bestimmen, die Festtage festlegen und zukünftige Ereignisse auf Jahre hinaus voraussagen. Wer den Hut auf dem Kopf trug und seine Zeichen zu lesen verstand, kommunizierte mit den überirdischen Mächten. Er war der Magier seiner Gemeinschaft und der „Herr der Zeit" (Abb. 80).

Wie in den Kulturen Mesopotamiens spielte die Astrologie offensichtlich auch in den Religionen der europäischen Bronzezeit eine bedeutende Rolle. Das Wissen um den Lauf der Gestirne und die Kenntnis seiner Mechanik sowie deren Gesetzmäßigkeiten ist sicher nicht zur Gänze aus dem Vorderen Orient übernommen, sondern beruht auf den Naturbeobachtungen einheimischer Generationen seit dem Beginn des Neolithikums vor mindestens 7000 Jahren. Hiervon zeugen die „Himmelsobservatorien", die in den zahlreichen prähistorischen Erdwerken Mitteleuropas nachzuweisen sind und einen ersten Höhepunkt in der frühen Bronzezeit mit der sogenannten Himmelsscheibe von Nebra in Mitteldeutschland fanden. Die als ein offenbar in drei Phasen weiterentwickeltes, geografisch gebundenes astronomisches Peil- und Messgerät gedeutete Scheibe wurde schließlich mit den Insignien magischer Macht auf Bergeshöhe rituell bestattet. Die Frage nach den Gründen und dem Anlass kann auch hier nur spekulativ beantwortet werden (F. Bertemes).

Inwieweit sich das historische Geschehen im Vorderen Orient und im östlichen Mittelmeerraum seit dem 14. vorchristlichen Jahrhundert auf die Entwicklung im weit entfernten Europa auswirkte, ist nur zu erahnen (Peter Schauer). Jedenfalls ist in dieser Zeit auch hier ein allmählicher Kulturwandel archäologisch nachweisbar, der viele Bereiche des von religiösen Vorstellungen und kultischen Vorschriften bestimmten geistigen und wirtschaftlichen Lebens erfasste und zu tiefgreifenden gesellschaftlichen Veränderungen führte.

In diesen Zusammenhängen ist auch das Aufkommen neuer bzw. fremder Kulte zu sehen, die, ursprünglich in weit entfernten Regionen entstanden, in den Räumen am Rande der damaligen Welt adaptiert, transformiert und in einer eigenen Religion kanonisiert wurden. Dafür steht unter anderem der „Kult mit den Goldhüten", der vom 14. bis ins 9./8. Jahrhundert v. Chr. für das sakrale Geschehen in den spätbronzezeitlichen Gesellschaften Mitteleuropas zu rekonstruieren ist. Erstaunlicherweise kommt in diesem Kultkomplex das sonst im Symbolgut der Urnenfelderzeit dominierende Vogelbarkenmotiv, mit Ausnahme der Goldflasche von Caputh bei Potsdam, Brandenburg, und den iberischen Goldkappen von Axtroki und Leire mit ihren Prozessionen von stilisierten Wasservögeln, auf keinem seiner liturgischen Gerätschaften vor, selbst wenn diese, wie in Mariesminde Mose, Dänemark, oder in Unterglauheim, Bayern, in bronzenen Großgefäßen mit dem Vogelbarkenmotiv der ausgehenden Bronzezeit niedergelegt wurden. Es scheint, als ob der Kult, den dieses Piktogramm samt seinen Bezügen zur ägäischen Welt symbolisiert, eine ältere kosmologische Religion - nämlich diejenige mit den Goldhüten – allmählich überlagert hat.

Die mehr oder weniger intensiven Kontakte zwischen den europäischen Urnenfelderkulturen und dem östlichen Mittelmeerraum haben während der gesamten Bronzezeit bestanden und waren sicher mit einem steten Wissenstransfer verbunden. Dennoch kann angenommen werden, dass das kosmologische Wissen und seine Umsetzung in ein Rechenmedium, wie es die Goldhüte überliefern, Ergebnisse einer originären Entwicklung der einheimischen Bronzezeitkulturen mit einer Elite sind, deren politische Macht sich nicht nur auf wirtschaftliche Potenz, sondern vor allem auf geheimes Wissen stützte.

Hierin mag auch einer der Gründe liegen, warum das „Magische Gold" nach 3000 Jahren unter stets ähnlichen Umständen an heute unauffälligen Plätzen wieder aufgefunden wird. Es ist ein zeitlich und geografisch fassbares Phänomen, dass Goldgefäße, Goldornate und auch die Goldhüte in offenbar ritueller Handlung an geheimen oder ehedem natur-

Abb. 79: Goldkragen und Perlengehänge.
a. Frontalansicht der Halsberge. Scheibenzier in drei Zonen zwischen Trennbändern. Konstruktion wie in Abb. 78. An einem Ende auf der Rückseite des Bronzekorpus eine angelötete Bronzedrahtschlaufe. Umfang oben 26,1 cm: unten 24,1 cm. Größte Br. 5,1 cm. Goldfolie 0,02 mm.
b. Pektorale aus sieben Perlschnüren. Zwei Bernsteinschieber mit acht Durchbohrungen, L. 6,6 cm und 6,9 cm, davon eine ausgebrochen. Ein Knochenschieber mit sieben Durchbohrungen, L. 9,2 cm. 870 scheibenförmige Muschelkalkperlen, 178 doppelkonische Bernsteinperlen, 14 blaue Glasperlen, 2 Bronzespiralröllchen. Montage des Gehänges rezent. Fundort unbekannt, „von der Thaya". Museum für Vor- und Frühgeschichte Berlin. Aus „Komplex A", Inv. Nr. IV f 3369.

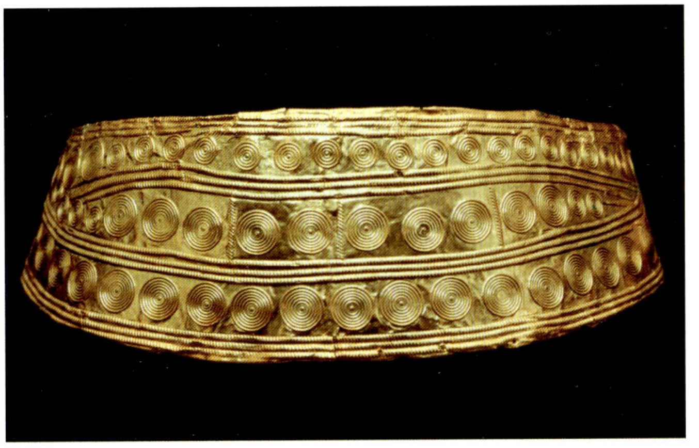

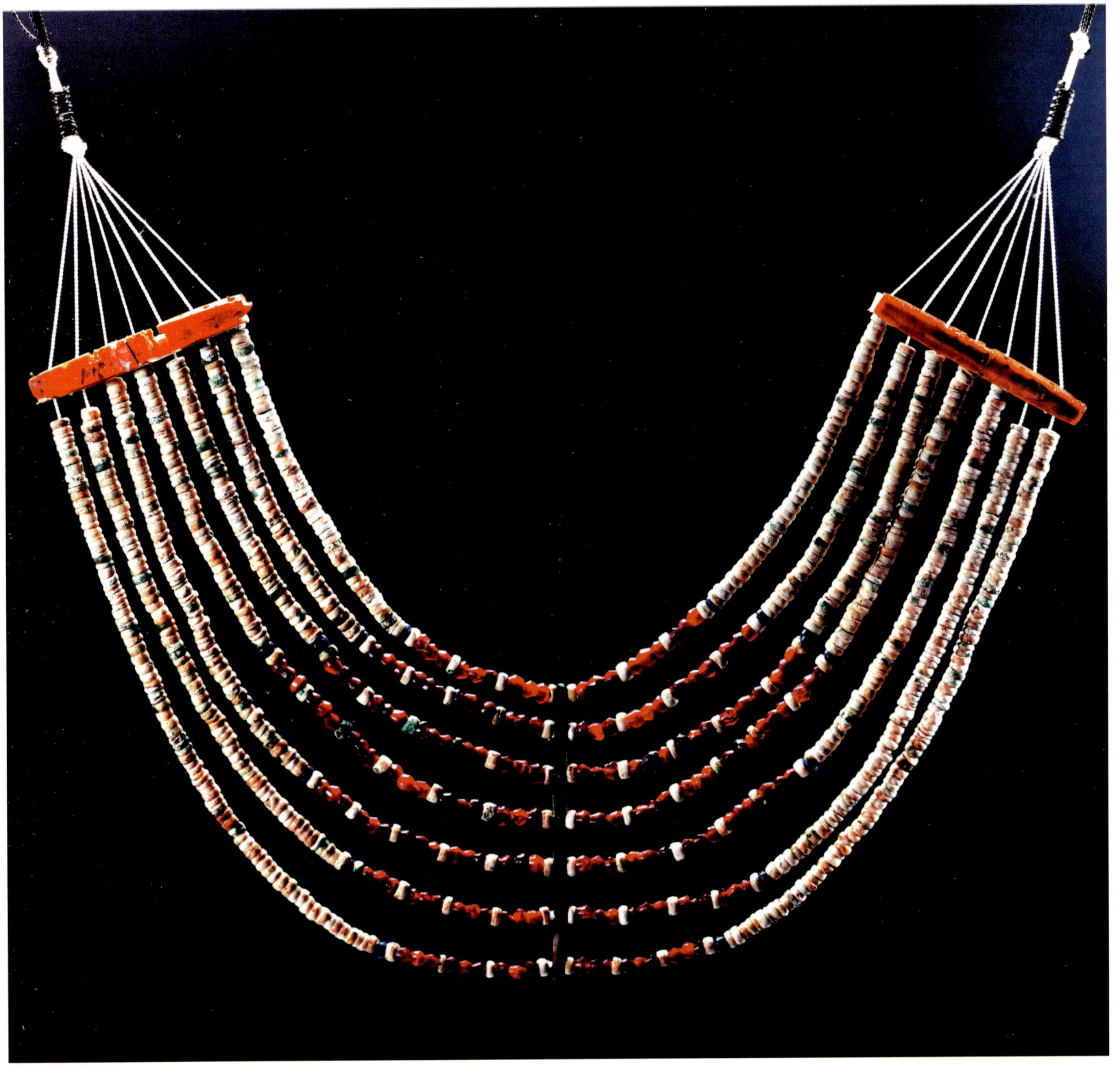

heiligen Plätzen vergraben wurden, so als ob die Kultgegenstände mit ihren vornehmlich astral-überirdischen Bezügen den unterirdisch-chthonischen Mächten übergeben oder ausgeliefert werden sollten. Die Goldschalen finden sich ineinandergesteckt und die Goldhüte aufrecht stehend in sorgfältig ausgehobenen Schächten vergraben, wobei in letzterem Fall das ordnende Prinzip ihrer Ornamente anscheinend noch in der Erde fortwirken sollte.

Über die Intentionen der Verbergung oder ihre Verursachung kann nur im Rahmen der allgemeinen Hortfundforschung spekuliert werden. Speziell bei den Goldhüten, die vermutlich über Generationen in Gebrauch waren, ist denkbar, dass sie irgendwann ihren Zweck nicht mehr erfüllten. Sei es, dass die Eingeweihten die Kalenderdaten falsch berechneten oder dass es irgendwann einfach niemanden mehr gab, der den Schlüssel zu seiner praktischen Nutzung kannte. Nutzloser Popanz, aber heilig, wurde er der profanen Weiterverwendung entzogen und den unirdischen Mächten übergeben.

Die denkbaren Szenarien sind vielfältig. Aber sicher scheint nur, dass der „Kult mit den Goldhüten" das Ende der Bronzezeit nicht überdauert hat. Spätestens mit den politischen und gesellschaftlichen Umschichtungen im 9. und 8. vorchristlichen Jahrhundert, die mit der beginnenden Eisenzeit einen einschneidenden Kulturwandel in weiten Teilen Europas zur Folge hatten, ging mit den bronzezeitlichen Eliten auch deren geheimes astrologisches Wissen, wie es aus der komplizierten Systematik im Ornament der Goldhüte zu erschließen ist, unter. Das Wissen um die kosmische Ordnung ging auch in der Eisenzeit sicher nicht verloren, doch scheint es nicht mehr die religiöse Wertigkeit besessen zu haben wie im Kult der späten Bronzezeit.

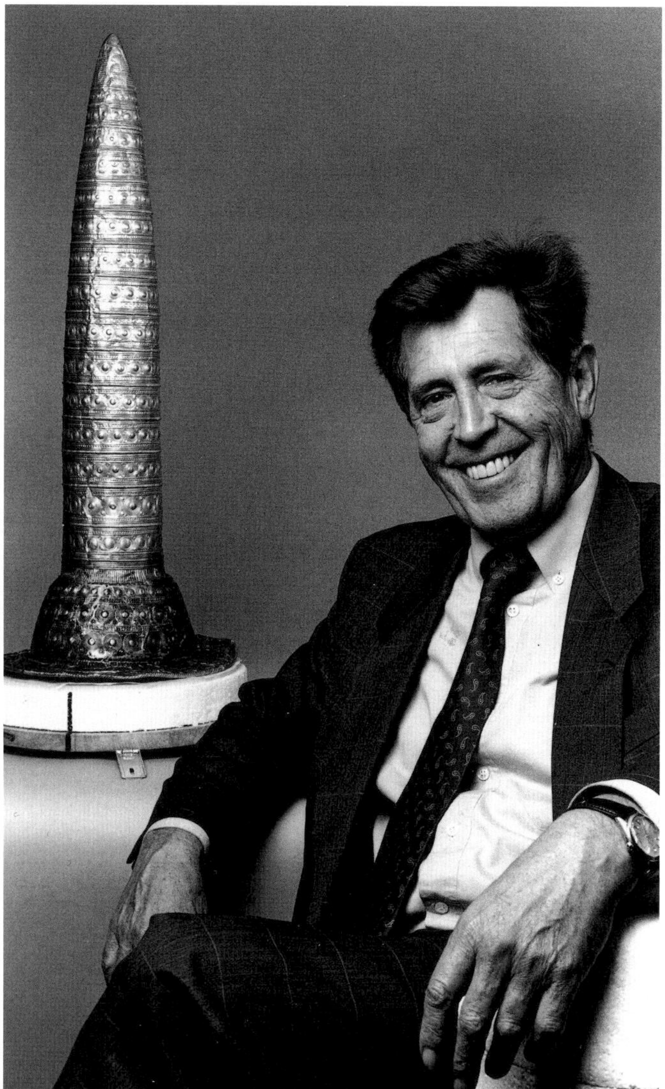

Der Autor und sein bestes Stück

Seite 83:

Abb. 80: Der Herr der Zeit.

Fiktion des Autors: Der Priesterkönig in Herrscherpose auf dem erhabenen Thron mit goldenem Hut, Halskragen, Oberkleid mit Kupferpailletten, Perlengehänge (wie aus dem Hort A „von der Thaya"), goldenem Gürtelblech und Goldkalotten auf dem Kleidersaum (entsprechend dem Fund vom Bullenheimer Berg) angetan. In der Linken das Goldgefäß mit dem Trankopfer aus goldenem Becher (Form wie in Heroldingen-Huisheim), in der Rechten ein zeitgenössisches Antennenknaufschwert als Zeichen der weltlichen Macht, davor die huldigenden Kultgenossen.

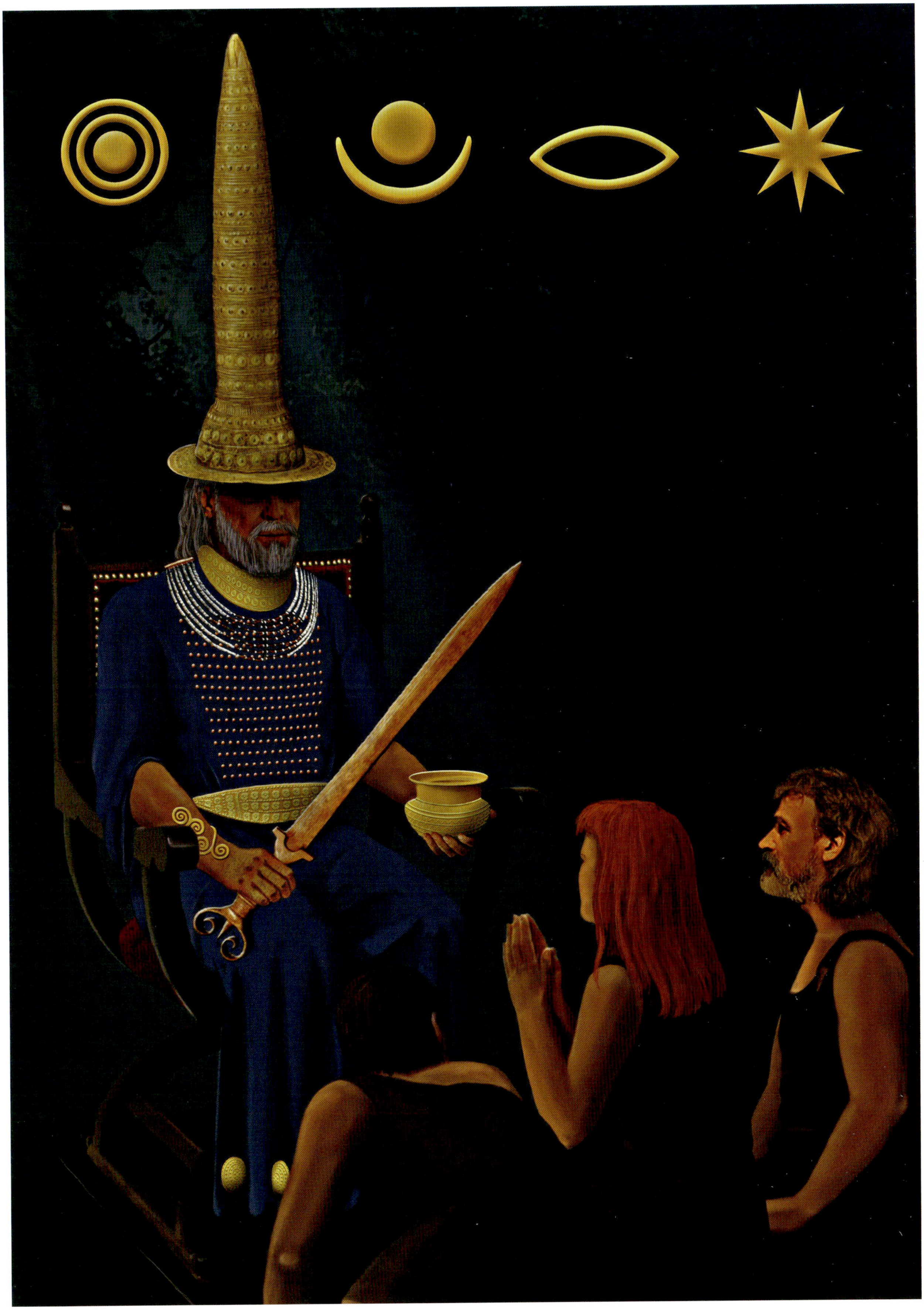

Literatur

Abgekürzt zitiert:
APA: Acta Praehistorica et Archaeologica
Anzeiger GNM: Anzeiger des Germanischen Nationalmuseums 2003. Tagungsbericht Goldenes Sakralgerät der Bronzezeit, Nürnberg 2003.
Der geschmiedete Himmel: Harald Meller (Hrsg.), Der geschmiedete Himmel. Die weite Welt im Herzen Europas vor 3600 Jahren, Stuttgart 2004.
Gold und Kult: Gold und Kult der Bronzezeit. Ausstellungskatalog Germanisches Nationalmuseum, Nürnberg 2003.
Magie, Mythos, Macht: Ludwig Wamser und Ruppert Gebhardt (Hrsg.),Gold. Magie, Mythos, Macht. Gold der Alten und Neuen Welt. Ausstellungskatalog, München 2001.

Pierre **A**miet,
Die Kunst des Alten Orient, Freiburg, Basel, Wien 1977.

Martin **A**ngerer (Hrsg.),
Regensburg im Mittelalter. Katalog der Abteilung Mittelalter im Museum der Stadt Regensburg, Regensburg 1995, S. 127, S. 132 (Sebastian Schott).

Andreas **A**ngerstorfer,
Eine mittelalterliche Figur des Hohenpriesters Aharon. In: Stadt und Mutter in Israel. Jüdische Geschichte und Kultur in Regensburg. Ausstellung Regensburg, Stadtarchiv und Runtingersäle 9. Nov. bis. 12. Dez. 1989, Regensburg 1989. S. 39–42, Abb. S. 38 Nr. 7.

Barbara Regina **A**rmbruster,
Edelmetallgefäße der Bronzezeit – eine technologische Betrachtung. In: Gold und Kult, S. 65–85.

Udo **B**ecker,
Astronomie im Alten Orient. In: Wissenschaft und Fortschritt 42, 1992, Heft 2, S. 77f.
Ders.,
Astronomie auf Keilschrifttafeln. In: Wissenschaft und Fortschritt 42, 1992, Heft 3, S. 129–131.
Ders.,
Der Babylonische Kalender. In: Wissenschaft und Fortschritt 42, 1992, Heft 4, S. 186–188.
Ders.,
Babylonische Astronomie. Von Kudurrus zur „Planisphäre". In: Wissenschaft und Fortschritt 42, 1992, Heft 7, S. 330–333.

François **B**ertemes und Wolfhard Schlosser,
Der Kreisgraben von Goseck und seine astronomischen Bezüge. In: Der geschmiedete Himmel, S. 48–51.
Ders.,
Die Kreisgrabenanlage von Goseck: Ein Beispiel für frühe Himmelsbeobachtung. In: APA 40, 2008, S. 37–44.
Ders.,
Die Sonne und ihre Bedeutung im religiös-mythologischen Kontext der Urgeschichte Alteuropas. In: Andrea Bärnreuther (Hrsg.), Die Sonne. Brennpunkt der Kulturen der Welt, München 2009, S. 94–117.

Felix **B**locher,
Sonne und Sonnengottheiten im Alten Vorderasien. In: Andrea Bärnreuther (Hrsg.), Die Sonne. Brennpunkt der Kulturen der Welt, München 2009, S. 40–54.

Hermann **B**orn,
Herstellungstechnische Voruntersuchungen am Berliner Goldhut. In: Gold und Kult, S. 87–105.

Hermann **B**orn, Martin Radtke, Uwe Reinholz, Erik Strub,
Neues vom Berliner Goldhut: Materialanalysen mit Synchrotronstrahlung. In: APA 41, 2009, S. 29–35.

Lis **B**rack-Bernsen,
360-Day Year in Mesopotamia. In: John M. Steel (Ed.), Calendars and Years: Astronomy and Time in the Ancient Near East, Oxford 2007, S. 83–100.
Dies.,
Der Babylonische Kalender. Vortrag bei der Tagung der Gesellschaft für Archäoastronomie im Museum für Vor- und Frühgeschichte im November 2008: Maß, Zahl und Geometrie in der Vor- und Frühgeschichte. Anfänge der Mathematik und der Astronomie (in Vorbereitung für den Druck).

Wolfgang **D**avid,
Zum Ornament der Goldblechkegel vor dem Hintergrund bronzezeitlicher Goldfunde Mittel- und Südosteuropas. In: Anzeiger GNM, S. 35–53

Horst **E**hringhaus,
Götter, Herrscher, Inschriften. Die Felsreliefs der hethitischen Großreichszeit in der Türkei. Zaberns Bildbände zur Archäologie, Mainz 2005, S. 14–30 mit Abb. 42 und 44.

Giovanni **G**arbini,
Alte Kulturen des Vorderen Orients. Schätze der Weltkunst Bd. 2., Gütersloh, München, Wien 1974, S. 60f. Abb. 77–79.

Rupert **G**ebhard,
Der Goldfund von Bernstorf. Bayerische Vorgeschichtsblätter 64, 1999, S. 1–18 mit Tafeln 1–8.
Ders.,
Kat.-Beiträge. In: Magie, Mythos, Macht, S. 10–21 mit Abb. 4–5, Abb. 7–11. – Ebda., S. 224–226 Nr. 24 a–e (Votivschatz von Heroldingen-Huisheim, Lkr. Donau Ries [10.–9. Jh.]); Nr. 26 (Goldschalen von Unterglauheim, Lkr. Dillingen a. d. Donau [10. Jh.]); Nr. 27 (Goldschale von Wehringen, Lkr. Augsburg [7. Jh.]); Nr. 28 (Goldschale von Stuttgart-Bad Cannstadt, Grab 1 [6. Jh.]). – Ebda., S. 230–232 (Goldornat von Bernstorf, Lkr. Freising [15./14. Jh. v. Chr.]). – Ebda., S. 233 (Ornat vom Bullenheimer Berg [12.–9. Jh. v. Chr.]) – Ebda., S. 283 Nr. 150 (Gefäßhort mit bronzenen Hängebecken und 12 Henkeltassen, Fundort unbekannt, unpubliziert [10. Jh. v. Chr.]).
Ders.,
Zwei Goldornate der Bronzezeit. In: Gold und Kult, S. 148–153 mit Abb. 1–2.

Sabine **G**erloff,
Bronzezeitliche Goldblechkronen aus Westeuropa. Betrachtungen zur Funktion der Goldblechkegel vom Typ Schifferstadt und der atlantischen „Goldschalen" der Form Devil's Bit und Atroxi. In: Albrecht Jockenhövel (Hrsg.), Festschrift für Hermann Müller-Karpe zum 70. Geburtstag, Bonn 1995, S. 153–194.
Dies.,
Goldkegel, Kappe und Axt: Insignien bronzezeitlichen Kultes und Macht. In: Gold und Kult, S. 190–203.

Rahlf **H**ansen und Christine Rink,
Himmelsscheibe, Sonnenwagen und Kalenderhüte – Ein Versuch zur bronzezeitlichen Astronomie. In: APA 40, 2008, S. 93–126, bes. 109ff.

Alix **H**änsel und Bernhard Hänsel,
Herrscherinsignien der älteren Urnenfelderzeit. Ein Gefäßdepot aus dem Saalegebiet Mitteldeutschlands. In: APA 29, 1997, S. 39–68.

Alix **H**änsel,
Goldschmuck der Spätbronzezeit – Zu einer Neuerwerbung des Berliner Museums für Vor- und Frühgeschichte. In: APA 35, 2003, S. 157–175.

Bernhard **H**änsel,
Gaben an die Götter – Schätze der Bronzezeit Europas. Eine Einführung. In: Alix und Bernhard Hänsel (Hrsg.), Gaben an die Götter. Bestandskatalog MVF 4, Berlin 1997, S. 11–22, bes. S. 20f. Abb. 2.

Friedrich-Wilhelm von **H**ase,
Religiöse Ausdrucksformen in Etrurien. In: Liselotte Zemmer-Plank (Hrsg.), Kult der Vorzeit in den Alpen. Opfergaben, Opferplätze, Opferbrauchtum, Bozen 2002, S. 137–197, bes. S. 172 Abb. 31.

Hilke **H**ennig,
Die Goldschale aus Hügel 8 von Wehringen. In: Gold und Kult, S. 154–159.

Albrecht **J**ockenhövel,
Eine Bronzeamphora des 8. Jahrhunderts von Gevelinghausen, Kr. Meschede (Sauerland). In: Germania 52, 1974, S. 16–54.
Ders.
Querverbindungen in Handwerk und Symbolik zwischen Gold- und Bronzetoreutik. In: Gold und Kult, S. 107–118 Abb. 1, 1.2, Abb. 6, 2.2a, Abb. 7, 2–7, Abb. 8, 1–2.

Fleming **K**aul,
Der Mythos von der Reise der Sonne. Darstellungen auf Bronzegegenständen der späten Nordischen Bronzezeit. In: Gold und Kult, S. 36–51.
Ders.
Die Sonnenschiffe des Nordens. In: Der geschmiedete Himmel. S. 58–63, bes. Abb. S. 61.

Susanne **K**och,
Herstellungstechnische Untersuchungen am Goldkegel von Ezelsdorf. In: Gold und Kult, S. 99–105.

Georg **K**ossack,
Studien zum Symbolgut der Urnenfelder- und Hallstattzeit Mitteleuropas. Römisch-Germanische Forschungen Bd. 20, Berlin 1954.

Gustav **K**ossinna,
Der Goldfund vom Messingwerk bei Eberswalde und die goldenen Kultgefäße der Germanen. Mannus Bibliothek Nr. 12, Würzburg 1913.

Rolf **K**rauss,
Über Horus und die Horusaugen sowie andere Elemente der altägyptischen Astronomie. In: APA 40, 2008, S. 205–219.

Thomas **L**orenz,
Weltwunder Himmelsscheibe. Die Entschlüsselung des Wissens der frühen westlichen Menschheit, Neckarsulm 2009.

Jens **M**ay und Reiner Zumpe,
Kalendarien in der jüngeren Bronzezeit im nördlichen Mitteleuropa. Ein Beitrag zur Interpretation buckelverzierter Amphoren und Schilde. In: Bernhard Hänsel (Hrsg.), Mensch und Umwelt in der Bronzezeit Europas, Kiel 1998, S. 571–573.

Dies.
Ein Buckel – ein Tag. Zur Nutzbarkeit buckeldekorierter Schilde, Hängebecken und Amphoren der jüngeren Bronzezeit als Kalender. In: Gold und Kult, S. 252–265.

Jens **M**ay,
„Die gefangene Zeit". Vergleichende Untersuchungen zu den Kalenderamphoren von Seddin, Herzberg, Rorbaek, Unia und Gevelinghausen. In: APA 40, 2008, S. 127–155.

Harald **M**eller,
Die Himmelsscheibe von Nebra. In: Der geschmiedete Himmel, S. 22–31, bes. Abb. S. 24/25.

Wilfried **M**enghin und Peter Schauer,
Magisches Gold, Kultgerät der späten Bronzezeit. Ausstellungskatalog Germanisches Nationalmuseum, Nürnberg 1977.
Dies.,
Der Goldkegel von Ezelsdorf. Kultgerät der späten Bronzezeit. Die vor- und frühgeschichtlichen Altertümer im Germanischen Nationalmuseum, Heft 3, 1983.

Wilfried **M**enghin,
Der Berliner Goldhut und die goldenen Kalendarien der alteuropäischen Bronzezeit. Mit einem Anhang von Hermann Born, Josef Riederer, Christine Éluère und Sylvie Colinart. In: APA 32, 2000, S. 31–108.
Ders.,
Der Berliner Goldhut. In: Magie, Mythos, Macht, S. 56–63.

Wilfried **M**enghin und Alix Hänsel,
Goldhalskragen und Perlenschmuck für das Museum für Vor- und Frühgeschichte. In: Jahrbuch Preußischer Kulturbesitz 38, 2001, S. 381–396.

Wilfried **M**enghin,
Goldene Kegelhüte – Manifestationen bronzezeitlicher Kalenderwerke. In: Gold und Kult, S. 220–237 mit Abb. 1–13.
Ders.,
Zahlensymbolik und digitales Rechensystem in der Ornamentik des Berliner Goldhutes. In: APA 40, 2008, S. 157–169.

Carola **M**etzner-Nebelsick,
Der Schatz von Michalków in Galizien. Ein Beitrag zu seiner Struktur und Deutung. In: Anzeiger GNM, S. 56–67.

Hermann **M**üller-Karpe,
Himmel und Sonne als bronzezeitliche Gottheitssymbole. In: Germania 84/1, 2006, S. 19–26.

Bianka **N**essel,
Bronzenes Spezialgerät. Ein Metallhandwerkerdepot im Berliner Museum für Vor- und Frühgeschichte. In: APA 41, 2009, S. 37–65.

Joachim **N**eumaier,
Das bronzezeitliche Sakralgerät der Iberischen Halbinsel. Die Goldkalotten aus Axtroki, Rianxo und Villena. In: Anzeiger GNM, S. 94–99.

Peter **N**eve,
Hattuscha – Stadt der Götter und Tempel. Neue Ausgrabungen in der Hauptstadt der Hethiter. In: Antike Welt. Zeitschrift für Archäologie und Kunstgeschichte 23, Sondernummer 1992, S. 57 Abb. 149.

Mathieu **O**ssendrijver,
Die Sonne im Alten Orient – Konzeptionen zwischen Mythos und Wissenschaft. In: Andrea Bärnreuther (Hrsg.), Die Sonne. Brennpunkt der Kulturen der Welt, München 2009, S. 55–65.

Klavs **R**andsborg,
Kivik, Archeology and Iconography. In: Acta Archaeologica (Kopenhagen) 64, 1993, S. 7–147.

Georg **R**aschke,
Ein Goldfund der Bronzezeit von Etzelsdorf-Buch bei Nürnberg. In: Germania 32, 1954, S. 1–6.

Carl **R**athjens und Hermann von Wissmann,
Vorislamische Altertümer. Rathjens–von Wissmannsche Südarabienreise. Bd. 2. Hamburgische Universität. Abhandl. aus dem Gebiet der Auslandskunde 38, Reihe B, Völkerkunde, Kulturgeschichte und Sprachen Bd. 19, Hamburg 1932, S. 111ff. Abb. 73, 74.

Alfred **R**eichenberger,
Goldblechkegeldarstellungen auf hallstattzeitlichen Urnen von Sopron? In: Anzeiger GNM, S. 83–93.

Peter **Sch**auer,
Die Goldblechkegel der Bronzezeit. Ein Beitrag zur Kulturverbindung zwischen Orient und Mitteleuropa. Monographien RGZM 8, Bonn 1986.

Wolfram **Sch**ier,
Zur astronomischen Orientierung der mittelneolithischen Kreisgrabenanlage von Ippesheim, Mittelfranken. Mit einem Beitrag von Theodor Schmidt-Kaler. In: APA 40, 2008, S. 45–55.

Wolfhard **Sch**losser,
Einige Anmerkungen zur Realität bronzezeitlicher Mondkalender. Jahresschrift Halle 86, 2003, S. 45–51 (Methodologische Skepsis des Astrophysikers in Bezug auf die Arbeiten von Jens May [1998] und Wilfried Menghin [2000]. Zitat S. 50: „Kein Zweifel, die zitierten Arbeiten demonstrieren eher die Intelligenz und Findigkeit ihrer Autoren als die astronomischen

Kenntnisse der Menschen der Bronzezeit". Und als „Schlussfolgerungen", Zitat: „Es sind eigentlich zwei Selbstverständlichkeiten: 1. Es ist ratsam, bei derartigen Unternehmungen einen Astronomen hinzuzuziehen. Er bewahrt vor den Fallgruben der nur scheinbar so elementaren Astronomie. Weiterhin kann er auch manch guten Ratschlag zur statistischen Signifikanz der Ergebnisse geben. 2. Ein moderner Kalender ist praktikabel. Wenige Blicke genügen, und man weiß, wann etwa Ostern ist. Das dürfte in der Vorzeit nicht anders gewesen sein. Ein Kalender, der sich nur nach längeren Rechenoperationen mit komplizierten Vorschriften erschließt, hätte damals wie heute keinen Nutzer gefunden." Zumindest hier irrt W. Schlosser, denn bevor ein Kalender, gleich welcher Art, erstellt wird, müssen das Kalendersystem nach den astronomischen Daten errechnet und Regeln erstellt werden, was besonders für „Gebundene Kalender" gilt, wie der Rückblick auf die antiken Kalender zeigt).
Ders.,
Die Himmelsscheibe von Nebra – astronomische Untersuchungen. In: Der geschmiedete Himmel, S. 44–47.
Ders.,
Astronomische Analyse der Himmelsscheibe von Nebra und des Kreisgrabens von Goseck – Gemeinsamkeiten und Unterschiede. In: APA 40, 2008, S. 57–60.

Theodor **Sch**midt-Kaler,
Zur astronomischen Deutung der Himmelsscheibe von Nebra. In: Jahresschrift für Mitteldeutsche Vorgeschichte 90, 2006, S. 235–265.
Ders.,
Die Entwicklung des Kalender-Denkens in Mitteleuropa vom Paläolithikum bis zur Eisenzeit. In: APA 40, 2008, S. 11–36.

Carl **Sch**uchhardt,
Der Goldfund vom Messingwerk bei Eberswalde, Berlin 1914.

Cornelia **Sch**ütz-Tillmann,
Das urnenfelderzeitliche Gräberfeld von Zuchering-Ost, Stadt Ingolstadt. Materialhefte zur Bayerischen Vorgeschichte. Serie A, Bd. 90, Kallmünz/Oberpfalz 2006, S. 198–201 mit S. 199 Abb. 40, 4 Taf. 148–151, 1–4.

Jürgen **S**ettgast,
Kat.-Beitrag. In: Tutanchamun. Ausstellungskatalog Berlin, Ägyptisches Museum, Berlin 1980, S. 144 Nr. 42.

Christoph **S**ommerfeld,
Gerätegeld Sichel. Studien zur monetären Struktur bronzezeitlicher Horte im nördlichen Mitteleuropa. Vorgeschichtliche Forschungen 19, Berlin, New York 1994.
Lothar Sperber,
Untersuchungen zur Chronologie der Urnenfelderkultur im nördlichen Alpenvorland von der Schweiz bis Oberösterreich. Antiquitas 3, 29, Bonn 1987.
Ders.,
Wer trug den goldenen Hut? – Überlegungen zur gesellschaftlichen Einbindung der Goldkegel vom Typus Schifferstadt. In: Gold und Kult, S. 204–219 mit Abb. 1–12.
Ders.,
Die goldenen Kegelhüte Alteuropas. Ihr Platz in Religion und Gesellschaft. In: Historisches Museum der Pfalz (Hrsg.), Der Goldene Hut von Schifferstadt, Speyer 2008, S. 9–77.

Tobias **S**pringer,
Der Goldkegel von Ezelsdorf-Buch. Ein Einzelfund und seine Parallelen. In: Gold und Kult, S. 238–250 mit Abb. 1–12.

Burkard **S**teinrücken,
Stonehenge – Himmelsscheibe – Hoheward. Horizontalastronomie damals und heute. Vortrag bei der Tagung der Gesellschaft für Archäoastronomie im Museum für Vor- und Frühgeschichte in Berlin, November 2008: Maß, Zahl und Geometrie in der Vor- und Frühgeschichte. Anfänge der Mathematik und der Astronomie (in Vorbereitung für den Druck).

Kocku von **St**uckrad,
Religion und Kalender. Systematische Überlegungen zur qualitativen Bestimmung von Zeit. In: Anzeiger GNM, S. 23–26.

Jürgen **T**himme,
Kunst und Kultur Sardiniens vom Neolithikum bis zum Ende der Nuraghenzeit. Ausstellungskatalog Badisches Landesmuseum Karlsruhe und Museum für Vor- und Frühgeschichte der Staatlichen Museen Preußischer Kulturbesitz (Red.), Karlsruhe 1980, S. 380 Nr. 133, S. 427 Nr. 289.

Maria **U**lrich,
Kleidertracht und Schicksal. In: Ausgrabungen in Berlin. Forschungen und Funde zur Ur- und Frühgeschichte 9, 1994, S. 117–139, bes. Judenhut-Formen vom Frühen Mittelalter bis ins 19. Jahrhundert: S. 127–139.

Stefan **W**inghart,
Die Wagengräber von Poing und Hart an der Alz. Evidenz und Ursachen spätbronzezeitlicher Elitenbildung in der Zone nordwärts der Alpen. In: Eliten der Bronzezeit. Monographien RGZM 43, 1999, S. 515ff.

Stefan **W**irth,
Die Goldbecher von Unterglauheim. In: Gold und Kult, S. 132–141 mit Abb. 1–5.

Gisela **Z**ahlhaas,
Kat.-Beitrag. In: Gold. Magie, Mythos, Macht, S. 221 Nr. 21.

Abbildungsnachweise

Abb. 1: Foto Claudia Plamp, Berlin
Abb. 2: Foto nach Stadtmuseum Ingolstadt (Hrsg.), Das Geheimnis des Bernsteinkolliers, Ingolstadt 1998, S. 72 Abb. 10.
Abb. 3: Luftbild Otto Braasch, Landshut.
Abb. 4: Foto Claudia Plamp, Berlin.
Abb. 5: Nach Menghin/Schauer 1983, S. 35 Abb. 9.
Abb. 6: Grafik Sylvia Nettekoven.
Abb. 7: Foto Historisches Museum der Pfalz, Speyer.
Abb. 8: Entwurf Wilfried Menghin, Ausführung Mario Kacner, Berlin.
Abb. 9: Foto Historisches Museum der Pfalz, Speyer.
Abb. 10: Foto RGZM Mainz
Abb. 11: Entwurf Wilfried Menghin, Grafik Klaus Schwarz.
Abb. 12–14: Fotos GNM Nürnberg.
Abb. 15–18: Fotos Claudia Plamp, Berlin.
Abb. 19: Grafik Sylvia Nettekoven, Berlin.
Abb. 20: Foto Claudia Plamp, Berlin.
Abb. 21: Entwurf Wilfried Menghin, Grafik Mario Kacner, Berlin.
Abb. 22: Foto Claudia Plamp, Berlin.
Abb. 23: Entwurf Wilfried Menghin, Grafik Mario Kacner, Berlin.
Abb. 24: Nach Ernst Probst, Deutschland in der Bronzezeit, München 1996, Farbtafel 47.
Abb. 25: Foto nach Menghin/Schauer 1983, S. 122 Abb. 54, Nr. 19a.
Abb. 26–27: Nach Klavs Randsborg, Kivik. Archeology and Iconography. In: Acta Archaeologica (Kopenhagen) 64, 1993, S. 18f. Abb. 7 u. 8, S. 111 Abb. 59.
Abb. 28: Nach Oscar Montelius, Minnen från vår forntid I. Stenålderen och bronsålderen, Stockholm 1917, Nr. 981.
Abb. 29: Umzeichnung Sylvia Nettekoven nach Thimme 1980, S. 380 Nr. 133.
Abb. 30: Umzeichnung Sylvia Nettekoven nach Sperber 2008, S. 34 Abb. 23.
Abb. 31: Umzeichnung Sylvia Nettekoven nach Thimme 1980, S. 356 Nr. 289.
Abb. 32: Reproduktion nach Amiet Nr. 432.
Abb. 33: Nach Giovanni Garbini, Alte Kulturen des Vorderen Orients. Schätze der Weltkunst Bd. 2, Gütersloh, München, Wien 1974, S. 62f. Abb. 82.
Abb. 34–35: Umzeichnung: Sylvia Nettekoven nach Foto Stadtmuseum Regensburg
Abb. 36: Foto Claudia Plamp, Berlin.
Abb. 37: Archäologische Staatssammlung München. Nach Magie, Mythos, Macht, S. 20 Abb. 11, S. 231 Abb. 40.
Abb. 38: Nach Menghin/Schauer 1983, S. 115 Abb. 50 Nr. 16h.
Abb. 39: Nach Menghin/Schauer 1983, S. 112f. Abb. 49a.
Abb. 40: Fotoarchiv MVF Berlin.
Abb. 41: Nach Gold und Kult, S. 252 Abb. 1.
Abb. 42: Foto GNM Nürnberg.
Abb. 43: Nach Menghin/Schauer 1983, S. 46 Abb. 18.
Abb. 44: Nach Menghin/Schauer 1983, S. 125f. Abb. 56 Nr. 20.
Abb. 45: Nach Magie, Mythos, Macht, S. 221 Nr.21. – Nach Friedrich-Wilhelm von Hase, Kult der Vorzeit in den Alpen, Bozen 2002, S. 172 Abb. 31.
Abb. 46: Foto aus Günther Schauerte und Moritz Wullen (Hrsg.), Denken in Bildern. 31 Positionen zu Kunst, Museum und Wissenschaft, Ostfildern 2008, S. 141 Abb. 3.
Abb. 47: Umzeichnung Daniela Hinz-Greinert, Berlin, nach Amiet Nr. 807.
Abb. 48: Umzeichnung Daniela Hinz-Greinert, Berlin, nach Amiet Nr. 793.
Abb. 49: Nach Settgast 1980, S. 145.
Abb. 50: Umzeichnung nach dem Original im MVF: Daniela Hinz-Greinert, Berlin.
Abb. 51: Umzeichnung nach Abb. 49, Mario Kacner, Berlin.
Abb. 52–56: Entwurf Wilfried Menghin, Grafik Mario Kacner, Berlin.
Abb. 57–64: Entwurf Wilfried Menghin, Grafik Sylvia Nettekoven, Berlin
Abb. 65: Foto GNM Nürnberg
Abb. 66: Entwurf Menghin, Grafik Mario Kacner, Berlin.
Abb. 67: Foto GNM Nürnberg.
Abb. 68–69: Entwurf Wilfried Menghin, Grafik Mario Kacner, Berlin.
Abb. 70–71: Entwurf Wilfried Menghin, Grafik Sylvia Nettekoven, Berlin.
Abb. 72: Entwurf Wilfried Menghin, Grafik Mario Kacner, Berlin.
Abb. 73: Foto GNM Nürnberg.
Abb. 74: Fotoarchiv MVF Berlin.
Abb. 75: Nach Götter und Helden der Bronzezeit. Europa im Zeitalter des Odysseus. 25. Ausstellung des Europarates. Kopenhagen, Bonn, Paris 1999–2000, Farbtafel 168, S. 274 Kat.-Nr. 209.
Abb. 76: Nach Magie, Mythos, Macht, S. 36 Abb. 8.
Abb. 77: Abbildung nach Magie, Mythos, Macht, S. 16 Abb.10, S. 233.
Abb. 78–79: Foto Claudia Plamp, Berlin.
Abb. 80: Entwurf Wilfried Menghin, Grafik Daniela Hinz-Greinert, Berlin.